本书受上海市高水平地方高校建设项目资助

华东政法大学70周年校庆丛书

ECUPL 1952-2022

吴思远 著



# 我国控辩协商新论

A NEW DISCUSSION ON
PROSECUTION-DEFENSE NEGOTIATION IN CHINA

法律出版社
LAW PRESS · CHINA
北京

图书在版编目(CIP)数据

我国控辩协商新论 / 吴思远著 . -- 北京 : 法律出版社 , 2022
ISBN 978-7-5197-7002-0

Ⅰ . ①我… Ⅱ . ①吴… Ⅲ . ①刑事诉讼—辩护—研究—中国 Ⅳ . ① D925.210.4

中国版本图书馆 CIP 数据核字(2022)第 152615 号

我国控辩协商新论
WOGUO KONGBIAN XIESHANG XINLUN

吴思远 著

责任编辑 冯雨春 李 军
装帧设计 鲍龙卉

出版发行 法律出版社
编辑统筹 法律应用出版分社
责任校对 裴 黎
责任印制 刘晓伟
经　　销 新华书店

开本 A5
印张 8.375　　字数 190 千
版本 2022 年 9 月第 1 版
印次 2022 年 9 月第 1 次印刷
印刷 唐山玺诚印务有限公司

地址:北京市丰台区莲花池西里 7 号(100073)
网址:www.lawpress.com.cn
投稿邮箱:info@lawpress.com.cn
举报盗版邮箱:jbwq@lawpress.com.cn

销售电话:010-83938349
客服电话:010-83938350
咨询电话:010-63939796


书号:ISBN 978-7-5197-7002-0
定价:52.00 元
凡购买本社图书,如有印装错误,我社负责退换。电话:010-83938349

# 以心血和智慧服务法治中国建设
## ——华东政法大学 70 周年校庆丛书总序

华东政法大学成立 70 周年了！70 年来，我国社会主义法治建设取得一系列伟大成就；华政 70 年，缘法而行、尚法而为，秉承着“笃行致知，明德崇法”的校训精神，与共和国法治同频共振、与改革开放辉煌同行，用心血和智慧服务共和国法治建设。

执政兴国，离不开法治支撑；社会发展，离不开法治护航。习近平总书记强调，没有正确的法治理论引领，就不可能有正确的法治实践。高校作为法治人才培养的第一阵地，要充分利用学科齐全、人才密集的优势，加强法治及其相关领域基础性问题的研究，对复杂现实进行深入分析、作出科学总结，提炼规律性认识，为完善中国特色社会主义法治体系、建设社会主义法治国家提供理论支撑。

厚积薄发七十载，华政坚定承担起培养法治人才、创新学术价值、服务经济社会发展的重要职责，为构建具有中国特色的法学学科体系、学术体系、话语体系，推进国家治理体系和治理能力现代化提供学理支撑、智力支持和人才保障。砥砺前行新时代，华政坚定扎根中国大地，发挥学科专业独特优势，向世界讲好“中国之治”背后的法治故事，推进中国特色法治文明与世界优秀法治文明成果交流互鉴。

“宛如初升的太阳，闪耀着绮丽的光芒”——1952 年 11 月 15 日，华东政法学院成立之日，魏文伯院长深情赋诗，“在这美好的园地上，让我们做一个善良的园工，勤劳地耕作培养，用美满的收获来酬答人民的期望”。1956 年 6 月，以“创造性地提出我们的政治和法律科学上的成就”为创刊词，第一本法学专业理论性刊物——《华东政法学报》创刊，并以独到的思想观点和理论功力，成为当时中国法学研究领域最重要的刊物之一。1957 年 2 月，更名为《法学》，坚持“解放思想、不断进步”的治学宗旨，紧贴时代发展脉搏，跟踪社会发展前沿，及时回应热点难点问题，不断提升法学研究在我国政治体制改革中的贡献度，发表了一大批高水平的作品。对我国立法、执法和司法实践形成了重要理论支持，在学术界乃至全社会产生了巨大影响。

1978 年 12 月，党的十一届三中全会确定了社会主义法制建设基本方针，法学教育、法学研究重新启航。1979 年 3 月，华东政法学院复校。华政人勇立改革开放的潮头，积极投身社会主义法制建设的伟大实践中。围绕“八二宪法”制定修订、土地出租问题等积极建言献策；为确立社会主义市场经济体制、加入 WTO 世界贸易组织等提供重要理论支撑；第一位走入中南海讲课的法学家，第一位 WTO 争端解决机构专家组中国成员，联合国预防犯罪和控制犯罪委员会委员等，都闪耀着华政人的身影。

进入 21 世纪，在老一辈华政学人奠定的深厚基础上，新一代华政人砥砺深耕，传承中华优秀传统法律文化，积极借鉴国外法治有益成果，为中国特色社会主义法治建设贡献智慧。16 卷本《法律文明史》陆续问世，推动了中华优秀传统法律文化在新时代的创造性转化和创新性发展，在中国人民代表大会制度、互联网法治理论、社会治理法治化、自贸区法治建设以及公共管理、新闻传播学等领域持续发力，华政的学术影响力、社会影响力持续提升。

党的十八大以来，学校坚持以习近平新时代中国特色社会主义思想为指导，全面贯彻党的教育方针，落实立德树人根本任务，推进习近平法治思想的学习研究宣传阐释，抓住上海市高水平地方高校建设契机，强化“法科一流、多科融合”办学格局，提升对国家和上海发展战略的服务能级和贡献水平。在理论法学和实践法学等方面形成了一批“立足中国经验，构建中国理论，形成中国学派”的原创性、引领性成果，为全面推进依法治国、建设社会主义法治国家贡献华政智慧。

建校 70 周年，是华政在“十四五”时期全面推进一流政法大学建设、对接国家重大战略、助力经济社会高质量发展的历史新起点。2022 年，学校将以“勇担时代使命、繁荣法治文化”为主题举办“学术校庆”系列活动，出版“校庆丛书”即是其重要组成部分。学校将携手商务印书馆、法律出版社、上海人民出版社、北京大学出版社等，出版 70 余部著作。这些著作包括法学、政治学、经济学、新闻学、管理学、文学等多学科的高质量科研成果，有的深入发掘中国传统法治文化、当代法学基础理论，有的创新开拓国家安全法学、人工智能法学、教育法治等前沿交叉领域，有的全面关注“人类命运共同体”，有的重点聚焦青少年、老年人、城市外来人口等特殊群体。

这些著作记录了几代华政人的心路历程，既是总结华政 70 年来的学术成就，展示华政“创新、务实、开放”的学术文化；也是激励更多后学以更高政治站位、更强政治自觉、更大实务作为，服务国家发展大局；更是展现华政这所大学应有的胸怀、气度、眼界和格局。我们串珠成链，把一颗颗学术成果，汇编成一部华政 70 年的学术鸿篇巨作，讲述华政自己的“一千零一夜学术故事”，更富特色地打造社会主义法治文化引领、传承、发展的思想智库、育人平台和传播高地，更高水准地持续服务国家治理体系和治理能力现代化进程，更加鲜明地展现一流政法大学在服务国际一流大都市发展、服务长三角一体化、服务法治中国建设过程中的新作为、新担当、新气象，向学校 70 年筚路蓝缕的风雨征程献礼，向所有关心支持华政发展的广大师生、校友和关心学校发展的社会贤达致敬！

七秩薪传，续谱新篇。70 年来，华政人矢志不渝地捍卫法治精神，无怨无悔地厚植家国情怀，在共和国法治历史长卷中留下了浓墨重彩。值此校庆之际，诚祝华政在建设一流政法大学的进程中，在建设法治中国、实现中华民族伟大复兴中国梦的征途中，乘风而上，再谱新章！

郭为禄

叶　青

2022 年 5 月 4 日

# 序

## 一

2018 年 10 月 26 日，第十三届全国人大常委会第六次会议通过了《关于修改〈中华人民共和国刑事诉讼法〉的决定》。本次修改对进一步完善中国特色刑事诉讼制度，推进国家治理体系和治理能力现代化具有重要意义。其中，认罪认罚从宽制度是本次《刑事诉讼法》修改的主要内容之一。完善刑事诉讼中的认罪认罚从宽制度，是党的十八届四中全会作出的重大改革部署。为了贯彻中央部署，2016 年 9 月全国人大常委会授权最高人民法院、最高人民检察院在部分城市开展认罪认罚从宽制度的试点改革工作，并将此前已经开展的刑事速裁程序试点纳入其中继续运行。2018 年《刑事诉讼法》修改吸纳了试点改革的成功经验和有益做法，认罪认罚从宽完成了由“试点”至“立法”的过程，成为《刑事诉讼法》的一项基本原则和重要制度。

随着认罪认罚从宽制度的全面推进，此项改革的制度核心在于控辩协商业已成为理论界与实务界的共识，一种具有中国特色的控辩协商机制在法律上得以建立。具体来说，犯罪嫌疑人认罪认罚的，人民检察院应当就量刑问题及程序适用问题和犯罪嫌疑人进行沟通协商，提出量刑建议。认罪认罚量刑建议是人民检察院与犯罪嫌疑人协商一致达成合意的结果。犯罪嫌疑人自愿认罪,同意量刑建议和程序适用的,应当在辩护人或者值班律师在场的情况下签署认罪认罚具结书。不具有其他可能影响公正审判的情形的,人民法院一般应当采纳人民检察院提出的量刑建议。这一控辩协商机制的确立,不仅有利于体现犯罪嫌疑人的诉讼主体地位,尊重犯罪嫌疑人的程序选择权,并且有助于落实宽严相济的刑事政策,及时化解社会矛盾,修复被犯罪破坏的社会关系,对推动社会治理体系和治理能力现代化有着重要意义。

然而,在认罪认罚从宽制度的贯彻实施中,也暴露出了一些需要关注的问题,如值班律师的地位及作用仍不明确,检察机关量刑建议的内容与效力仍具争议,控辩协商的程序机制尚待细化以及如何保障被追诉人认罪认罚的自愿性,是否允许被追诉人反悔,被害人如何参与协商等问题,都需要进一步研究和落实。这些问题不仅关系到认罪认罚从宽制度的实施效果,而且将影响我国刑事诉讼制度的整体发展。近年来,理论界与实务界的不少研究者围绕认罪认罚从宽制度进行了有益探索,取得了丰硕成果,吴思远博士的专著《我国控辩协商新论》就是其中颇具分量的成果之一。

## 二

欲读其书,先知其人。本书作者吴思远是华东政法大学诉讼法学专业博士,导师是叶青教授。其在攻读硕士学位期间便对辩诉交易、控辩协商产生浓厚兴趣，博士论文选题更集中于认罪认罚从宽制度与控辩协商制度。论文总体质量不错，观点深刻，行文流畅，作者亦如春风拂面，才情过人。我因参加其博士论文答辩并担任答辩委员会主席，对其人并其文均留下良好印象。由是，思远于博士学业完成后，来到中国政法大学博士后流动站随我继续从事刑事诉讼法学的研究工作。一个地地道道的上海姑娘，骨子里便带有几分娇气，又离开家人朋友只身来到北京，未免会有些不习惯、不适应。却不想思远在工作与生活上都展现出开朗与坚毅的性格，尊敬师长，善待同学，待人接物落落大方，很快便融入法大的氛围，顺利开始其博士后的研究工作。

吴思远对待科研用心投入，博士后在站期间，刻苦钻研、勤于思考，广泛阅读了大量文献资料，积极参与各项学术活动。先后在《当代法学》《法学》《中国刑事法杂志》《华东政法大学学报》等法学类期刊上发表学术论文多篇，参与高等教育出版社出版的《证据法学》的编写工作和我主持的国家社科基金重大项目的研究。在博士后研究期间，她持续关注我国认罪认罚从宽制度的改革发展，坚持在该领域深耕细作。在多年研究积累的基础上，围绕认罪认罚从宽制度的若干重大理论和实践问题进行了集中研究和深入探讨，最终完成了《认罪认罚从宽制度中的控辩协商研究》的博士后研究工作报告。作为思远的博士后合作导师，我参与了报告的指导审阅与出站答辩，为她的博士后研究报告能得到答辩老师的一致认可与高度评价而感到欣慰。吴思远博士后出站后，回到华东政法大学刑事法学院担任教师，专注于刑事诉讼法学的教学和研究，并作为院长科研助理协助开展一些学术活动，取得了一定成绩，收获了良好反响。在其身上，我看到了年青一代诉讼法学研究者的朝气勃勃与奋发向上。

## 三

近日，我收到了思远发来的书稿，欣闻她的第一本学术著作《我国控辩协商新论》即将由法律出版社出版。该书对具有中国特色的控辩协商机制进行了系统研究，深入聚焦我国控辩协商的新发展、新问题，提出了新观点、新思考。这将有助于深化对控辩协商制度与认罪认罚从宽的理论认识，提高对中国特色刑事诉讼制度的整体理解和动态把握。

本书是思远多年来对控辩协商制度学习与研究的小结。通览全书，内容丰富，特色鲜明，亮点纷呈，在此谨对该书特点作一个简要的推介与分享：

其一，视野开阔，角度多元。作者将我国控辩协商问题放在广阔宏大的国际视野之下，既注意与域外法治发达国家司法经验的比较，更重视对本土最新诉讼实践的观察与阐释，为完善具有中国特色的控辩协商制度，推进认罪认罚从宽制度改革实施积极建言献策。书中对美国、德国等具代表性国家的相关制度做了较为客观公允的考察分析，在观察其制度构建的同时，更为关注的是制度生成的内在逻辑与发展路径，并由此归纳凝练出可为制度本土化的经验规律，避免了对控辩协商问题“从现象到现象”的简单化处理。这种研究视角和路径具有较强的现实性和针对性，对借鉴他山之石建立符合我国国情的控辩协商制度来说，无疑既必要又富有启发。

其二，立足实际，突出重点。认罪认罚从宽制度的试点和确立关乎中国特色刑事诉讼制度的发展和完善，本书立足当前贯彻实施认罪认罚从宽制度的司法实际，围绕控辩协商机制这一核心问题展开深入研究，提出了一些颇有见地的理论观点。例如，本书在深入考察司法实践样态的基础上，将我国认罪认罚从宽制度中控辩协商机制归纳为一种“确认核准模式”，并着重分析了这一模式在应对新型犯罪案件以及人工智能技术发展方面可能遭遇的困境，继而提出了“商谈审查模式”的转型方案。这些观点丰富和深化了认罪认罚从宽制度的理论研究，对促进我国控辩协商理性运作，推进认罪认罚从宽制度完善发展具有一定的参考价值。

其三，思辨性强，观点新颖。控辩协商是一项理论性较强的课题，唯有强化理论研究，才能引导司法实践。本书除了注重观察我国当前控辩协商的实践样态外，还着力探析控辩协商的理论基础，提出了个人颇具新意的见解。例如，在对控辩协商相关立论依据进行梳理与反思后，提出了“权力—权利交互说”，以此来重构控辩协商的理论根基，证成被追诉人获得协商利益的正当性。这一观点在立足本土资源的基础上，与刑事诉讼基础理论紧密对接，具有一定的说服力，展现了作者较为扎实的理论功底与追求创新的研究能力。

其四，方法前沿，学科交叉。本书综合运用了实证研究、比较研究、历史分析等研究方法，对我国控辩协商的过去、现在和未来进行了全景的勾勒和描绘，保障了研究结论的客观性、对策建议的可行性。书中部分论证还尝试运用了其他部门法学或社会科学的知识方法，如刑事实体法理论以及制度变迁理论、认知科学等，使得对认罪认罚从宽制度的研究跳出了当前程序法的局限，试图从程序之外、于程序之上研究程序，实现了这一话题的跨学科研究。这种尝试亦难能可贵，在一定意义上可以促进刑事诉讼法学研究的纵深发展。

## 四

改革开放四十多年来，中国特色社会主义法律体系从起步到形成，中国特色社会主义法学学科从重建到发展，凝聚了一代代法律工作者、法学研究者的努力与心血。同样，刑事诉讼法治建设所取得的一系列进步和成就，与刑事诉讼法学研究者所作出的理论积淀和智力支持密不可分，其中年轻学人的理论贡献不容忽略，不可低估。他们才华横溢，朝气蓬勃，视野开阔，锐意创新，善于学习和借鉴世界上法治发达国家的有益经验和前沿理论，勤于思考和研究我国刑事诉讼现代化进程中的经验和问题，取得了一系列开拓性、标志性成果，实现了理论指导实践、实践创新理论的积极效果，推动了中国特色刑事程序法治理论与实践的繁荣发展。

当前，刑事诉讼法学研究在良法善治层面的智力供给仍然任重而道远。在推动国家治理体系和治理能力现代化的时代背景下，刑事诉讼法学研究者理应立足全面依法治国和深化司法改革的实践需要，积极应对现代信息技术、法律人工智能的重大挑战，为健全中国特色社会主义刑事程序法治体系固本强基出谋划策，建言献策。青年研究者更应不畏艰辛，甘当重任，勇于挑战，以饱满的学术热情、求真的治学态度、科学的研究方法，辛勤耕耘，开拓创新，深化新时代刑事程序法治理论研究，为繁荣刑事诉讼法学、健全刑事程序法治作出不负时代使命的应有贡献！

值此新书问世之际，在此亦祝愿吴思远博士能够保持向阳而生的精神风貌，在学术研究的道路上持之以恒，不懈努力，取得新的更优秀的成绩。

是为序。

卞建林

辛丑年七月

# 自　序

本书是本人这些年来学习研究的小结。对控辩协商问题的关注要追溯到读硕士期间。当时，出于对美国刑事司法制度的兴趣，本人阅读了大量的文献资料，其中有关辩诉交易制度的内容，颠覆了我对刑事诉讼制度的传统认知。这种由控辩双方主导的协商式的诉讼程序，允许国家与被追诉人进行对话与合作，在相互妥协与合意的基础上形成案件处理的方案，并最终达到省略正式审判的效果。当然，辩诉交易制度也只是当今世界刑事司法发展潮流中的一个缩影，国家通过与被追诉人进行协商来终结刑事案件，已经逐渐成为各国刑事司法制度的一种选择。在托马斯·魏根教授看来，当今现实世界里的审判程序，其作为最终决定被告人有罪或无罪的过程不全然濒临绝迹，但也已经变成了一种“少数现象”。而代替审判程序逐渐成为主角的，便是以控辩协商为典型代表的合作型司法模式。

受问题意识的牵引，本人开始将视野转向控辩协商的本土实践。实际上，控辩协商在我国并非新鲜事物，体现协商色彩的做法或举措在我国司法实践中早已有迹可循，相关探索甚至可以追溯到 21 世纪初。在观察、比较与思考的过程中，我对控辩协商问题也有了更深层的认识。2014 年 6 月，全国人大常委会授权最高人民法院、最高人民检察院在部分城市开展刑事案件速裁程序试点工作；2016 年 9 月，全国人大常委会再次授权最高人民法院、最高人民检察院在部分城市开展认罪认罚从宽制度试点工作。两次试点改革的内容均体现了控辩协商的理念，突出了对被追诉人程序选择权的尊重，允许甚至鼓励其参与到定罪量刑的过程中，被追诉人的主体地位获得了更多的关注与提升，国家与被追诉人具备了更多协商合作的可能。鉴于此，两次试点改革相继成为本人硕士论文、博士论文所重点研究的内容。

2018 年，我在华东政法大学叶青教授的指导下取得了法学博士学位，后在中国政法大学跟随卞建林教授从事博士后研究工作。本书的大部分内容完成于上述阶段。2020 年博士后出站后，我十分幸运地回到了母校华东政法大学任职，其间也对本书的相关内容进行了补充与完善。

多年前，我国理论界与实务界曾经围绕控辩协商的问题展开过热烈的讨论，本书既然为我国控辩协商“新论”，那么所要尽力避免的便是研究上的“新瓶装旧酒”。因此，本书对控辩协商的研究并不追求大而全，而是深入聚焦我国控辩协商的新发展、新问题，继而也提出了一系列新理论、新思考。具体来看，本书在能力范畴内作了如下学术创新的努力。

其一，本书全面回顾了我国控辩协商的发展演化，系统梳理其本土生长的历史脉络，发现确定其生成发展的内在逻辑。尽管控辩协商在我国已有多年的实践经验，并且此前业已得到研究者们的关注研究，但在当前认罪认罚从宽制度的改革背景下，再次探讨控辩协商的问题具有全新的价值。尤其是对过去二十年来控辩协商的本土实践进行历时性回顾，可以避免认罪认罚从宽制度陷入既有路径依赖的羁绊，重蹈此前控辩协商改革的疲软与僵滞，从而推进与完善认罪认罚从宽制度。尽管这部分内容是从历史的角度去关注我国控辩协商的发展状况，但并非对制度嬗变的简单描述，而是深入制度运行的背景与逻辑，试图阐释制度本身的理论性、技术性、自恰性，以期为制度的完善发展提供启示。

其二，本书深入观察了我国控辩协商的当前实践，基于推进国家治理体系和治理能力现代化的时代背景，理解重塑认罪认罚从宽制度中“控辩协商”的核心内涵。本书将当前控辩协商的实践准确把握为一种“确认核准模式”，即检察官主导的量刑建议在获得辩方确认的基础上，经由法官核准并作出裁决的诉讼模式。这是在深入观察当前控辩协商实践基础上所作出的一种归纳，并准确指出了这一模式下控辩关系处于不平等的关键性问题。本部分内容不仅是对当前控辩协商实践的具体问题所作的反思，更是将重点放在如何为解决这些问题提供理论智识，结合我国司法的现实情况提出以期能够完善实践的具体建议。结合新型犯罪案件以及人工智能运用所带来的现实挑战，本书主张应当主动关注被追诉人在当前控辩协商中处于被动与弱势的现实，并最终提出了转向“商谈审查模式”的完善方案。

其三，本书重点聚焦我国控辩协商构建的理论基础，提出“权力—权利交互说”来重构控辩协商的立论依据，证成被追诉人获得协商利益的正当性。尽管关于控辩协商的研究成果数量不少，尤其是在认罪认罚从宽制度试点与立法的驱动之下，近年来更是不断涌现出丰硕的研究成果，但是，有关控辩协商的基础性问题长期未能得到应有的重视。从某种程度上来说，正是由于控辩协商的正当性基础未能予以厘清，即为何协商达成后应给予被告人处遇优惠，诸多争议性问题在实践中陆续暴露，反映了理论铺垫方面的不足。由此，反思与检讨我国控辩协商的理论缺憾有重要的理论价值与实践意义。本书所提出的“权力—权利交互说”，是指在被告人主体地位获得国家尊重与认可的前提下，被告人与国家通过一系列交互行为达成合意，国家基于这一交互关系的理性而兑现被告人所应获得的利益。换句话说，之所以协商达成后应当给予被告人处遇优惠，是国家对这一理性的交互行为负有结果利益上的兑现义务。此外，本书还主动关注当前被追诉人处于弱势状况的现实，主张摒弃“权力主导”，转而树立“权利关照”的改革立场，从而推动我国控辩协商制度化与理性化的发展。

其四，本书积极尝试多元社会科学方法与学科知识，从多视角围绕控辩协商的重要问题进行了深入研究。目前，有关控辩协商或认罪认罚从宽制度的研究成果，似乎大多仍然只是停留在刑事程序法层面，忽略了对上述问题的研究存在吸收其他学科知识的可能性与必要性。因此，本书部分内容的论证运用了刑法学理论，还有部分内容则借助了如制度变迁理论、认知科学理论等其他学科的智识，以期得出更为客观科学的研究结论。考虑到认罪认罚从宽制度是近年来刑事诉讼法学研究的热点话题，本书试图从人文社会科学研究的多元视角，跳出制度内部进行全新的阐释、解释，探求学科交叉研究，希望为当前认罪认罚从宽制度的研究提供全新的思路。

当然，限于本人的研究水平，本书内容必然有不成熟、欠妥当之处，还望出版后能够得到各位师友的批评指正。

人生的第一本学术著作即将出版，眼下更多的情绪是激动与感恩。回首过往的学术成长道路，许多师友毫无保留地给予了我帮助与支持。特别要感谢硕士、博士导师叶青教授，是老师将我带上学术道路，并指引我前行进步，老师高山仰止、怀瑾握瑜，笔者将永怀感恩之心。还要特别感谢博士后合作导师卞建林教授，他不弃愚钝，言传身教，悉心指导我在学术道路上更进一步，我也将永远铭记于心。在纽约大学访学期间，我主要的任务是为博士论文撰写做准备，其间便完成了 6 万多字的英文笔记，要感谢好友邓静秋、高鲁嘉、盛泽宇给予海外访学期间的帮助与陪伴，使我在紧张枯燥的工作之余收获了真诚的友谊。回到母校工作后，何勤华教授、刘宪权教授、马长山教授、孙万怀教授、练育强教授、张栋教授等，在工作与科研方面给予了本人许多帮助。师弟李小猛，在本人困难时总是给予真挚的鼓励与关心。此外，还有许多师友的帮助与支持，在此一并表示郑重的感谢。

本书部分内容的写作，恰逢离开人生舒适圈，经历了前所未有的压力。但如今回望，本以为过不去的坎坷似乎也不过如此。放弃很容易，但是，坚持才难能可贵。我要感谢这段经历，是它让我有机会从不同角度品读人生，体会人生的可能，挑战人生的不可能。在经历了挫折、失望后，我也更加坚定了以学术为业的目标。诚如韦伯所言，以学术为业是服务于有关自我和事实间关系的知识思考。实现这一目标所依靠的不仅是知识，更是意志，是追求知识上的诚实的意志，是坚持头脑上的清明的意志，也是固守学术研究者纯粹的责任与立场的意志。我还有很多欠缺与不足，但会朝着心中的目标努力前行。

对我来说，本书的出版不仅是对自己过去多年来研究的总结，更是为这段近十年的学术研究历程画上一个圆满的句号。对于未来要研究什么、如何研究，我做了长时间的思考。或许自己选择的是一条不亚于从头来过的道路，但我充满期待、满怀热情，已经做好了迎接挑战的准备。希望本书的出版能够为自己全新的学术研究历程开一个好头。当然，未来的学术研究道路必然还会遭遇挫折与困难，但我也将不忘初心，坚持独立人格之思考，一如既往地以开朗乐观的心态去面对一切未知的挑战。

最后，本书的顺利出版离不开法律出版社各位领导以及各位编辑老师的辛勤工作与付出，再次深表谢意。

吴思远

谨识于华东政法大学长宁校区

2021 年 8 月 1 日

# 目　录

## 第五章



## 第六章

# 导　论

## 一、研究背景

控辩协商是协商性司法的典型形态。所谓协商性司法(negotiated justice),本身并非一个法律文本上的概念,而是学者在理论研究中抽象出来的术语。[1]与其说协商性司法是一种固化的制度,不如说其是当今世界刑事司法的一种发展潮流,一种有别于传统诉讼程序的新型司法范式。

协商性司法源于美国,并以辩诉交易制度为最具标志性的蓝本。与传统的刑事诉讼程序相比,协商性司法允许国家与被追诉人进行对话与合作,在国家与被追诉人相互妥协与合意的基础上,通过被追诉人认罪而最终达到缩短或省略正式审判的效果。[2]协商性司法在美国取得了显著成效,负担了整个司法系统近九成的案件,并对其他国家产生了重要影响,甚至是德国这样如此典型的职权主义国家,在经过了长达三十多年的争论后,也确立了具有本国特色的刑事协商程序,打破了各国对职权主义国家刑事司法制度的常规印象。近年来,包括

---

〔1〕 参见张进德:《协商性司法在西方的兴起》,华东政法大学2010年博士学位论文,第1页。

〔2〕 See Mirjan Damaška, *Negotiated Justice in International Criminal Courts*, 2 Journal of International Criminal Justice 1018, 1019(2004).

意大利、日本等混合法系的国家，也对这种体现合意的全新司法范式展现出了极大的兴趣，蕴含协商因子的各种程序相继获得了本国刑事诉讼法的认可。

自协商性司法兴起以来，真正进入各国审判程序的案件比例逐年减少，审判反而成为刑事司法程序中的例外事件。尽管长期以来审判都被认为是刑事司法的高峰，然而，审判程序如今面临“衰退”的现实，取而代之的则是刑事案件在审前就通过国家司法机关与被追诉人的协商而宣告终结，无须再进入审判程序。由此可见，协商性司法除具备合作、合意等特点外，还体现了高效、快捷等特质，故在如今刑事司法系统负担日益严峻的情况下，这一全新的司法范式逐渐成为各国替代普通程序的选择。然而，由于协商性司法颠覆了传统刑事诉讼的基本构造，难以用既有的刑事诉讼理论与规则进行解释，故自诞生之日起，协商性司法便存在较大争议性，获得了各国学者的关注。

尽管协商性司法并非源于我国，属于典型的“舶来品”，但理论界与实务界对协商性司法早有关注，而暗含控辩协商精神的做法或制度在我国司法实践中也是有迹可循。自 2018 年认罪认罚从宽制度正式入法后，控辩协商获得了更为广泛与深入的实践，可以说，认罪认罚从宽制度创设了独具中国特色的量刑协商程序，[1]一种有别于域外的控辩协商机制也在法律上得以确立，对减少控辩对抗、增强控辩合作具有重要意义，有助于尽快修复被犯罪破坏的社会关系，及时化解社会矛盾，体现了诉讼理念、诉讼模式的重大转变。我国台湾地区进程

---

〔1〕　参见胡云腾主编：《认罪认罚从宽制度的理解与适用》，人民法院出版社 2018 年版，第 27 页。

更快，早已在2004年就通过修改“刑事诉讼法”确立了法定的刑事协商程序，实践至今已有十余载，为当前认罪认罚从宽制度的推进实施提供了可资借鉴的经验。

如今，认罪认罚从宽制度的核心价值在于“协商”也已基本成为理论界与实务界的共识。例如，陈卫东教授认为，认罪认罚从宽制度是在借鉴了辩诉交易制度某些合理因素的基础上所形成的具有中国特色的刑事司法制度。[1]在认罪认罚从宽制度试点改革的初期，研究成果大多集中于对制度的定位、内涵、原则、适用范围等相对宏观范畴的探讨。随着制度的繁荣发展，理论界与实务界对认罪认罚从宽制度的研究热情更是持续不断，近年来涌现出丰硕的研究成果。认罪认罚从宽制度试点结束入法后，国内研究也逐步转向相对微观范畴的讨论。尤其是随着控辩协商的实践，已经出现了一些具有争议性的问题，认罪认罚从宽制度语境下的控辩协商更加受到关注。当前理论界与实务界所关注的问题也逐渐聚焦于具有中国特色的控辩协商机制应当遵循何种完善进路。

实际上，多年前我国理论界与实务界就曾围绕控辩协商的问题展开过激烈的讨论。其中，包括卞建林、陈卫东、龙宗智、陈国庆、冀祥德教授等在内的学者，均主张在合理借鉴辩诉交易因素的基础上构建具有中国特色的认罪协商制度，对控辩双方在一定范围协商的确认达到彰显司法公正、注重人权保障、强化诉讼民主、提高诉讼效率等多

〔1〕 参见陈卫东：《认罪认罚从宽制度研究》，载《中国法学》2016年第2期。

重价值并重的效果。[1]然而，如孙长永、谢佑平、万毅、易延友教授等在内的学者，则从诉讼构造、传统文化、诉讼理念等角度出发，对建立中国式的控辩协商提出了疑问与担忧。[2]

在当前认罪认罚从宽制度的改革语境下，再次探讨控辩协商的问题具有全新的实践意义与理论价值。其一，基于我国推进国家治理体系和治理能力现代化的时代背景，认罪认罚从宽制度不仅是刑事诉讼领域的一项重要改革，更是承担了犯罪治理甚至是社会治理的功能。[3]为了准确、充分地发挥制度的价值功能，更好地推进制度的实施，必须首先理解重塑认罪认罚从宽制度中“控辩协商”的核心内涵。因此，唯有深入观察控辩协商的当前实践，归纳反思其所面临的具体问题，才能深化对控辩协商以及认罪认罚从宽制度的理论认识，为制度的完善发展提出切实可行的建议。其二，控辩协商在我国并非新鲜事物，体现协商色彩的做法或举措在我国司法实践中早已有迹可循，相关探索甚至可以追溯至21世纪初。如今，在顶层设计者的支持之下，具有中国特色的控辩协商机制在法律上得以确立。但是，当前控辩协商实践所暴露的种种问题，似乎表明其与真正意义上的控辩协商

---

〔1〕　参见卞建林：《如何看待被告人有罪答辩——辩诉交易的一点启示》，载《政法论坛》2002年第6期；陈卫东：《从建立被告人有罪答辩制度到引入辩诉交易——论美国辩诉交易制度的借鉴意义》，载《政法论坛》2002年第6期；龙宗智：《正义是有代价的——论我国刑事司法中的辩诉交易兼论一种新的诉讼观》，载《政法论坛》2002年第6期；陈国庆：《试论构建中国式的认罪协商制度》，载《环球法律评论》2006年第5期；冀祥德：《借鉴域外经验，建立控辩协商制度——兼与陈国庆先生商榷》，载《环球法律评论》2007年第4期。

〔2〕　参见孙长永：《珍视正当程序，拒绝辩诉交易》，载《政法论坛》2002年第6期；谢佑平、万毅：《中国引入辩诉交易制度的三重障碍》，载《政治与法律》2003年第4期；易延友：《辩诉交易应当缓行》，载《法学》2003年第12期。

〔3〕　参见张军：《认罪认罚从宽：刑事司法与犯罪治理“中国方案”》，载《人民论坛》2020年第30期。

仍有一定的距离。因此，为了避免认罪认罚从宽制度陷入既有路径依赖的羁绊，重蹈此前控辩协商改革的疲软与僵滞，有必要对我国控辩协商的发展演化进行全面回顾，系统梳理其本土生长的历史脉络，发现其生成发展的内在逻辑，从而为推进与完善认罪认罚从宽制度提供启示。其三，各地控辩协商实践的不断推进也暴露了越来越多具有争议性的问题。这在一定程度上反映了认罪认罚从宽制度在理论铺垫方面的不足。应当警惕，由于理论层面的准备不足，当前认罪认罚从宽制度改革仍然存在停滞不前甚至倒退、回头的可能，如何真正发挥具有中国特色控辩协商机制的价值功能，应当首先关注其中重要的基础性问题。因此，有必要剖析与论证控辩协商的相关理论问题，厘清既有理论主张的争议，纠偏制度在改革思路上的误区，为制度的推进与实践提供智识贡献。

总而言之，为了更好地推进认罪认罚从宽制度并发挥其价值，理解与把握认罪认罚从宽制度中“控辩协商”的核心内涵是关键。中国语境下的控辩协商，既离不开对司法实践的深入观察，也有必要基于历史视角进行反思。这正是本书研究的初衷所在。据此，本书将以中国语境下的控辩协商为研究主线，基于实证研究、比较研究、历史分析等研究方法，探寻我国控辩协商的过去，观察我国控辩协商的现在，展望我国控辩协商的未来，通过多视角观察并阐释控辩协商的发展趋势，以期深化对控辩协商以及认罪认罚从宽制度的理论认识，为促进控辩协商理性运作、推进认罪认罚从宽制度完善和发展提供对策建议。

## 二、研究现状

### (一)国内研究的基本情况

经过梳理,国内围绕控辩协商所展开的研究大致经历了如下几个阶段。

第一阶段为 2000 年至 2005 年。这一阶段,学界重点关注的是以辩诉交易制度为典型代表的控辩协商,尤其是随着“中国辩诉交易第一案”于 2002 年 4 月 11 日在牡丹江铁路运输法院作出判决,引发了学界对辩诉交易制度的广泛讨论,这股研究浪潮在当时可谓“一时无两”。例如,《政法论坛》就曾于 2002 年 12 月第 6 期对此问题进行了主题组稿,多位学者围绕辩诉交易展开了深入的探讨。[1]这些研究成果对辩诉交易制度褒贬不一,有赞成引入我国之说,有反对引入我国之说,有缓行之说,亦有不少学者通过理性分析辩诉交易制度内核与基础来讨论我国引入辩诉交易制度的合理性。除此之外,其间亦出现不少围绕辩诉交易制度进行探讨的研究成果,这些研究成果或对辩诉交易制度作了全面介绍,或对我国引入辩诉交易制度的可行性进行了调查与分析。应当说,构建控辩协商制度自那时起便成为我国刑事司法改革的重要主张之一。

---

〔1〕 参见卞建林:《如何看待被告人有罪答辩——辩诉交易的一点启示》,载《政法论坛》2002 年第 6 期;陈卫东:《从建立被告人有罪答辩制度到引入辩诉交易——论美国辩诉交易制度的借鉴意义》,载《政法论坛》2002 年第 6 期;龙宗智:《正义是有代价的——论我国刑事司法中的辩诉交易兼论一种新的诉讼观》,载《政法论坛》2002 年第 6 期;刘根菊:《确立中国式辩诉交易程序之我见》,载《政法论坛》2002 年第 6 期;孙长永:《珍视正当程序,拒绝辩诉交易》,载《政法论坛》2002 年第 6 期;王敏远:《“辩诉交易”及其借鉴分析》,载《政法论坛》2002 年第 6 期;汪建成:《辩诉交易的理论基础》,载《政法论坛》2002 年第 6 期;马贵翔:《辩诉交易程序结构解析》,载《政法论坛》2002 年第 6 期;周伟:《解读美国辩诉交易制度》,载《政法论坛》2002 年第 6 期。

第二阶段为2005年至2010年。这一阶段，学界主要关注的问题是我国刑事简易程序的改革。从相关研究成果来看，重构我国刑事简易程序、扩大简易程序的适用范围是当时的主流观点。以被告人认罪为研究的起点，研究者们分别从不同角度探讨了被告人认罪及其对刑事简易程序改革的影响，继而提出了不少具有协商意味或性质的改革方案，控辩协商的理念得以进一步深化。具体来看，其可以进一步分为三类：其一，关注普通程序简化审。案多人少的实践矛盾以及1996年《刑事诉讼法》简易程序的不足催生了这一程序的产生，不少研究成果从分析这一程序的利弊来反思我国简易程序构建的正当性问题，并提出了将这种具有协商意味的程序合法化的构想。〔1〕其二，关注检察机关主推的简案快办程序。不少研究者主张我国简易程序的适用阶段应从审判阶段向前延伸到侦查、起诉阶段，通过扩大侦查机关和检察机关对案件的裁量权来实现案件的快速处理，这种构想实际上肯定了检察机关与犯罪嫌疑人审前"交易"的必要性与合理性。〔2〕其三，明确主张构建我国特色的控辩协商机制。对此，研究者们从不同的研究视角展开了讨论，继而涌现了不少富有价值的研究成果，如以刑事诉讼中的契约、合意为视角，或者以被告人主体地位或程序选择权为视角，或者以刑事诉讼模式为视角。这个阶段的研究成果已经显著脱

〔1〕　参见王俊民、仲正康：《刑事诉讼普通程序简化审定位》，载《法学》2003年第3期；刘根菊、黄新民：《从普通程序简化审看我国刑事速决程序的建构》，载《法学评论》2005年第3期；许建丽：《对"被告人认罪案件"简化审的反思》，载《法学》2005年第6期；徐美君：《刑事诉讼普通程序简化审实证研究》，载《现代法学》2007年第2期。

〔2〕　参见杨振江：《建立简易刑事案件快速处理机制若干思考》，载《国家检察官学院学报》2006年第1期；江苏省苏州市人民检察院：《检察机关"分类审查、流程提速"机制探析》，载《国家检察官学院学报》2006年第5期；北京市朝阳区人民检察院课题组：《轻微刑事案件快速办理机制》，载《国家检察官学院学报》2009年第5期。

离了对域外协商性司法的简单介绍，美国辩诉交易制度也不再是简单的对照物，大多数研究成果都将控辩协商的构建置于我国本土司法资源之上。当然，主张吸收辩诉交易的合理因素而为我国刑事司法实践服务的观点不在少数。[1]

第三阶段为 2010 年至 2015 年。这一阶段的研究受我国《刑事诉讼法》第二次修正的影响，呈现不少新的发展和生机，从研究视角上来看体现了如下创新：其一，以程序分流为研究视角。研究成果从实践中人案矛盾的现实需求出发，以程序分流理论为分析工具，讨论了完善我国刑事程序分流的可能性与方案，较之以往的研究可谓视角更为宏大，构思更为体系，其中，不少对策建议如警察处分、附条件不起诉等均带有较强的控辩协商色彩。[2]其二，以刑事速裁程序为研究视角。刑事速裁程序自 2014 年试点改革以来便广受理论界与实务界的关注，不少研究成果对我国刑事速裁程序的实践探索情况作了分析调查，或从理论层面出发挖掘程序所存在的问题及不足，或从实践层面出发讨论控辩协商进一步发展的可能性。[3]应当说，这些研究成果

---

〔1〕　较为有代表性的研究成果包括马明亮：《正义的妥协》，载《中外法学》2004 年第 1 期；陈国庆：《试论构建中国式的认罪协商制度》，载《环球法律评论》2006 年第 5 期；冀祥德：《借鉴域外经验，建立控辩协商制度——兼与陈国庆先生商榷》，载《环球法律评论》2007 年第 4 期；陈瑞华：《司法过程中的对抗与合作——一种新的刑事诉讼模式理论》，载《法学研究》2007 年第 3 期；黄维智：《“合意”在刑事诉讼中的应用及其限制》，载《四川大学学报（哲学社会科学版）》2007 年第 1 期；谭世贵：《构建中国认罪协商制度研究》，载《浙江工商大学学报》2010 年第 2 期；姚莉：《刑事审前协商程序的司法控制》，载《中国法学》2010 年第 4 期；詹建红：《论契约精神在刑事诉讼中的引入》，载《中外法学》2010 年第 6 期；等等。

〔2〕　参见胡东林、范小云：《认罪轻微刑事案件程序分流模式构建》，载《中国刑事法杂志》2012 年第 9 期；吴敦、周召：《轻微刑事案件速裁机制初探——以程序分流与程序构建为主线》，载《法律适用》2014 年第 8 期。

〔3〕　参见李本森：《法律中的二八定理——基于被告人认罪案件审理的定量分析》，载《中国社会科学》2013 年第 3 期；汪建成：《以效率为价值导向的刑事速裁程序论纲》，载《政法论坛》2016 年第 1 期；樊崇义：《刑事速裁程序：从“经验”到“理性”的转型》，载《法律适用》2016 年第 4 期；最高人民法院刑一庭课题组：《关于刑事案件速裁程序试点若干问题的思考》，载《法律适用》2016 年第 4 期。

推动了此后认罪认罚从宽制度的改革发展，并为其试点与立法作了理论上的铺垫和经验上的总结。

第四阶段为2016年至今。学界密切关注认罪认罚从宽制度下的控辩协商机制。《中共中央关于全面推进依法治国若干重大问题的决定》明确提出“完善刑事诉讼中认罪认罚从宽制度”的改革要求。为了贯彻中央部署，2016年9月全国人大常委会授权最高人民法院、最高人民检察院在部分城市开展认罪认罚从宽制度的试点改革工作。在推进认罪认罚案件得到简便快速审理的同时，各地司法机关还对控辩协商进行了积极探索。2018年修正的《刑事诉讼法》吸纳了此前试点改革的经验，认罪认罚从宽制度正式入法，控辩协商也获得了更为广泛与深入的实践。基于当前认罪认罚从宽制度的规范性框架，一种具有中国特色的控辩协商机制在法律上得到了确立，对减少控辩对抗、增强控辩合作具有重要意义，有助于尽快修复被犯罪破坏的社会关系，及时化解社会矛盾，体现了诉讼理念、诉讼模式的重大转变。认罪认罚从宽制度的试点与立法，不仅为我国控辩协商的实践发展提供了契机，更是极大繁荣了我国控辩协商的相关研究。在试点改革初期，研究成果集中于对认罪认罚从宽制度的定位、内涵、原则、适用范围等相对宏观范畴的探讨；[1]随着试点改革结束以及制度入法，研究

---

〔1〕 学界较早对认罪认罚从宽制度发声的代表性论文包括陈卫东：《认罪认罚从宽制度研究》，载《中国法学》2016年第2期；陈瑞华：《“认罪认罚从宽”改革的理论反思——基于刑事速裁程序运行经验的考察》，载《当代法学》2016年第4期；魏晓娜：《完善认罪认罚从宽制度：中国语境下的关键词展开》，载《法学研究》2016年第4期；熊秋红：《认罪认罚从宽的理论审视与制度完善》，载《法学》2016年第10期；谭世贵：《实体法与程序法双重视角下的认罪认罚从宽制度研究》，载《法学杂志》2016年第8期等。

逐步转向相对微观范畴的讨论，如认罪认罚从宽制度的证明标准、[1]值班律师制度、[2]量刑建议的性质与效力、[3]被追诉人反悔权与上诉权、[4]被害人的权利保障[5]等。当前，理论界与实务界对认罪认罚从宽制度的讨论热度仍然持续高涨，加之受到2018年修正的《刑事诉讼法》的影响，研究者除了对当前控辩协商进行实践性反思之外，也对具有中国特色的控辩协商程序的完善进路展开了积极讨论，但在这一问题上实际仍然有所分歧；[6]还有一些研究者则将研究视角置于域

---

〔1〕 参见谢澍：《认罪认罚从宽制度中的证明标准——推动程序简化之关键所在》，载《东方法学》2017年第5期；孙长永：《认罪认罚案件的证明标准》，载《法学研究》2018年第1期；汪海燕：《认罪认罚从宽案件证明标准研究》，载《比较法研究》2018年第5期。

〔2〕 参见闵春雷：《认罪认罚案件中的有效辩护》，载《当代法学》2017年第4期；姚莉：《认罪认罚程序中值班律师的角色与功能》，载《法商研究》2017年第6期；贾志强：《论"认罪认罚案件"中的有效辩护——以诉讼合意为视角》，载《政法论坛》2018年第2期；胡铭：《律师在认罪认罚从宽制度中的定位及其完善——以Z省H市为例的实证分析》，载《中国刑事法杂志》2018年第5期；汪海燕：《三重悖离：认罪认罚从宽程序中值班律师制度的困境》，载《法学杂志》2019年第12期。

〔3〕 参见赵恒：《论量刑从宽——围绕认罪认罚从宽制度的分析》，载《中国刑事法杂志》2018年第4期；陈国庆：《量刑建议的若干问题》，载《中国刑事法杂志》2019年第5期；闫召华：《论认罪认罚案件量刑建议的裁判制约力》，载《中国刑事法杂志》2020年第1期；卞建林、陶加培：《认罪认罚从宽制度中的量刑建议》，载《国家检察官学院学报》2020年第1期。

〔4〕 参见洪浩、方姚：《论我国刑事公诉案件中被追诉人的反悔权——以认罪认罚从宽制度自愿性保障机制为中心》，载《政法论丛》2018年第4期；董坤：《认罪认罚从宽案件中留所上诉问题研究》，载《内蒙古社会科学（汉文版）》2019年第3期；秦宗文：《认罪认罚案件被追诉人反悔问题研究》，载《内蒙古社会科学（汉文版）》2019年第3期；牟绿叶：《认罪认罚案件的二审程序——从上诉许可制展开的分析》，载《中国刑事法杂志》2019年第3期；孙长永：《比较法视野下认罪认罚案件被告人的上诉权》，载《比较法研究》2019年第3期；马明亮：《认罪认罚从宽制度中的协议破裂与程序反转研究》，载《法学家》2020年第2期。

〔5〕 参见刘少军：《认罪认罚从宽制度中的被害人权利保护研究》，载《中国刑事法杂志》2017年第3期。

〔6〕 参见左卫民：《认罪认罚何以从宽：误区与正解——反思效率优先的改革主张》，载《法学研究》2017年第3期；樊崇义、李思远：《认罪认罚从宽制度的理论反思与改革前瞻》，载《华东政法大学学报》2017年第4期；向燕：《我国认罪认罚从宽制度的两难困境及其破解》，载《法制与社会发展》2018年第4期；闫召华：《听取意见式司法的理性建构——以认罪认罚从宽制度为中心》，载《法制与社会发展》2019年第4期；陈卫东：《认罪认罚从宽制度的理论问题再探讨》，载《环球法律评论》2020年第2期。

外，对域外控辩协商的最新实践与经验教训进行了比较研究，[1]以期为我国认罪认罚从宽制度的完善提供借鉴。应当说，随着认罪认罚从宽制度的推进，控辩协商作为制度的核心，其实践运行及理论争鸣仍有进一步研究的价值与意义。

（二）国内研究的主要成效

上述四个阶段大致勾勒了国内学界对控辩协商的研究路径，也较为直观地反映了这一问题在我国当前的研究层次。目前，已有不少著作围绕上述提及的问题展开了更为专门与深入的研究。马明亮教授的《协商性司法：一种新程序主义理念》（法律出版社 2007 年版）与魏晓娜教授的《背叛程序正义：协商性刑事司法研究》（法律出版社 2014 年版），是协商性司法的重要研究成果。马明亮教授是最先引入和提出“协商性司法”这一概念的学者，其在《协商性司法：一种新程序主义理念》一书中首次对协商性司法及其具体形态进行了系统研究，最有价值的即在于结合本国国情与司法实践对中国应该选择怎样的协商范式作出了初步分析；魏晓娜教授的《背叛程序正义：协商性刑事司法研究》一书则跳出了对中国刑事协商司法模式的简单现象描述，以协商性司法与正当程序之间的关系为主线，较为深刻地论述了协商性司法的理论争议与内在危机，展现了其对现代刑事司法状况所

---

〔1〕　参见卞建林、谢澍：《职权主义诉讼模式中的认罪认罚从宽——以中德刑事司法理论与实践为线索》，载《比较法研究》2018 年第 3 期；赵旭光：《“认罪认罚从宽”应警惕报复性起诉——美国辩诉交易中的报复性起诉对我国的借鉴》，载《法律科学（西北政法大学学报）》2018 年第 2 期；熊秋红：《比较法视野下的认罪认罚从宽制度——兼论刑事诉讼“第四范式”》，载《比较法研究》2019 年第 5 期。

秉持的一份冷静思考。

如前所述，早期研究成果多集中于对域外控辩协商的制度性介绍，其中美国辩诉交易制度颇受瞩目，不少研究成果以美国辩诉交易制度为主要研究对象，在此基础上探讨了我国引入并构建类似的控辩协商制度的可行性与可能性。例如，杨正万教授的《辩诉交易问题研究》(贵州人民出版社 2002 年版)、陈光中教授主编的《辩诉交易在中国》(中国检察出版社 2003 年版)、陈卫东教授主编的《被告人认罪案件简化审理程序》(中国检察出版社 2004 年版)、国家森教授主编的《中国控辩协商制度研究》(中国检察出版社 2005 年版)、冀祥德教授的《建立中国控辩协商制度研究》(北京大学出版社 2006 年版)、张智辉教授主编的《辩诉交易制度比较研究》(中国方正出版社 2009 年版)等。上述研究成果不同程度地展现了以美国辩诉交易制度为主的协商性司法的面貌特征，为控辩协商的本土构建提供了一定的智识力量，也为后来研究者提供了参照及思路。

除此之外，一些研究成果并非直接对控辩协商这一问题进行研究，却从其他研究视角切入，对被告人认罪及其对刑事诉讼程序的影响作了理性的反思，继而提出蕴含协商、合意或合作精神的改革主张。这些研究成果包括姜涛的《刑事程序分流研究》(人民法院出版社 2007 年版)、刘少军的《刑事审判中的对抗与合意》(中国人民公安大学出版社 2009 年版)、詹建红的《刑事诉讼契约研究》(中国社会科学出版社 2010 年版)、孙瑜的《认罪案件审判程序研究》(对外经济贸易大学出版社 2012 年版)等。还有一些研究成果则是在专著或编著中，以章节形式对控辩协商的重要理论问题或实际问题进行了研究，或是对域外控辩协商的经验做法进行了介绍分析，并结合我国刑事司法体制改革的现实情况提出了相关完善方案。较有代表性和参考性的研究成果包括高一飞教授的《刑事简易程序研究》（中国方正出版社 2002 年版）、马贵翔教授的《刑事诉讼结构的效率改造》（中国人民公安大学出版社 2004 年版）、左卫民教授的《简易刑事程序研究》（法律出版社 2005 年版）、张智辉教授主编的《简易程序改革研究：辩诉交易制度研究结题报告》（中国检察出版社 2010 年版）、陈光中教授主编的《公正审判与认罪协商》（法律出版社 2018 年版）等。

随着认罪认罚从宽制度的繁荣发展，理论界与实务界对这一制度的研究热情持续不断。目前已经产生了一些专门研究认罪认罚从宽制度的著作，这是我们进一步研究具有中国特色的控辩协商机制的重要参考。胡云腾大法官主编的《认罪认罚从宽制度的理解与适用》（人民法院出版社 2018 年版）、陈国庆大检察官主编的《认罪认罚从宽制度司法适用指南》（中国检察出版社 2020 年版）是我们正确理解与把握认罪认罚从宽制度的重要资料，其中包括对制度的权威释义、适用疑点难点的理解与把握、试点经验的总结与参考、典型案例的解读与介绍、域外相关经验的考察与借鉴等。除此之外，胡铭教授的《认罪认罚从宽制度的实践逻辑》（浙江大学出版社 2020 年版）、孙道萃教授的《认罪认罚从宽制度研究》（中国政法大学出版社 2020 年版）、韩旭教授的《认罪认罚从宽制度研究》（中国政法大学出版社 2020 年版）、闫召华教授的《合作式司法的中国模式：认罪认罚从宽研究》（中国政法大学出版社 2022 年版）、王飞的《认罪认罚从宽制度若干重点问题研究——理论、实践与制度构建》（中国法制出版社 2020 年版），也对当前认罪认罚从宽制度进行了观察与讨论。应当说，认罪认罚从宽制度中控辩协商机制的问题已经得到了研究者的共同关注，这也在上述著作中均有不同程度的探讨与反思。

总体来看，当前已有研究成果所论证与阐述的具体内容主要包括以下几点：其一，中国特色控辩协商制度的构建基础。对此，多数研究者主要以诉讼效益、司法民主、体现程序主体精神、配合刑事诉讼模式转型、落实刑事司法政策等为论据。其二，构建中国特色控辩协商制度的现实意义。对此，多数研究者提到了我国刑事案件日益增加、人案矛盾突出、司法资源紧缺的现实问题，也有不少研究者提到了案件类型化、程序精密化、刑事司法治理模式转型等原因。其三，构建中国特色控辩协商制度的现实性与可行性。对此，不少研究者分析了引入域外辩诉交易制度的现实难度，较为突出的因素如缺乏协商或契约文化的国内土壤、超职权主义诉讼模式的传统烙印、相关配套机制的缺位等。还有不少研究者则从我国“以和为贵”的传统偏好、宽严相济刑事司法政策的实行、地方司法改革经验等方面，论证了推行这一制度的有利条件。其四，中国特色控辩协商制度的实践经验。这部分研究具体涉及了附条件不起诉、简易程序、认罪简化审程序、刑事速裁程序、认罪认罚从宽制度中的量刑协商等在我国司法实践中的运行状况与具体问题。其五，中国特色控辩协商制度的完善发展。对此，研究者对我国控辩协商制度的未来发展抱有不同的看法，如主张引入或改良辩诉交易制度，或者主张以辩诉协商等予以替代，并对轻微刑事案件、自诉案件、简易程序案件、普通程序简化审案件和认罪轻罪案件的关联性、异同性给予清晰界定，或者主张赋予侦查机关与检察机关微罪处分权，构建听取意见式而非协商式的诉讼程序，或者建权力—权利交互性的协商模式等。

（三）国外研究的相关情况

控辩协商一般作为协商性司法的一种典型形态被研究者所讨论，而国外关于协商性司法的研究大致兴起于20世纪八九十年代，主要是随着各国相继进行的协商性司法实践而逐渐丰富起来的。相关的研究成果主要集中于讨论某一具体的协商模式，如美国辩诉交易制度、欧洲各国被告人认罪程序（德国认罪处罚程序、德国缓予起诉制度、意大利认罪程序、荷兰认罪简化程序等）以及国际刑事法院刑事协商的实践等。从研究内容来看，主要集中于两个方面：一是对本国协商性司法产生的原因进行研究；二是对各国协商性司法进行比较研究，包括适用条件、程序规范、存在问题等方面。

有关协商性司法比较有参考性的著作包括*Bargaining for Justice: Case Disposition and Reform in the Criminal Courts*、[1] *Coercion to Compromise: Plea Bargaining, the Courts and the Making of Political Authority*、[2] *World Plea Bargaining: Consensual Procedures and the Avoidance of the Full Criminal Trial*、[3] *The Ethics of Plea Bargaining*、[4] *Plea Bargaining in National and International*

---

〔1〕 Buckle, Suzann R.Thomas and L.G.Buckle, *Bargaining for Justice: Case Disposition and Reform in the Criminal Courts*, Praeger Press, 1977.

〔2〕 Vogel, Mary E., *Coercion to Compromise: Plea Bargaining, the Courts and the Making of Political Authority*, Oxford University Press, 2007.

〔3〕 Thaman, Stephen, *World Plea Bargaining: Consensual Procedures and the Avoidance of the Full Criminal Trial*, Carolina Academic Press, 2010.

〔4〕 Lippke, Byrichardl, *The Ethics of Plea Bargaining*, Oxford University Press, 2011.

*Law: A Comparative Study*、[1]*The Prosecutor in Transnational Perspective*、[2]*Avoiding a Full Criminal Trial: Diversions and Shortcuts in Dutch and International Criminal Proceedings*[3]等。

值得注意的是，与协商性司法通常一起讨论的还有修复性司法（restorative justice），国外研究者常常对两者进行共通性的探讨。修复性司法亦是一种源自西方国家的新兴司法理念，最早由美国心理学家艾葛拉西教授提出，其将刑事司法正义分为报应性正义（retributive justice）、分配性正义（distributive justice）与修复性正义三种类型，并认为修复性正义最大的特点即在于"为加害人与被害人提供了修复关系的机会""同时也为加害人提供了弥补损害与承担责任的机会"。[4]修复性司法的内涵与外延至今未能统一明确，尽管如此，其作为一种新兴的司法理念已经受到了学者们的推崇。例如，美国学者巴奈特将修复性司法视为"刑事司法领域的一场范式变革"[5]（paradigm shift），因为其改变了当今看待犯罪与处理犯罪的方式。目前，关于修复性司法被广泛接受的定义是由美国学者马歇尔作出的，他认为，修复性司法是指与该犯罪有关的所有当事人聚集在一起，由其共同商讨如何修

---

〔1〕 Rauxloh, Regina, *Plea Bargaining in National and International Law: A Comparative Study*, Routledge Press, 2012.

〔2〕 Luna, Erik and M.Wade, *The Prosecutor in Transnational Perspective*, Oxford University Press, 2012.

〔3〕 Koen Vriend, *Avoiding a Full Criminal Trial: Fair Trial Rights, Diversions and Shortcuts in Dutch and International Criminal Proceedings*, Springer Press, 2016.

〔4〕 See Eglash A., *Beyond Restitution: Creative Restitution, in Restitution in Criminal Justice* (edited by J.Hudson&B.Galaway), DC Health and Company, 1977, p.2.

〔5〕 Barnett R., *Restitution: A New Paradigm of Criminal Justice*, 87 Ethics 279, 294 (1977).

复犯罪已经带来的影响并展望未来应对之道的过程。[1]这一定义尔后也被联合国预防犯罪与刑事司法非政府组织联盟的修复性司法专家组所采纳。

由此可见，修复性司法所传递的目标价值显然有别于“报应”“惩罚”“矫正”等传统的刑罚观念，其以“修复”为核心理念，强调的是如何修复犯罪行为所造成的损害结果。这一点与协商性司法存在一定的共通性。并且，协商性司法与修复性司法均是现代发展起来的刑事司法范式，具有相对的开放性，近年来也逐渐为各国刑事司法所接受，体现上述理念的诉讼程序或制度相继在各国刑事诉讼中得以确立。从某种意义上来说，修复性司法为协商性司法提供了另一种角度的理论支撑，即基于其“修复”的核心价值取向，在刑事诉讼过程中应当允许国家司法机关与被告人进行协商，并就补偿或赔偿等事项达成合意。因为这不仅有利于保障被害人的权利，并且有利于尽快修复被犯罪行为破坏的社会关系。

当然，应当注意的是，修复性司法与协商性司法毕竟存在显著的区别。一方面，修复性司法的参与主体有别于协商性司法的参与主体。修复性司法的参与主体主要为被告人与被害人，同时基于被告人矫正（rehabilitation）与被害人治疗（healing）之目的关联，也较为强调社区的角色及其参与。[2]另一方面，修复性司法与协商性司法的侧重点各不相同。修复性司法的主要目标是修复被犯罪行为所破坏的社

---

〔1〕 See Marshall, T.F., *The Evolution of Restorative Justice in Britain*, 4 European Journal on Criminal Policy and Research 21, 21-43（1996）.

〔2〕 Daniel W.Van Ness & Karen Heetderks Strong, *Restoring Justice: An Introduction to Restoring Justice（5th ed.）*, Anderson Pressing, 2014, p.119-121.

会关系，因而更多关注的是修复的结果，具体的修复方式则一般需要根据实际情况进行选择。[1]协商性司法尽管也有助于尽快修复被犯罪行为所破坏的社会关系，但更多关注的是协商的过程，通过协商的过程实现公正与效率的统一、权力与权利的平衡。近年来，协商性司法也呈现上述发展趋势，即通过程序性保障尽可能地缩小协商主体在地位与力量上的差距，营造平等理性的法律商谈情境，确保被追诉人真正拥有与国家司法机关进行协商的底气与能力。[2]因此，即使各国在协商制度的具体设计上存在差异，但在实现协商性司法正当性的问题上存在共性，依照何种标准、方式展开协商，依照何种程序兑现被追诉人的协商利益，则是各国协商性司法改革所共同关心的关键问题。

### （四）现有研究的不足与展望

目前，关于控辩协商的研究成果数量不少，尤其是在认罪认罚从宽制度试点与立法的驱动之下，近年来更是不断涌现丰硕的研究成果。然而，从现有研究成果的价值来看，似乎仍有提高的可能性，尚有较大空间供后来研究者进行更为深入、更为详细、更为周全的研究。在认罪认罚从宽制度入法后，更有必要结合此前探索与当前实践，对具有中国特色的控辩协商机制进行系统且深入的研究。当前，随着各地控辩协商实践的不断推进，暴露了越来越多具有争议性的问

〔1〕　目前，修复性司法在国际司法实践中的主要形式包括和解、调停、仲裁、被害人与加害人和解方案（VOM）、被害人与加害人对话方案（VOD）、家庭集团会议（FGC）、量刑圈（sentencing circle）、族长会议（council of chiefs）等。参见林顺昌：《修复式司法正名的论辩与实践——以观护法制的改革为核心》，载《警大法学论集》2007 年第 16 期。

〔2〕　吴思远：《从单向赋权到二元交互：再论刑事协商的内涵》，载《青少年犯罪问题》2021 年第 1 期。

题，这在一定程度上反映了认罪认罚从宽制度在理论铺垫方面的不足。应当警惕，由于理论层面的准备不足，当前认罪认罚从宽制度改革仍然存在停滞不前甚至倒退、回头的可能，如何真正发挥出具有中国特色控辩协商机制的价值功能，应当首先关注其中重要的基础性问题。结合当前的研究现状，既有研究成果的不足包括以下几个方面。

其一，立法驱动性较强，研究动力持久性不足。我国学界对控辩协商的研究深受刑事诉讼立法活动的影响，在修法前后往往集中产出大量的研究成果。不可否认，结合立法与实践的需求对控辩协商的具体实践样态，如附条件不起诉、认罪简化审程序、速裁程序等，进行观察与研究固然有积极意义，尤其在一定程度上发挥了应用型学科研究的优势，相关研究成果有机会为司法实践所参考与吸纳。然而，由于立法驱动性较强，往往造成学界对某一热点问题的扎堆研究，如此使得控辩协商在理论研究的深度和广度上有所欠缺。总体来看，目前研究成果多以纲领性、译介性、建议性的成果为主，但是富有理论深度和深入论证的成果相对较少，研究成果的理论性、系统性、持续性有待提升。并且，这些研究成果的实践面向性较为突出，对待控辩协商的问题往往持相对单一的立场，这种导向使得对制度构建的探讨较为简单，通常以司法资源紧张、刑事司法政策需要等来论证控辩协商的正当性，但缺乏足够的理论基础，无法对协商及处遇之间的逻辑关系给出充分证成，甚至增添了司法实践的混乱与争议，继而相关研究成果所提出的对策建议的说服力有所欠缺。

其二，政策导向性突出，研究方法科学性不足。同样是受到应用型学科的影响，现有研究成果大多较难摆脱政策导向性，偏向于运用价值法学、比较法学、对策法学等对控辩协商问题进行研究。遗憾的是，这些研究方法的科学性有所欠缺，因而对研究结论也造成了不同程度的影响。例如，自认罪认罚从宽制度改革推进以来，研究者除了密切关注制度下控辩协商的实践之外，还有不少将研究视角转向与之同为协商性司法的域外实践样本。其中，美国辩诉交易制度与德国刑事协商程序最为研究者所关注。然而，不少研究成果运用比较研究时，不同程度地对域外实践样本采取非客观中立的态度，继而不加证伪地套用域外制度的经验试图为我国改革所用。倘若仅仅运用预设的价值判断学说，即以协商性司法的高效性来证成借鉴域外制度的必要性，显然忽略了程序生成的本土因素。由此产出的大批高度相似的研究成果，似乎很难从中汲取真正能为我国改革所用的智识。更应警惕的是，对域外实践样本如此"先入为主"的态度，亦可能忽视其背后所隐藏的风险与危机，在将域外实践样本作为简单对照物的情况下，缺乏对制度本土化的深刻理解与阐释，这将进一步夸大控辩协商制度的价值效用。此外，即使是近年来兴起的实证研究方法，也存在流于形式的问题，如设计的问题主观性较强、欠缺以客观变量为基础的数理式模型或分析等，这在既有的控辩协商研究成果中也有较为突出的表现。由此得出的研究结论显然说服力有所不足，所能发挥的实际效果令人怀疑。

其三，学科壁垒较严重，研究视野全局性不足。由于长期以来各部门法学互不关注，甚至各自为政，缺少必要的互动与交流，因而跨学科的交叉研究较为少见。对控辩协商的研究也是如此，这一问题实际应当包括刑事程序法和刑事实体法两个层面的解构，但学科壁垒导致现有研究成果的片面化，使得对控辩协商的讨论往往只停留在刑事程序法层面，从刑事实体法层面或结合刑事实体法、刑事程序法进行一并阐述的研究成果较少，更不用说尝试运用其他社会科学方法或理论的研究成果了。可以说，既有的研究成果忽略了对控辩协商问题的研究存在吸收其他学科知识的可能性与必要性，研究思路相对狭隘，研究成果存在同质化的倾向。正因如此，围绕当前认罪认罚从宽制度抑或控辩协商改革所提出的方案，陷入了单一化的尴尬局面，论证略显单薄，实践操作性有待加强，研究结论的客观性与科学性也有待进一步提升。

## 三、研究思路

本书以中国语境下的控辩协商为研究主线，着重选取了控辩协商相关的理论问题与实践问题，对其进行多角度、深入性的探讨。具体研究思路如下。

**第一章“控辩协商的本土演化：反思‘权力主导’的路径依赖”。**中国语境下的控辩协商，不仅离不开对司法实践的深入观察，并且有必要基于历史视角进行反思，这是因为当前认罪认罚从宽制度与此前控辩协商探索存在时间与逻辑上的延续性。因此，本书的第一章全面回顾了我国控辩协商的发展演化，系统梳理其本土生长的历史脉络，发现其生成发展的内在逻辑。在我国，职权主义的传统思维贯穿于控辩协商渐进式的发展中，并发挥重要作用，最终呈现对“权力主导”路径的依赖。这一路径依赖使得控辩协商发展的速度与方向受到了不同程度的限制，并且大大增加了当前认罪认罚从宽制度改革的难度。对过去二十年来控辩协商的本土实践进行历时性回顾，根本目的在于避免认罪认罚从宽制度陷入既有路径依赖的羁绊，重蹈此前控辩协商改革的疲软与僵滞。尽管这部分内容主要从历史的角度关注我国控辩协商的发展状况，但并非对制度嬗变的简单描述，而是深入制度运行的背景与逻辑之中，试图阐释制度本身的理论性、技术性、自洽性。据此，顶层设计者应当强化主导制度变迁的决心，克服控辩协商改革的惰性，主动关注被追诉人处于弱势状态的现实，实现由“权力主导”到“权利关照”的路径转变，推进认罪认罚从宽制度的实践发展。

**第二章“控辩协商的演进逻辑：与德国协商程序的比较研究”。**我国刑事诉讼制度具有浓重的职权主义色彩，德国更是职权主义的“样板式”国度，两国认罪协商程序均是在一定条件下实现的由实践到立法的制度变革，遵循的是一种渐进式的生成路径，体现了职权主义传统下“法外程序”向“法内程序”的演进。通过对德国刑事协商程序渐进式生成路径的省视与反思，自然也能为遵循同一演进逻辑的认罪认罚从宽制度提供借鉴。因此，本书第二章对德国协商程序的生成路径及其逻辑进行了剖析，以此提炼出对完善我国认罪认罚从宽制度改革有启发意义的经验。值得注意的是，尽管两国认罪协商程序均根植于实践经验而非立法者的直接理性，并且都是为了回应司法实践所面临的具体问题而逐渐构建起来的，然而，两国改革主导者所持的不同态度使得两种程序在生成方向、速度与效果上都存在巨大的差异。在德国刑事协商程序中，立法机关与司法机关更多地秉持保守与观望的态度，对程序更多地只是被动接受与消极回应，从而过度放任程序的自行生成，对其发展缺乏必要的引导与把控，使得从“法外程序”向“法内程序”的演进进程中表现出了较多的被动性，这也不失为我国应当吸取的经验教训。尽管本部分研究的对象是德国刑事协商程序，但较之制度的样态与特征，更为关注的是这一制度的生成路径，这与目前多数相关的研究成果也形成了思路上的区别。

**第三章“控辩协商的价值立场：与美国辩诉交易的比较研究”。**构建与完善具有中国特色的控辩协商制度，离不开对现行立法与制度的反思，并有必要在此基础上作出前提性的价值判断。因此，本书第三章对控辩协商的价值立场进行了理论追问与对比研究。控辩协商的价值立场，其实就是从根本上探讨协商性司法的价值导向或目标追求。在协商性司法的实践得到推崇、理论得到关注的同时，这种全新司法范式的价值立场却鲜有讨论。协商性司法的价值立场已经超越了立法技术和规范文本，具有指导性的意义，是统领相关制度改革的关键。对协商性司法的价值立场进行研究，具有重要的理论价值与实践意义。在这方面，美国辩诉交易制度为我们提供了鲜活的样本。美国是协商性司法的起源地，辩诉交易制度已经成为美国司法制度的必要组成部分，负担了司法系统近九成的刑事案件。然而，无论是辩诉交易制度的实践，还是近年来由联邦最高法院主导的改革，都呈现了对效率价值的偏好，对整个国家的刑事司法体系造成了消极影响，甚至在一定程度上奠定了追求认罪、有罪推定的不良倾向，导致辩诉交易制度沦为廉价的刑罚工具，并成为制造冤假错案的一大元凶。因此，构建与完善具有中国特色的控辩协商制度，离不开对现行立法与制度的反思，并有必要在此基础上作出前提性的价值判断。通过对比研究中美协商性司法的价值立场，可以从中吸取必要的经验教训，修正理论和实践中存在的认识误区，继而正确把握我国控辩协商改革的主张与思路，最终提出对完善我国控辩协商的改革方案。

**第四章“控辩协商的理论基础：‘权力—权利交互说’的展开”。**尽管当前关于控辩协商的研究成果数量不少，尤其在认罪认罚从宽制度试点与立法的驱动之下，近年来更是不断涌现丰硕的研究成果，但是，有关控辩协商的基础性问题长期未能得到应有的重视。由此，反思与检讨我国控辩协商的理论缺憾有重要的理论价值与实践意义。本书第四章深入聚焦我国控辩协商构建的理论基础，在梳理与反思现有理论学说的基础上，提出“权力—权利交互说”来重构控辩协商的立论依据，证成被追诉人获得协商利益的正当性。这一理论学说的提出，以期为控辩协商的本土构建与完善扫除理论层面的障碍，深化对控辩协商以及认罪认罚从宽制度的理论认识，实现对中国特色刑事诉讼制度改革的整体理解和动态把握。

**第五章“控辩协商的中国模式：由‘确认核准模式’转向‘商谈审查模式’”。**在推进国家治理体系和治理能力现代化的时代背景下，认罪认罚从宽制度不仅是刑事诉讼领域的一项重要改革，为了准确、充分地发挥认罪认罚从宽制度在国家治理方面的价值功能，更好地推进此项制度的实施，必须首先理解重塑认罪认罚从宽制度中“控辩协商”的核心内涵。因此，唯有深入观察控辩协商的当前实践，归纳反思其所面临的具体问题，才能系统化解释认罪认罚从宽制度的基本状况与内在逻辑，并为制度的完善发展提出切实可行的建议。本书第五章深入观察了我国控辩协商的当前实践，并将其准确把握为一种“确认核准模式”，即检察官主导的量刑建议在获得辩方确认的基础上，经由法官核准并作出裁决的诉讼模式。这是在深入观察当前控辩协商实践基础上所作出的一种归纳，并准确指出了这一模式下控辩关系处于不平等的关键性问题。结合新型犯罪案件以及人工智能运用所带来的现实挑战，继而主张应当主动关注被追诉人在当前控辩协商中处于被动与弱势的现实，并最终提出了转向“商谈审查模式”的完善方案。

**第六章“控辩协商的司法控制：以自愿性审查规则为核心视角”。**自愿性是控辩协商的关键。表面的认罪认罚容易造成错案，不仅损害被追诉人的权利，也损害被害人的利益，削弱司法的信誉和权威。因此，构建认罪认罚自愿性审查规则具有重要意义。本书第六章以自愿性审查规则为核心视角，探讨控辩协商中的司法控制，研究认罪认罚自愿性的庭审保障。认罪认罚自愿性审查规则包括自愿性的审查方式、审查内容与判断标准等，其为法官审查提供了准则与步骤，有利于防止无辜者被迫或违心认罪认罚，避免冤假错案的发生。然而，当前认罪认罚自愿性审查规则是以裁判者决策为核心视角所确立的，注重的是裁判者审查的高效与便捷，审查形式化问题较为突出，被告人认罪认罚的真实意愿难以获得实质性的审查，蕴含非自愿认罪认罚的风险。“以裁判者为中心”的审查规则偏向于对客观行为的外部评价而欠缺对被告人主观状态的内部分析，裁判者几乎丧失了考察被告人主观状态的机会乃至能力。从根本上解决这一问题，应当转向被告人认知的视角来重构审查规则，确立“合致性标准”将被告人认罪认罚的主观意愿与其在审前程序中的客观处境联系起来，指引法官通过整体考察两者之间的关联作出综合判断，避免陷入还原主义的困境抑或纯粹思辨的陷阱。“以被告人为中心”的审查规则将完善当庭审查机制，重塑认罪认罚案件的裁判权威，改善被告人受裁判者权力话语体系支配的现状，提高当庭验证被告人认罪认罚真实意愿的水平。

## 四、研究方法

### （一）历史分析方法

中国语境下的控辩协商，既离不开对司法实践的深入观察，更有必要基于历史视角进行反思。当前认罪认罚从宽制度与此前控辩协商探索有时间与逻辑上的延续性，回顾我国控辩协商四十年来的发展历程，对认罪认罚从宽制度的完善推进具有重要意义。历史分析方法是本书重要的研究方法之一。本书运用历史分析方法，对控辩协商的本土演变进行了回顾，在全面考察我国控辩协商历史脉络的基础上，确定与之相对应的宏观环境、行为主体、观念认知等因素，由此归纳与阐释蕴含于其中的演变逻辑，以期认罪认罚从宽制度改革得以避免陷入既有路径之依赖。本书运用历史分析方法时，特别注意到“法律的历史”与“历史上的法律”两种研究取向上的界分。[1]质言之，这部分

〔1〕　参见［美］兰博约：《对抗式刑事审判的起源》，王志强译，复旦大学出版社 2010 年版，“译序”部分第 5 页。

研究内容虽然是从历史的角度去关注我国控辩协商的发展状况，但并非对制度嬗变的简单描述，而是深入制度运行的背景与逻辑之中，重在“法”而非“史”，试图去阐释制度本身的理论性、技术性、自洽性。

（二）比较研究方法

鉴于协商性司法为典型的“舶来品”，研究域外协商性司法的实践经验就我国而言具有现实必要性。比较研究方法也是本书重要的研究方法。本书运用比较研究方法，对域外协商性司法的样本进行了必要考察，重点探寻控辩协商所蕴含的内在规律，具体聚焦为对演进逻辑与价值立场的讨论反思，并深入分析隐藏其中、可为归纳的经验做法。当然，比较研究的最终目的是回到中国，解决中国问题。因此，本书运用比较研究方法，注重如何将这些域外经验与我国司法实践进行一种融合式的阐释，避免仅将域外实践样本作为简单的对照物，使得控辩协商问题成为“从现象到现象”的描述性研究。故除注重借鉴与吸收其他法律文明成果中的合理之处外，更试图从中剖析利弊得失，总结并上升为某种规律性的理论认识，力争做到客观中立，视野开阔，以期对完善具有中国特色的控辩协商制度，推进认罪认罚从宽制度改革实施有所裨益。

（三）实证分析方法

实证分析方法是通过事实证明问题与结论的方法，主要特点是通过对经验事实的观察和分析来建立、检验各种理论命题。[1]实证分析

〔1〕　参见张文显主编：《法理学》（第2版），高等教育出版社2003年版，第49页。

方法也可进一步划分为科学实证与经验实证，前者是一种定量研究方法，主要通过现象观察、实地调研、试验测量等方式获取数量化的资料，进而统计分析，得出概括性或准确性的研究结论；后者则主要依据人们的经验领悟以及对社会的规律观察。实证分析方法也是本书重要的研究方法。本书综合采用实证分析方法，对当前控辩协商的本土实践进行了深入观察，在前期调研所获的相关数据、案例以及规范性文件等一手材料的基础上，结合与实务部门办案人员以及法律工作者等展开对话，准确把握当前认罪认罚从宽制度中控辩协商的基本样态，进而总结为是一种“确认核准模式”，凝练出这一模式所存在的具体问题，并有针对性地提出了“商谈审查模式”的转型设想。

（四）价值分析方法

展望与完善具有中国特色的控辩协商制度，离不开对现行立法与制度的反思，并有必要在此基础上作出前提性的价值判断。法律作为调整社会生活的规范体系，从终极意义上说，它的存在本身并不是目的，而是实现一定价值的手段，也就是说，社会中所有的立法和司法活动都是一种进行价值选择的活动。[1]价值分析方法是对某一法律制度进行研究与改革的重要研究方法，通过认知和评价法律制度的价值属性，揭示、批判或论证一定方案的实质，一定程度上甚至需要以某种超越现行制定法的姿态去进行探究、解释法律的法理与本质。价值分析方法进一步包含了价值认知和价值评价两个层面，前者是对法律

---

〔1〕　参见张文显主编：《法理学》（第 2 版），高等教育出版社 2003 年版，第 48 页。

制度所包含的价值规则和价值排序进行的描述，后者则是对法律制度的总体或部分进行判断与取舍。本书通过价值分析方法，结合对我国控辩协商机制的改革背景、规范框架、立法技术等内容的深入分析，以及观察其与社会、政治、经济、文化等因素的内在关联，论证与阐释其理论基础、内在逻辑与价值准则，继而对我国控辩协商制度的基本价值理念作出判断，对我国控辩协商机制的具体问题进行价值评判与纠偏，最终提出相应的改革方案。

### （五）其他研究方法

目前，无论是有关控辩协商或认罪认罚从宽制度的研究成果，似乎大多仍然停留在刑事程序法层面，忽略了对上述问题的研究存在吸收其他学科知识的可能性与必要性。因此，本书部分内容的论证运用到了刑法学理论，还有部分内容则借助了如制度变迁理论、认知科学理论等其他学科的知识，以期得出更为客观科学的研究结论。在上述研究过程中，体现学科交叉整合的研究方法也在本书中得到了充分运用。本书综合运用多元化的研究方法，以期跳出制度内部去进行多视角、宽领域、多层次的深入探讨，打破学科壁垒，作出更多有价值的理论阐释，提升研究视野的全局性，增强研究结论的客观性与科学性，为制度的研究提供全新的思路，为制度的推进发展提供智识力量。

第一章
CHAPTER 01

# 控辩协商的本土演化：反思“权力主导”的路径依赖

## 一、问题的提出

2018 年《刑事诉讼法》修改后，认罪认罚从宽制度实现了由“试点”到“立法”的转变，并从适用范围、实施程序、权利保障等方面得以全面完善。此后，最高人民法院、最高人民检察院、公安部、国家安全部、司法部又联合发布了《关于适用认罪认罚从宽制度的指导意见》(以下简称《指导意见》)，为制度的实施与推进提供了重要指引。随着认罪认罚从宽制度的试点与立法，制度的协商性内涵业已获得理论界与实务界的共识。[1]正如学者所言，在认罪认罚从宽制度中引入控辩协商的机制，这是不容回避的制度选择。[2]但遗憾的是，协商机制“空转”的情况在当前司法实践中较为常见，即协商机制往往被架空，

---

〔1〕 最高人民法院所作的权威释义亦指出，“认罪认罚从宽制度创设了独具特色的量刑协商程序”。参见胡云腾主编：《认罪认罚从宽制度的理解与适用》，人民法院出版社 2018 年版，第 27 页。

〔2〕 参见陈瑞华：《司法体制改革导论》，法律出版社 2018 年版，第 439 页。

真正经过控辩双方商谈后达成合意的量刑建议并不多。例如，许多量刑建议的达成是“一次性”过的，检察机关在径行提出量刑建议后便不再采纳或理会辩方的意见，辩方往往只能勉强同意量刑建议；[1]再如，部分检察机关在被追诉人认罪认罚后，绕过辩护人而通知值班律师见证具结书的签署，即使辩护人已经向检察院提交了辩护意见。在协商机制“空转”的情况下，被告人最终获得从宽处罚更多是检察官与法官依职权兑现“坦白从宽”刑事政策的结果，很难说是控辩双方经过理性协商所获得的。[2]

立法的缺憾是造成当前协商机制“空转”的重要原因。从立法规范来看，无论是此前试点改革抑或《刑事诉讼法》修改，但凡涉及协商的概念或内容都被有意无意地淡化了，甚至可以说是被回避了，协商程序的法律地位未能得以明确，因而如何进行协商、协商有何效力等关键问题处于不明状态。尽管《指导意见》第 33 条出现了“协商”一词的表述，[3]在认罪认罚从宽制度框架下如此规定实属首次，具有进步意义，但该条对协商的规定仍然过于原则与笼统，难为控辩双方的协商提供充分的制度保证。甚至《指导意见》中的部分规定还存在

---

〔1〕　这也是不少被告人日后对量刑建议提出异议或提出上诉的动因之一。参见胡云腾主编：《认罪认罚从宽制度的理解与适用》，人民法院出版社 2018 年版，第 280 页。

〔2〕　参见吴思远：《我国控辩协商模式的困境及转型——由“确认核准模式”转向“商谈审查模式”》，载《中国刑事法杂志》2020 年第 1 期。

〔3〕《指导意见》第 33 条“量刑建议的提出”规定：犯罪嫌疑人认罪认罚的，人民检察院应当就主刑、附加刑、是否适用缓刑等提出量刑建议。人民检察院提出量刑建议前，应当充分听取犯罪嫌疑人、辩护人或者值班律师的意见，尽量协商一致。

模糊与歧义，为司法实践埋下了隐患。[1]

当然，立法本就不是一项单纯的技术性工作，是受立法者企图、正义或合目的性考量的指引而作出的评价。[2]法律文本可能只是某种遗憾的措辞，立法意图远比它在法律中所实际表达的更为重要。[3]认罪认罚从宽制度在立法设计上的保守，不仅反映了立法者对待协商性司法的谨慎态度，[4]更是暴露了其对待这项改革所秉持的职权主义的传统思维。鉴于控辩协商在我国并非新鲜事物，体现协商色彩的做法或举措在我国司法实践中早已有迹可循，相关探索甚至可以追溯于 21 世纪初，当前认罪认罚从宽制度与此前控辩协商探索有着时间与逻辑上的延续性；但直至认罪认罚从宽制度入法，协商程序的法律地位仍未能得到明确认可，制度框架下的协商实践与真正意义上的控辩协商仍然有不小的距离。从本质上来看，认罪认罚从宽制度仍然没有摆脱职权主义传统的制约转而构建一种相对平等与理性的控辩关系，甚至说，控方的权力得到扩张、交易地位得以强化已是不争的

---

〔1〕 例如，《指导意见》第 31 条第 1 款规定："犯罪嫌疑人自愿认罪，同意量刑建议和程序适用的，应当在辩护人或者值班律师在场的情况下签署认罪认罚具结书……" 由此看来，辩护人与值班律师之间存在"或者"的选择关系，即使犯罪嫌疑人已经委托了辩护人，检察机关选择值班律师签署具结书似乎也并不违法。但此做法显然侵害了犯罪嫌疑人的辩护权，往往导致其认罪认罚并非出于自愿与理智，甚至是在值班律师说服下作出的。

〔2〕 参见［德］卡尔·拉伦茨：《法学方法论》，陈爱娥译，商务印书馆 2003 年版，第 94 页。

〔3〕 参见［瑞典］亚历山大·佩策尼克：《论法律与理性》，陈曦译，中国政法大学出版社 2015 年版，第 322–323 页。

〔4〕 诞生于 20 世纪 90 年代的协商性司法，亦被达马斯卡教授称为"一种全新的合作型司法模式"。不同于传统的合作型司法模式——被追诉人往往只是为了获得宽宥处罚而作出有罪供述，全新的合作型司法模式则是在国家与被追诉人相互妥协与合意的基础上，通过被追诉人认罪而最终达到缩短或省略正式审判的效果。不难发现，协商性司法的核心在于国家与被追诉人的合作与双赢。See Mirjan Damaska, *Negotiated Justice in International Criminal Courts*, 2 Journal of International Criminal Justice 1018, 1019 (2004).

事实。[1]

根据路径依赖理论，一旦在观念上认同了既有的制度安排，路径依赖便会形成，制度便将根据一定的惯性在既有路径上前行。[2]正是蕴含于控辩协商发展中的职权主义惯性思维，使得认罪认罚从宽制度在控辩协商的既有路径上徘徊前行，继而制约了当前制度实施的成效。因此，为了避免认罪认罚从宽制度陷入既有路径依赖的羁绊，重蹈此前控辩协商改革的疲软与僵滞，有必要对我国控辩协商的变迁历程进行总结回顾，确定并揭示贯穿于其中的演变逻辑与发展路径。这不仅是化解当前协商机制“空转”等现实性问题的关键所在，更是推进与完善认罪认罚从宽制度的应有之义。

## 二、历时性回顾：我国控辩协商的变迁历程

控辩协商在我国并非新兴事物。在认罪认罚从宽制度出台之前，体现控辩协商色彩的做法或举措在我国司法实践中已有迹可循，相关探索甚至可以追溯于21世纪初。随着《刑事诉讼法》以及刑事诉讼制度的不断完善，我国控辩协商经历了产生兴起、地方探索、试点改革、立法发展等四个阶段。然而，直至认罪认罚从宽制度入法，协商程序的法律地位仍未能得到明确认可，制度框架下的协商实践与真正意义上的控辩协商仍然有着不小的距离。

---

〔1〕　参见魏晓娜：《结构视角下的认罪认罚从宽制度》，载《法学家》2019年第2期。

〔2〕　参见［韩］河连燮：《制度分析：理论与争议》（第2版），李秀峰、柴宝勇译，中国人民大学出版社2014年版，第31页。

### (一)控辩协商的产生兴起

我国控辩协商实践产生的时间较晚,实际于刑事简易程序改革的进程中逐步发展起来。1979 年《刑事诉讼法》仅规定了一种审判程序,这意味着所有的刑事案件,无论简易还是复杂,无论被告人认罪还是不认罪,都是按照单一的诉讼程序进行流转。为了突破刑事审判程序单一化的局限,1996 年《刑事诉讼法》修正时增设了简易程序。尽管这一改革的意义重大,但由于 1996 年简易程序的范围较为狭窄、条件过于严苛,[1]导致其难以满足司法实践的需求,并没有达到预期的立法期待。[2]正因如此,刑事审判程序的简易化改革成为当时司法体制改革的重点,并由此催生了"普通程序简化审"制度。

"普通程序简化审"正是我国控辩协商最早的实践形态,其初衷是为了弥补 1996 年简易程序的缺憾,相关探索最早可追溯到 1999 年,由一些办案压力较重的地方法院与检察院自行探索试行。经过几年的实践,最高人民法院、最高人民检察院与司法部在总结经验的基础上于 2003 年联合出台了《关于适用普通程序审理"被告人认罪案件"的若干意见(试行)》(现已失效),成为制度实施的规范性依据。"普通程序简化审"制度是在被告人对被指控的基本犯罪事实无异议并且自愿认罪的情况下,允许对原本并不符合简易程序适用条件的案

---

〔1〕 参见 1996 年《刑事诉讼法》第 174 条:"人民法院对于下列案件,可以适用简易程序,由审判员一人独任审判:(一)对依法可能判处三年以下有期徒刑、拘役、管制、单处罚金的公诉案件,事实清楚、证据充分,人民检察院建议或者同意适用简易程序的;(二)告诉才处理的案件;(三)被害人起诉的有证据证明的轻微刑事案件。"

〔2〕 根据学者的实证调研,当时简易程序的适用率甚至不到 5%。参见樊崇义主编:《刑事诉讼实施问题与对策研究》,中国人民公安大学出版社 2001 年版,第 512 页。

件，以简化的庭审程序进行审理，如简化或者省略庭审讯问、发问等，法院可以对自愿认罪的被告人酌情予以从轻处罚。这一制度的显著特点就在于体现了协商性司法的合作性与互惠性，即只有控辩双方均对适用程序无异议时，法院才得以适用这一程序，这为控辩对话与合作提供了可能；并且从处理结果来看，法院对适用“普通程序简化审”程序的案件应当酌情予以从轻处罚。〔1〕故如学者所言，“普通程序简化审”制度实际上与国外的辩诉交易制度有异曲同工之妙。〔2〕

（二）控辩协商的地方探索

除增设简易程序外，1996 年修正的《刑事诉讼法》还围绕审判方式改革推进了诸多举措，如取消全案移送、加强控辩对抗等，呈现向当事人主义模式靠拢的倾向。立法者对英美法系进行法律移植的意图及努力，亦对理论界产生了积极影响，国内学者纷纷开始对包括辩诉交易在内的多项制度进行引介与探讨，旨在为我国刑事审判程序的简易化改革提供参考。〔3〕正是这一理论研究的热潮带动了实践的积极探索，而理论与实践的良性互动又为我国控辩协商创建了更为相容与和谐的生长环境。例如，在 2002 年牡丹江铁路运输法院对孟某虎故意伤害案件作出判决后，该案被理论界与实务界奉为“中国辩诉交易第一案”，引发了国内探讨辩诉交易制度的热潮，并带动哈尔滨铁路

〔1〕　参见《关于适用普通程序审理“被告人认罪案件”的若干意见（试行）》（已失效）第 9 条：“人民法院对自愿认罪的被告人，酌情予以从轻处罚。”

〔2〕　参见国家森主编：《中国控辩协商制度研究》，中国检察出版社 2005 年版，第 96 页。

〔3〕　参见陈光中主编：《辩诉交易在中国》，中国检察出版社 2003 年版；陈光中主编：《21 世纪域外刑事诉讼立法发展》，中国政法大学出版社 2004 年版。

运输中级法院进一步探索中国式的辩诉交易制度。[1]此外，1996年修正的《刑事诉讼法》还确立了酌定不起诉制度，标志着起诉法定主义向起诉裁量主义的发展。酌定不起诉制度赋予了检察官一定的自由裁量权，不仅克服了起诉法定主义"无法发挥刑事政策来影响犯罪嫌疑人"[2]的不足，更使得检察官实际拥有了与被追诉人展开协商的权力与空间。更多体现对话合作、互惠互利的控辩协商做法也开始陆续出现在我国司法实践之中，如2004年部分地方检察院兴起的缓起诉试点工作、2006年检察机关先行探索的轻微刑事案件快速办理机制等。

地方自行探索的控辩协商举措虽然存在差异，所蕴含的协商性色彩也有强弱之分，但总体来看均不同程度地体现了对协商性司法的认可，即承认被追诉人的主体地位，继而被追诉人与国家通过合意来决断案件成为了可能。更为重要的是，各地探索逐步摆脱了审判方式改革的局限，使得我国控辩协商的发展更进一步。例如，由检察机关率先主推的轻微刑事案件快速办理机制，以被追诉人认罪为前提要件，强调被追诉人的程序选择权。与"普通程序简化审"制度相比，这一制度更为凸显审前交易的合理性与必要性，即刑事审判程序的简易化改革应从审判阶段向前延伸到起诉阶段，通过扩大检察机关的裁量权来实现程序分流。显而易见，轻微刑事案件快速办理机制蕴含了更为

---

〔1〕　哈尔滨铁路运输中级法院还曾拟定《关于刑事案件实施"辩诉交易"的若干规定（试行）》，对辩诉交易制度的适用条件与范围等作出规范。参见张景义、李文广、赵炳松、权伍琦：《聚焦国内"辩诉交易"第一案》，载《人民法院报》2002年8月8日，第3版。

〔2〕　［日］田口守一：《刑事诉讼法》，刘迪、张凌、穆津译，法律出版社2000年版，第102页。

浓厚的协商性色彩，并于后期逐步发展为涵盖刑事诉讼全过程的三机关联动机制，证实了其与我国司法实践的内在契合，并成为2014年刑事速裁程序试点的基础所在。[1]

### （三）控辩协商的试点改革

尽管前述“普通程序简化审”制度获得了实务工作者的支持，甚至不少法官表示，如果不适用“普通程序简化审”可能根本处理不过来那么多案件，[2]但这一制度的正当性受到诸多学者的批判。有学者即指出，“普通程序简化审”本身的规定就有违刑诉法，实质上是在法律之外司法的行为。[3]因此，2012年修正的《刑事诉讼法》对刑事简易程序作了进一步完善，回应了理论界对于“普通程序简化审”制度的批判。在吸收“普通程序简化审”实践经验的基础上，2012年《刑事诉讼法》在简易程序的适用条件上采取了与之大致相同的标准，[4]即以被告人认罪且同意程序适用为前提，由此扩大了简易程序的适用范围，弥补了1996年简易程序的结构性缺憾。随着《中共中央关于全面推进依法治国若干重大问题的决定》明确提出以审判为中心的诉讼制度改革的要求后，其庭审实质化的本质内涵促使我国刑事诉讼

---

〔1〕　2014年开展的刑事速裁程序试点工作正是对此前轻微刑事案件快速办理机制“新的延伸”。参见陈小康：《刑事速裁简化但正义不能“打折”》，载《人民法院报》2015年3月12日，第5版。

〔2〕　参见徐美君：《刑事诉讼普通程序简化审实证研究》，载《现代法学》2007年第2期。

〔3〕　参见樊崇义主编：《刑事诉讼法修改专题研究报告》，中国人民公安大学出版社2004年版，第527页。

〔4〕　参见2012年《刑事诉讼法》第208条第1款：“基层人民法院管辖的案件，符合下列条件的，可以适用简易程序审判：（一）案件事实清楚、证据充分的；（二）被告人承认自己所犯罪行，对指控的犯罪事实没有异议的；（三）被告人对适用简易程序没有异议的。”

程序朝着越发精密与复杂的方向发展，因而构建多元化的刑事诉讼格局来分流案件、节约司法资源也就成了必然。在这一改革背景之下，2012 年修正的《刑事诉讼法》所确立的简易程序不免略显单一与局限，司法实践需要一种比简易程序更为简化的程序，对"简易程序/普通程序"格局形成一种必要的补充。〔1〕与以往不同的是，顶层设计者明确将控辩协商作为对诉讼程序进行"再简化"的一种方案，〔2〕并相继于 2014 年与 2016 年开展刑事速裁程序与认罪认罚从宽制度的试点改革。

从效果上来看，两次试点改革极大强化了我国控辩协商的理念与实践。其一，两次试点改革延续了 2012 年修正的《刑事诉讼法》对简易程序修改的思路，明确将被告人认罪作为刑事速裁程序与认罪认罚从宽制度的前提要件，并充分突出对被告人程序选择权的尊重。这说明被告人的主体地位获得了比以往更多的关注，因而制度允许甚至是鼓励被告人主体性地参与到定罪量刑的过程中，控辩协商的比重也在客观上得以提升。其二，自刑事速裁程序试点开始，各地出现了越来越多控辩协商的实践探索。〔3〕这一持续至今的控辩协商实践与上文提

---

〔1〕　参见卞建林、吴思远：《刑事速裁程序的实践观察与立法展望》，载《中国政法大学学报》2019 年第 1 期。

〔2〕　在刑事速裁程序试点阶段，时任最高人民法院研究室主任颜茂昆即提出，刑事速裁程序改革最大的制度创新就是建立"中国式的诉辩协商制度"。参见冉容、何东青：《积极探索 科学论证 推动刑事案件速裁程序试点健康深入开展——试点中期评估论证会专家意见摘编》，载《人民法院报》2015 年 9 月 9 日，第 6 版。

〔3〕　参见马伟锋：《广东刑事审判试水认罪从宽协商制度》，载《人民法院报》2016 年 8 月 12 日，第 3 版；闫晶晶：《提高司法效率：让公平正义不再迟到》，载《检察日报》2017 年 10 月 31 日，第 2 版；杨晓梅：《强化人权保障规范量刑协商——广州越秀区法院推进认罪认罚从宽制度改革纪实》，载《检察日报》2017 年 12 月 8 日，第 4 版；党小学：《北京丰台区：专业化机构办理认罪认罚从宽案件》，载《检察日报》2018 年 1 月 14 日，第 2 版；郭树合：《"两认一宽"制度见实效》，载《检察日报》2018 年 2 月 28 日，第 10 版。

到的辩诉交易实践有着根本不同。前述辩诉交易实践属于由专门法院自行推行的改革试验的成果，欠缺足够的典型性与普遍适用性；[1]而当前控辩协商的实践则由两次试点改革孕育而生，受到顶层设计者的指导与支持，逐步迈向规范有序，并脱离了对域外制度的简单套用，从而具有强大的发展动力与前景。

### （四）控辩协商的立法发展

经过几年的试点改革，刑事速裁程序与认罪认罚从宽制度已经累积了相当经验，并充分说明了与我国司法实践的内在契合。因此，2018 年修正的《刑事诉讼法》的重点之一即是将试点经验上升为法律规范，完善刑事案件认罪认罚从宽制度与增加刑事速裁程序。更为重要的是，由于两次试点改革存在较强的地方性因素，体现了“因地制宜”的差异，[2]故通过立法对这些地方性经验予以巩固与规范，无疑也将促进我国控辩协商朝着更为科学与规范的方向发展。2018 年《刑事诉讼法》修正后，认罪认罚从宽制度实现了由“试点”到“立法”的转变，一种具有中国特色的控辩协商制度在法律上逐步得到建立。[3]基于认罪认罚从宽制度的规范性框架，犯罪嫌疑人自愿认罪，同意量刑建议和程序适用的，应当在辩护人或者值班律师在场的情况下

---

〔1〕　参见陈瑞华：《司法过程中的对抗与合作——一种新的刑事诉讼模式理论》，载《法学研究》2007 年第 3 期。

〔2〕　正如学者指出，地方司法机关并不是机械地适用全国人大常委会的决定，而是在改革模式与举措上形式多样。参见林喜芬：《认罪认罚从宽制度的地方样本阐释——L、S、H 三个区速裁试点规则的分析》，载《东方法学》2017 年第 4 期。

〔3〕　参见陈瑞华：《刑事诉讼的公力合作模式——量刑协商制度在中国的兴起》，载《法学论坛》2019 年第 4 期。

签署认罪认罚具结书，因而犯罪嫌疑人同意量刑建议和程序适用的过程，实际也是与检察官沟通的过程，其中蕴含了控辩协商的空间，从宽则是控辩协商的结果。

最高人民检察院的工作报告显示，2020 年检察机关认罪认罚从宽制度适用率已经超过了 85%。这意味着认罪认罚从宽制度对我国刑事诉讼制度、诉讼结构都带来了重要而深刻的影响。因此，有学者也将认罪认罚从宽制度的确立称为“我国刑事诉讼范式的重大变迁”，并且“标志着刑事诉讼第四范式的形成”。〔1〕应当说，认罪认罚从宽制度无疑体现了协商性司法的典型特征——传统刑事程序所不具备的沟通性、迅速性、终局性，〔2〕符合现代刑事诉讼发展的方向与规律。但值得注意的是，尽管制度已经入法，协商程序的法律地位仍未能得到明确认可，如何进行协商、协商有何效力等关键问题仍然处于不明状态；协商机制“空转”的情况在当前司法实践中较为常见，真正经过控辩双方商谈后达成合意的量刑建议并不多。因此，认罪认罚从宽制度框架下的协商实践与真正意义上的控辩协商仍然有着不小的距离。

## 三、渐进式变迁：我国控辩协商的演变逻辑

我国控辩协商的变迁历程从根本上揭示了刑事诉讼模式转型的复杂性，也反映出这一改革所不可避免的渐进性。控辩协商所经历

---

〔1〕　参见熊秋红：《比较法视野下的认罪认罚从宽制度——兼论刑事诉讼“第四范式”》，载《比较法研究》2019 年第 5 期。

〔2〕　参见王兆鹏：《新刑事·新思维》，台北，元照出版有限公司 2005 年版，第 172 页。

的产生兴起、地方探索、试点改革、立法发展四个阶段，实际演绎了探索、试错、纠错、完善的曲折过程，总体遵循的是一种渐进式变迁的演变逻辑。当然，从某种程度上来说，我国控辩协商的渐进式变迁也深刻印证了我国法治建设的渐进性，[1]其符合我国政治、经济、社会等方面的现实情况，不仅受制于司法制度运行的宏观环境，并且是在多元主体的复合性参与之下所进行的渐缓演变。

### （一）耦合于司法制度运行的宏观环境

我国控辩协商的兴起与发展与我国司法制度的大环境有着紧密的耦合关系。在新中国成立后的很长一段时期内，控辩协商在我国并没有找到与之相适应的生长条件，这与当时“以阶级斗争为纲”的社会环境有着很大的关系。刑事犯罪也曾被上升至阶级斗争层面，与刑事犯罪分子作斗争被认为是特殊形式的阶级斗争。[2]由于刑事司法对犯罪行为向来抱以严厉打击的态度，[3]这种较强的斗争性与敌对性倾向旗帜鲜明地排斥被追诉人主体性地参与刑事诉讼程序，并将推进与决定刑事诉讼程序的权力牢牢地把握在国家手中。在这种情况之下，司法仅仅被看作教条地实现有罪必罚的流水线，国家与被追诉人进行协商或合作自然也就无从谈起。

---

〔1〕 正如苏力教授所言，中国的法治建设必然显示出一种渐进的模式。这是由于我国所建立的社会主义制度与市场经济是一项前无古人的事业，在缺乏经验和传统以及足够制度资源、理论资源的情况下，不得不在改革中逐步积累经验，实际上也是逐步积累资源。参见苏力：《法治及其本土资源》（第3版），北京大学出版社2015年版，第18-19页。

〔2〕 参见王桂五：《试论刑事犯罪与阶级斗争》，载《中国法学》1984年第1期。

〔3〕 严厉打击犯罪一直都是我国刑事司法的主线，这在“严打”时期更为突出。一般认为，我国先后进行了三次大规模的“严打斗争”，严厉是主题，宽缓则是点缀，宽缓甚至为了严厉而出现。参见孙万怀：《宽严相济刑事政策应回归为司法政策》，载《法学研究》2014年第4期。

此外，尽管我国一直实行“惩办与宽大相结合”的刑事司法政策，要求根据罪行、对社会的危害程度并考虑犯罪分子的个人情况而使刑罚特定化，并在刑事诉讼程序中具体体现为“坦白从宽、抗拒从严”。然而，这一刑事司法政策主要是为了适应当时“以阶级斗争为纲”的社会环境与司法要求，并且特别强调犯罪嫌疑人、被告人负有如实供述其犯罪事实的义务。这种将认罪视为一项法定义务的机制，实际并未赋予被追诉人与国家进行对话或合作的权利，相反如学者所言，“对嫌疑人、被告人的当事人地位施加了限制”，[1]导致被追诉人只能被动接受国家追诉。显然，控辩协商与之亦是不相容的。

改革开放以来，随着我国社会主义民主法治建设的加强，一系列符合国际标准的刑事司法准则逐步得到认可与确立，刑事诉讼制度日益完善。在《宪法》与《刑事诉讼法》相继确立“国家尊重与保障人权”条款后，刑事被追诉人的地位与权利得到了显著提升，现代程序法治理念得到了更为普遍的认同。加之“严打”政策的弊端日渐显露，我国适时地确立了“宽严相济”刑事司法政策，纠偏了长期以来单极化与重刑化的政策倾向，为刑事司法的运作注入了适度的宽容特征。自此，我国司法制度逐渐褪去了鲜明的政治性与斗争性色彩，改变了过往“把一种惩罚倾向注入了诉讼程序”[2]的面貌。这不仅缓和了过去国家与被追诉人之间剑拔弩张的对立状态，并且也为国家依法给予被追诉人宽和的刑事待遇提供了支撑，国家与被追诉人自此逐步

---

〔1〕　陈瑞华：《义务本位主义的刑事诉讼模式——论“坦白从宽、抗拒从严”政策的程序效应》，载《清华法学》2008 年第 1 期。

〔2〕［美］诺内特、塞尔兹尼克：《转变中的法律与社会——迈向回应型法》，张志铭译，中国政法大学出版社 1994 年版，第 55 页。

由对抗走向了合作。

总体来看，随着国家的政治、经济和社会形势发生的深刻变化，我国司法制度运行的宏观环境得以显著改善，逐步摆脱了此前机械、僵化与重刑的倾向，使得刑罚实施过程中被追诉人的目的性与主体性得到认可。因此，即使是犯罪人也应当被当作人来看、被当作人来对待，而绝不是“任人摆布的客体”〔1〕。正是在认可与尊重被追诉人主体地位的情况下，其在进入刑事诉讼后才享有了与国家进行对话甚至是合作的权利，继而为控辩协商的生长提供了适宜的土壤。这也深刻地印证了达马斯卡教授的观点，即与私法领域相比，程序法的意义和效果本就更加依赖于外部环境——尤其是直接依赖于所在国家司法制度运行的制度背景。〔2〕

### （二）得益于多元主体的复合性参与

在我国控辩协商的历时性变迁中，多元主体积极参与并各自发挥了不可替代的作用，继而合力塑造了当前我国控辩协商的制度面貌。在这期间，尽管多元主体之间因观念或立场的差异亦存在些许博弈，对于控辩协商建构的某些具体问题未能达成共识，甚至存在一定程度的冲突，但正是这种复合性的力量共同推进了我国控辩协商的实践与发展。

---

〔1〕　刘涛：《刑事诉讼主体论》，中国人民公安大学出版社 2005 年版，第 87 页。

〔2〕　参见米尔吉安·R. 达马什卡：《比较法视野中的证据制度》，吴宏耀、魏晓娜等译，中国人民公安大学出版社 2006 年版，第 232 页。

1. 地方司法机关

通过上文的分析不难发现，地方司法机关是直接催生我国控辩协商实践的重要主体。无论是“普通程序简化审”制度、缓起诉制度抑或轻微刑事案件快速办理机制等，这些蕴含控辩协商色彩的做法均源于地方司法机关的先行、自行探索。此后控辩协商的试点实践更是根植于地方司法机关的探索中，并相继孕育了刑事辩护全覆盖、精准化量刑等改革举措，使得我国控辩协商朝着更为规范的方向发展。从本质上来看，地方司法机关对于控辩协商实践的自发探索具有相当的现实利益基础。转型时期我国刑事案件数量不断攀升，但由于刑事诉讼立法的缺陷与滞后，既有的程序机制难以充分满足实际的办案需求，故各地司法机关迫于人案矛盾不得不自发寻求简化诉讼流程、提高诉讼效率的变通之道。因此，正如学者所言，地方司法机关的这些自发探索“与其说是在某种理念指引下所做的改革努力”“倒不如说是建立在一种利益兼得基础上的制度调整”。[1]但无论如何，地方司法机关的自发探索丰富了控辩协商的形式与内涵，为我国控辩协商的发展提供了强大动力。更为重要的是，其中不少举措在多年的实践过程中得以试错并逐步确立入法，验证了这些自发性改革确实具有“极强的针对性”及“现实可行性”[2]。

2. 顶层设计者

从某种程度上来说，我国控辩协商的变迁与顶层设计者的重视和

---

〔1〕　陈瑞华：《刑事诉讼的中国模式》（第 2 版），法律出版社 2010 年版，第 9 页。

〔2〕　陈瑞华：《近年来刑事司法改革的回顾与反思》，载《国家检察官学院学报》2008 年第 1 期。

支持休戚相关。前述由顶层设计者所推进的历次司法体制改革，尽管并未明确提出控辩协商的构想，但围绕刑事简易程序改革所做的努力成为我国控辩协商发展的间接性力量。党的十八届三中全会、四中全会以来，我国进入全面深化改革的新时代，并开启了新一轮司法体制改革。不同以往的是，新一轮司法体制改革由中央全面深化改革领导小组直接统筹设计、推进落实，体现了空前的高度、深度与广度，故被学者誉为“新中国成立以来规模最大、程度最深的一次司法改革”。[1]在此背景之下，我国控辩协商也获得了前所未有的发展机遇，顶层设计者作为行为主体所发挥的影响与作用也更为凸显。由于顶层设计者明确将“完善刑事诉讼中认罪认罚从宽制度”作为中央深化司法体制改革的重要举措，并相继推进了刑事速裁程序与认罪认罚从宽制度两项试点改革，因而在此框架之下所开展的控辩协商实践，较之先前的地方探索更为体现了顶层设计与全局部署。尽管地方司法机关的自发性改革为我国控辩协商的发展提供了强大动力，但由于相关举措不免欠缺全局性的统筹规划，因而力度与影响都比较有限，甚至后来被顶层设计者否定而宣告终结。[2]然而，当前控辩协商的实践却包含于顶层设计者自上而下推动的改革之中，凝聚了前所未有的改革合力，有效克服了地方司法机关自行探索的片面性与阶段性，故改革成效显著区别于过往。

---

〔1〕 李拥军：《司法改革中的体制性冲突及其解决路径》，载《法商研究》2017 年第 2 期。

〔2〕 如曾经如火如荼进行的辩诉交易实践后即被最高人民检察院不正式地否决。不过，相关经验也在一定程度上化整为零地融入其他制度。参见马明亮：《正义的妥协》，载《中外法学》2004 年第 1 期。

3. 理论研究者

理论研究者是推动我国控辩协商发展所不可或缺的主体。尽管有学者曾认为这一角色长期在我国历史舞台上“缺席”“跑龙套”，但随着我国社会经济的发展进步，“中国怎样才能屹立在世界民族之林，更需要广大知识分子出主意、想办法”。[1]正是自我意识与担当意识的觉醒，使越来越多理论研究者走出书斋走向台前，为我国法治建设提供了智识贡献。就控辩协商而言，理论研究者最为突出的贡献是将协商性司法的域外样本与价值理念引入我国。应当说，相关研究成果引导了改革的思潮，为改革作了理论上的铺垫和准备。而其中最为重要的理论贡献是刑事诉讼主体论的提出，这一理论充分肯定了被追诉人作为诉讼主体的地位，[2]唤醒了国家对被追诉人权利及人格尊严的重视与保障，并成为被追诉人与国家展开协商的正当性基础。除此之外，在我国控辩协商的变迁历程之中，理论研究者对实践样本的关注和考察始终贯穿其中。相关研究成果不仅探讨了控辩协商与我国司法实践的兼容性与可能性，并且积极大胆地提出相应的完善建议，最大化发挥了应用型学科研究的优势，一定程度上与实务工作者形成了协同共进，成为我国控辩协商发展所不可忽视的重要力量。当然，值得注意的是，理论研究者与实务工作者，甚至是研究者与研究者之间，各方并不总是处于协调并进的状态，对构建我国控辩协商制度的某些具体问题仍存在不少争议。例如，理论研究者对“普通程序简化

---

〔1〕 费孝通：《费孝通文集》（第 15 卷），群言出版社 2001 年版，第 336 页。

〔2〕 参见吴杰、宋英辉、洪道德：《刑事诉讼主体论》，载《中外法学》1991 年第 4 期；肖胜喜：《刑事诉讼主体研究》，载《法学研究》1991 年第 5 期；佟秀芝、冯振堂：《论刑事诉讼主体》，载《政法论坛》1992 年第 6 期；裴苍龄：《论刑事诉讼的主体》，载《政法论坛》1995 年第 2 期。

审”的批判，实际是对有用性但非正当性的鲜明反对，充分说明了并非所有符合实务工作者利益需求的做法或改革都具有正当依据；再如，我国研究者对认罪认罚从宽制度的理论依据——为何应当给予被告人从宽处罚，至今未能达成一致，其成为认罪认罚从宽制度的正当性困境，继而大大降低了制度实施的效果。〔1〕

## 四、“权力主导”：我国控辩协商的路径依赖

从制度变迁的角度来看，制度在产生初期所选择的路径将发挥相应的约束作用，一旦依照相应的路径产生后就很难发生扭转，并将持续和极大决定性地影响制度的未来发展。据此，路径依赖理论实际揭示了一项制度所遵循的某种自我复制机制。就我国控辩协商而言，职权主义的传统思维贯穿于渐进式的发展中并发挥重要作用，最终呈现对“权力主导”路径的依赖。这一路径依赖，如同法律领域内的其他制度变革一样，主要源于对变革成本的权衡、制度运行所需知识的积累、现行制度下利益获得者的维护，〔2〕使得我国控辩协商发展的速度与方向受到了不同程度的限制，并且大大增加了当前认罪认罚从宽制度改革的难度。

〔1〕　在梳理与批判既有学说的基础上，有观点认为，应当以“权力—权利交互说”作为控辩协商的正当性基础。所谓“权力—权利交互说”是指，在被告人主体地位获得国家尊重与认可的前提下，被告人与国家通过一系列交互行为达成合意，国家基于这一交互关系的理性而兑现被告人所应获得的利益。参见吴思远：《我国重罪协商的障碍、困境及重构——以“权力—权利交互说”为理论线索》，载《法学》2019 年第 11 期。

〔2〕　参见高丽蓉：《我国刑事司法改革研究》，中国检察出版社 2015 年版，第 16 页。

### （一）对改革成本的权衡易产生改革的惰性

我国控辩协商所遵循的渐进式变迁方式，总体表现为先试验后推广、先局部后整体，强调对司法实践中具体问题的回馈，并在探索与试错的过程中逐步总结经验，直至归纳出可以普遍适用的规则并上升为立法。正是这种根植于司法实践的变迁方式，注定了制度发展具有缓慢性、长期性与曲折性，甚至存在回头或倒退的可能。但就激进式变迁而言，渐进式变迁在一定程度上能有效地遏制偏差或错判所引致的不良后果的趋向，[1]因而并不会实质危及现有制度的相对稳定性，使改革者更易根据宏观环境的变化来调整或修正改革举措。

由此看来，渐进式变迁是改革者出于改革成本与风险的考量而作出的相对理性的选择，即以局部到整体的方式来实现制度的变迁，最大限度提高社会公众对改革的认可度。更为重要的是，这一渐进式变迁与我国社会现实与司法实际有着较高的契合性。由于目前我国经济发展仍然不平衡，各地区的法治发展程度亦存在明显差异，因而贸然推进制度的整体性变革，不仅耗费过高的成本，并且不一定能取得理想的效果。例如，刑事辩护全覆盖试点改革，正是考虑到各地区辩护制度发展不均衡的现实情况，因而最初采用的便是局部先行的试点改革方式。

然而，值得注意的是，渐进式变迁立足于回应司法实践需求的初衷，凸显了对司法实用主义的推崇，一定程度上可能放大对改革成本

---

〔1〕 参见郭威：《中国渐进式改革的实践演进、逻辑机理与借鉴意义》，载《科学社会主义》2019 年第 5 期。

的考量，尤其是对改革“试错”成本的考量。当然，对改革效应预见不确定时，选择风险较小的方案也就成为自然，否则，将如学者所言，在没有试验、没有充分设计而完全由主观决策来推进的情况下展开的改革，其风险和成本很可能会骤增，并形成变法与法治的悖论循环。[1]但改革惰性很大程度上亦源于此。毕竟，司法实用主义最大危险就是智识上的懒惰。[2]是故，权力主体是否有决心或动力进一步推进改革成为制度发展及其成效的关键。倘若改革触及了权力主体自身的利益，就其而言改革的成本与风险将随之增加，这将严重动摇其主导改革的动机，其往往出于维护既得利益而拒绝更为深入的改革。加之，随着时间的推移，改革成本在客观上也将变得越来越高，无疑又增添了制度变迁的难度。从某种程度上来说，我国控辩协商改革效果的不佳与之有着密不可分的关系。

### （二）改革知识的欠缺易诱发利益的倾斜

由于渐进性变迁根植于司法实践，解决司法实践的具体问题成为推动制度变迁的主要动力。尽管这种问题导向型的改革思路有利于为司法实践提供针对性强的方案，但难免存在“头痛医头，脚痛医脚”的倾向，制度变迁缺乏宏观的理论支撑与长远的规划设计，继而导致我国控辩协商的发展过于碎片化，存在相当的地区差异，并与其他制度之间缺乏合理的衔接。更为重要的是，由于与改革对接

---

〔1〕　参见马长山：《新一轮司法改革的可能与限度》，载《政法论坛》2015 年第 5 期。

〔2〕　参见［美］理查德·A. 波斯纳：《道德和法律理论的疑问》，苏力译，中国政法大学出版社 2001 年版，第 304 页。

的理论知识明显铺垫不足，容易导致实践上的盲目，甚至是混乱与失范。

这一问题在当前认罪认罚从宽制度的实践中已有突出体现。量刑建议的效力，不仅涉及被告人上诉权、检察院抗诉权以及法院审判权等问题，并且根本上反映的是控辩审三方的关系构造。由于这一基础性问题未能在制度入法前积累应有的理论知识，故在制度实施过程中引发了争议，并成为理论界争论的焦点。[1]正如学者指出，立法对可能的协议破裂及后续的程序反转问题，缺乏必要的审查机制与正当的应对方案，故在司法实践中易产生反噬风险。[2]此前热议的“余某平交通肇事案”[3]即为典型例子。实际上，在“余某平交通肇事案”成为关注焦点之前，认罪认罚从宽制度中控辩审三方产生“量刑分歧”在司法实践中已屡见不鲜，这与量刑建议效力的模糊不清有着直接的关系。

应当指出的是，在量刑建议的效力未能得到理论与立法明确回应的情况下，就控审两方而言，辩方实际上处于更为不利的情况。类似“余某平交通肇事案”的案件，控审两方的权力博弈往往最终也是以被告人——这一本就处于协商“脆弱”地位的角色——其正当利益受损为代价。从结果主义来看，这是由于改革所需的知识储备欠缺，权力主体通常以其利益为优先考虑。为了实现自身利益的最大化，权力

---

〔1〕　参见陈瑞华：《论量刑协商的性质和效力》，载《中外法学》2020年第5期；熊秋红：《认罪认罚从宽制度中的量刑建议》，载《中外法学》2020年第5期。

〔2〕　参见马明亮：《认罪认罚从宽制度中的协议破裂与程序反转研究》，载《法学家》2020年第2期。

〔3〕　参见北京市门头沟区人民法院刑事判决书，(2019)京0109刑初138号；北京市第一中级人民法院刑事判决书，(2019)京01刑终628号。

主体在制度规则制定与实施的过程中会通过各种方式尽量使制度向有利于自己利益的方向倾斜；并且，改革的容错性较低，权力主体对待改革难免急功近利，而排斥其他各方力量的介入与参与。制度一旦形成，出于对既得利益的维护，权力的不均衡又必然朝着权力单方强化的倾向发展，继而不断拉大权力的不平等程度，使得改革利益的倾斜趋势更为严重。

### （三）对既得利益的维护增加了改革的难度

基于对我国控辩协商变迁历程的观察，我们不难发现，长期以来支撑控辩协商的法律依据并不完备。如地方司法机关自行探索的“普通程序简化审”，不免存在“执法机关自我授权、自我创造规则”的嫌疑，[1]一定程度上确实突破了既有法律条文的规定。另有一些改革举措并非于法无据，但往往因为法律规定得过于笼统抽象而难以在司法实践中真正落实。[2]实际上，这种局限性在当前认罪认罚从宽制度中有着较为直观的反映，即法定的控辩协商程序仍然付诸阙如。即使在当前认罪认罚从宽制度的框架之下，控辩协商也很难真正称得上是一项正式的法律制度。毕竟，真正的法律是以文本为核心的实践惯例。[3]正是由于立法未能对作为核心的协商程序作出有效规制，使得认罪认罚从宽制度的协商性内涵无法得到充分彰显，甚至相较此前控

---

〔1〕　陈卫东：《程序正义之路》（第 2 卷），法律出版社 2005 年版，第 167 页。

〔2〕　梁慧星教授认为，这种过于笼统的法律规定实际是“白地规定型漏洞”，属于法律漏洞的一种，立法者往往任凭解释者对白地规定的内容进行补充。参见梁慧星：《民法解释学》（第 4 版），法律出版社 2015 年版，第 263 页。

〔3〕　[美]卡尔·威尔曼：《真正的权利》，刘作翔等译，商务印书馆 2015 年版，第 36 页。

辩协商的各种改革举措，认罪认罚从宽制度也不过是一种变相的程序续造罢了。

协商程序所处的这种“名不正言不顺”的尴尬境地，不仅反映了我国控辩协商在发展路径上的重复往返，并且更是持续性地内化为了一种“权力主导”的改革思维。这种“权力主导”的改革思维强调的是权力主体的意志，在控辩协商的发展过程中，突出的是权力主体的主导与便利。因此，控辩协商作为一种手段能否缓解司法实践中的人案矛盾、能否提高司法机关的办案效率自始至终都是立论的基础，站在被追诉人权利保障的角度给出改革依据更多只是一种“意外的收获”。〔1〕由此导致的结果，即如研究者所言，如果控辩协商仅仅被认为是实现效率的手段，那么建构理性的协商程序也就并非改革的目标。〔2〕

“权力主导”的惯性思维，其本质在于维护权力主体在改革中已经获得的利益。在控辩协商的过程中，由于控辩协商欠缺充分的法律依据，经过协商后辩方所能获得的利益实际处于不明确的状态之中，其所造成的消极后果在于国家司法机关对是否兑现、如何兑现辩方的协商利益拥有实质的决定权，而被追诉人则处于消极被动的境地。如果国家司法机关作为权力主体占据明显的优势，被追诉人作为权利主体的选择余地与自由有限，那么如此协商并没有也不能改善其在刑事诉讼中的地位与处境，并且更无法摆脱职权主义传统的制约转而构建一种相对平等的“权力—权利”关系。然而，出于对既得利益的维护，

〔1〕　参见左卫民等：《简易刑事程序研究》，法律出版社 2005 年版，第 256-257 页。
〔2〕　参见吴思远：《论协商性司法的价值立场》，载《当代法学》2018 年第 2 期。

权力主体自然希望控辩协商的发展能够延续此前的逻辑与路径，或者说，维持既有的制度“内核”来进行一种稳定的复制。相应地，权力主体将缺乏进一步改革的动力与决心，对权利主体往往惯性地予以抑制，使其权利无法受到足够认同与保障；并且对权利主体的诉求亦有所回避，导致权利主体无法充分地从控辩协商的发展与改革中获得应有的利益。实际上，在我国控辩协商的发展变迁过程中，多元主体的复合性参与却唯独缺失了最为重要的辩方力量，亦充分说明了“权力主导”的惯性思维已经成为制约我国控辩协商发展的重要因素。

## 五、“权利关照”：认罪认罚从宽的改革路径

为了避免认罪认罚从宽制度陷入既有路径依赖的羁绊，重蹈此前控辩协商改革的疲软与僵滞，我们主张应以“权利关照”重塑认罪认罚从宽制度的改革路径。具体来看，应以构建法定的协商程序为目标，推动控辩协商制度化，实现认罪认罚从宽的合宪性控制；完善具有中国特色的法律变革方案，克服改革的惰性，加强顶层设计者主导变迁的决心；以先验性到经验性的认知转变为改革养分，增强本土化自觉，促成理论与实践有效的二元互动。

### （一）推动协商制度化，实现认罪认罚从宽的合宪性控制

制度的存在是为了降低人们相互作用时的不确定性。[1]主张控辩协商制度化，根本目的就在于为控辩双方的协商提供充分的制度保证，降低协商过程中的不确定性风险，避免协商对被追诉人的基本权利产生侵害。由于当前立法未能对控辩协商作出有效的规范，如何进行协商、协商有何效力等关键问题并不明确，继而产生了协商机制"空转"的问题。实际上，协商机制"空转"最为消极的后果在于，被追诉人的辩护权几乎流于形式、形同虚设，即使是辩护人意图独立行使辩护权也会遭到一定障碍。比如，实践中部分检察机关在被追诉人已经委托了辩护人的情况下，仍然绕开辩护人而选择值班律师签署具结书，使得值班律师充当纯粹的程序见证人，甚至是帮助控方来说服被追诉人认罪认罚。如学者所言，如此做法使得本来应系制约程序违法行为的监督机制变成了对程序违法行为"背书"的合作机制。[2]这种情况不仅违背了值班律师制度的功能定位，并且加剧了被追诉人的弱势处境，使得本就不平衡的控辩关系更为失衡。除此之外，由于缺少立法规制，司法实践中不乏"私下协商"的做法。尽管游离于法律之外，却已逐渐成为办案机关化解一些疑难案件的惯用手段。[3]上述这些情形都隐藏着权力恣意与滥用的风险，已经严重威胁到认罪认罚

---

〔1〕 参见[美]道格拉斯·C. 诺斯：《制度、制度变迁与经济绩效》，刘守英译，上海三联书店1994年版，第34页。

〔2〕 参见姚莉：《认罪认罚程序中值班律师的角色与功能》，载《法商研究》2017年第6期。

〔3〕 参见向燕：《我国认罪认罚从宽制度的两难困境及其破解》，载《法制与社会发展》2018年第4期。

从宽制度真实性与自愿性的基础。因此，亟须在既有的制度框架下引入独立的、法定的协商程序，将如何协商、协商效力等问题都纳入程序法的规制，并厘清当前立法规定中的模糊与歧义。

有学者主张，基于认罪认罚从宽制度的框架应当构建听取意见式的职权从宽模式，没有必要也不应该以协商模式替代之。[1]这一观点意欲将协商的主导权与决定权交由司法机关，并没有把权利主体的利益放在首位考量，实际否认了认罪认罚从宽制度的协商性本质，体现的恰是一种典型的权力本位思维。可以预想到，面对处于优势与权威地位的检察机关，被追诉人的自由与权利本就受限，倘若以检察机关为核心构建起一套职权从宽的模式，必然将进一步削弱被追诉人与之展开对话的自信，那么所谓“从宽”很有可能沦为一句空话。加之我国审判权独立还未真正实现，控审两家的配合多过于制衡，法院对检察机关的量刑建议采纳率较高，这在一定程度上削弱辩方向控方提出意见的底气。因此，认罪认罚从宽制度的定位绝不仅仅是“听取意见”而已，而应当是旨在实现“权力—权利”的理性交互，通过构建平等与自愿的商谈语境，实质性地改善辩方在刑事诉讼中的地位与处境。

从本质上来看，由“权力主导”到“权利关照”的路径转变，其核心意义在于尊重与保障被追诉人的权利，实现认罪认罚从宽的合宪性控制。尊重与保障被追诉人在协商中的权利具有宪法意蕴，即如学者指出，权利就公权力主体而言是一种消极权限规范，公权力主体负有

---

〔1〕　参见闫召华：《听取意见式司法的理性建构——以认罪认罚从宽制度为中心》，载《法制与社会发展》2019年第4期。

尊重的义务，公检法的权力主张与被告人的权利诉求之间的平衡成为认罪认罚从宽制度合宪性调控的核心范畴之一。[1]据此，所有关乎协商的规则都必须符合宪法的基本要求，不能突破宪法的框架与秩序。一是落实《宪法》中"被告人有权获得辩护"的规定。考虑到被追诉人当前处于弱势的现状，应当完善值班律师制度，发挥其在达成控辩合意方面的实质作用。因此，应当细化值班律师在阅卷、会见、考核等方面的规定，厘清值班律师与辩护律师之间的关系，明确在已经委托辩护人的情况下检察机关不得再通知值班律师签署具结书。二是厘清协商中国家与个人之间权利与义务的界限。"权利"意味着合理的期望。[2]当前，量刑建议的拘束力相对弱化，认罪认罚后又提起上诉的情况较为常见，其原因就在于立法未能对量刑建议的效力予以明确规定，故被追诉人无法对协商结果作出合理预期。正如美国著名的经济学家大卫·弗里德曼指出，"法律资源的稀缺导致权利冲突，解决这种冲突的方法是采取一套明示或默示的法律规则"。[3]因此，应当严格贯彻程序法定原则，事先明确被追诉人所能获得的协商利益，并构建具体的协商规则来引导其自愿、理性地作出影响自己诉讼命运的决定。当然，与之相对应地，还应该对协商义务的内容予以明确，即严格限制控辩双方在事后随意推翻协议的情况，从而保障协商效力的拘束力。

---

〔1〕　参见韩大元、许瑞超:《认罪认罚从宽制度的宪法界限》,载《国家检察官学院学报》2019 年第 3 期。

〔2〕　参见[美]罗斯科·庞德:《通过法律的社会控制》,沈宗灵译,商务印书馆 2010 年版,第 48 页。

〔3〕　[美]大卫·D. 弗里德曼:《经济学语境下的法律规则》,杨欣欣译,法律出版社 2004 年版,第 1 页。

## （二）完善法律变革方案，加强顶层设计者主导变迁的决心

基于上文的分析可以发现，顶层设计者对控辩协商的实践并不反对，但对控辩协商的立法似乎仍持观望或犹豫的态度，亦如学者所言，“立法态度纠结至此，司法实践中的混乱和纷争几乎势不可免”。[1]正是这一暧昧不明的态度，无形之中制造了实践与理论之间的鸿沟，使得认罪认罚从宽制度的协商性与理论界的预期相去甚远，并成为对顶层设计者立场的迫切追问。归根结底，由于顶层设计者的立场受“权力主导”惯性思维的影响，缺乏推动控辩协商制度化变革的动力与决心；加之，控辩协商本就涉及既有“权力—权利”关系格局的变动，制度创新与突破的勇气不足，继而改革出现了疲软与僵滞的倾向。尽管规则与制度一经制定就会成为样板，使得过去的分派永久地存在下去，或按一定的模式改变。[2]但是，这并不意味着既有路径是决定一切的。在认罪认罚从宽制度的推进过程中，应当克服改革的惰性，加强顶层设计者主导变迁的决心。笔者认为，其中关键就在于完善具有中国特色的法律变革方案。

我国《刑事诉讼法》先后经历的三次修改已经充分证明了温和的渐进式修法变革与我国社会现实与司法实践的契合，[3]而先后推行的刑事速裁程序与认罪认罚从宽制度的试点工作更是展现了“先

---

〔1〕　魏晓娜：《冲突与融合：认罪认罚从宽制度的本土化》，载《中外法学》2020年第5期。

〔2〕　参见［美］弗里德曼：《法律制度》，李琼英、林欣译，中国政法大学出版社1994年版，第23页。

〔3〕　参见卞建林、谢澍：《职权主义诉讼模式中的认罪认罚从宽——以中德刑事司法理论与实践为线索》，载《比较法研究》2018年第3期。

试验后推广、先局部后整体”改革方式的积极效应。之所以两项试点改革能够对我国控辩协商的发展起到重要的推进作用，是因为地方试点改革的方式不再是对域外经验的直接复制，而是建立在本土需求与实践的基础上，充分考量了改革可能遭遇的现实阻力，相对温和地展现了改革的面貌与内涵，并以渐进的方式逐步将经验上升为立法，从而提升了社会对制度变革的认同感和接受度。诚如季卫东教授所言，如此改革方式是“在一定的时间范围或空间范围内强化位于合法与不合法之间的法律规范发展的契机，通过立法与司法的有条件的逆转、认知注意力的集中、反馈机制的利用等方法，来实现法律的动态妥当性”。[1]因此，理应在把握两次试点改革有益经验的基础上，继续遵循渐进式的演进逻辑，最终实现我国控辩协商制度化的变革。对一些此次遗憾未能修改入法的内容，如律师在场权等，亦可通过地方试点改革的方式加以实践与验证，待条件成熟之际再吸纳入法。

当然，应当注意的是，这种改革方式亦有其不完善之处。正如上文指出，出于对改革成本的考量，尤其是对改革“试错”成本的考量，可能导致改革惰性的产生。而在顶层设计者缺乏推动改革动力的情况下，地方试点改革的试错功能也将遭到严重削弱。然而，地方试点改革本就是一项具有风险的工作，故应当形成允许试错、鼓励创新的容错机制，经历“构建与反构建”的必要过程。作为重要行为主体之一的地方司法机关，应当在尊重司法规律的情况下积极推进个性化

---

〔1〕 季卫东：《法律程序的意义——对中国法制建设的另一种思考》，中国法制出版社2004年版，第54页。

的改革举措，敢于为控辩协商立法提供样本与经验，真正发挥司法实践对改革方案的证伪作用；作为另一重要行为主体的顶层设计者，则应当在充分立足与及时回应司法实践的基础上，对制度变革的方向进行必要把控，适时反馈实践并调整改革方案。值得一提的是，我们所主张的“权利关照”的改革路径，并不否认权力资源的介入。尽管“权力”概念有一种道德上的贬义，但事实并非如此，它可以是建设性的。[1]通过对我国控辩协商变迁历程的回顾，不难发现，想要改变“权力—权利”在当前认罪认罚从宽制度框架下的支配性关系，很大程度上仍然取决于权力机关如何运用其权力与资源推行改革与主导制度变迁。因此，为了防止试点改革沦为权力建设下的“政绩工程”，还应当对试点改革的评估、论证、激励等关键问题予以反思与规制，积极吸收社会各方力量参与改革，充分利用专家学者、高端智库等专业资源，合理吸纳公众信息的反馈，推进改革方案论证与评估的实质化，提升试点改革的科学性与实效性，真正发挥具有中国特色的法律变革方案之价值功能。

### （三）增强本土化自觉，促成理论与实践有效的二元互动

法律发展的重心不在于立法与司法，而在于社会本身。[2]正因如此，构建法定的协商程序必然还将面临来自社会环境、传统观念等方面的影响。比如，由于受到法律与道德一体化传统的影响，我国对公

---

〔1〕　参见苏力：《送法下乡——中国基层司法制度研究》（修订版），北京大学出版社 2011 年版，第 323 页。

〔2〕　参见［美］H.W. 埃尔曼：《比较法律文化》，高鸿钧等译，清华大学出版社 2002 年版，第 3 页。

正的评价体系仍然是一个带有强烈道德谴责色彩的机制，其背后蕴含了对“有罪必罚、勿枉勿纵”的崇尚，所指向的则是刑事治理的高效性与严苛性，但可能需要以牺牲被追诉人人格与权利的代价来实现，这无疑也是制约我国控辩协商进一步发展的一大掣肘。这些或许正是顶层设计者对控辩协商制度化踌躇不前的原因所在。但是不应忽视的是，我国控辩协商跨越二十余年的变迁已经基本实现了由先验性到经验性的认知转变，为控辩协商的本土化提供了改革养分。因此，认罪认罚从宽制度的未来发展应当充分把握这一有利因素，努力促进理论与实践的积极对话，不断提升理性对经验的正面引导，为我国控辩协商改革贡献智识。

始于20世纪末的刑事简易程序改革，激发了我国理论界对协商性司法这一全新的合作型司法模式的关注。显然，这与协商性司法受到越来越多国家的推崇是分不开的。即使是作为大陆法系典型代表的德国，很长一段时间里都被认为是“辩诉交易全球化发展下的例外”，[1]也终在非议中确立了法定的协商程序，而其目的正在于“为沉重的审判程序提供一条捷径”。[2]在协商性司法引入我国的初期，美国辩诉交易制度因其效率快捷及高适用率而成为理论界关注的主要对象，主张将辩诉交易制度移植于我国司法实践的观点不为少数。[3]在

---

〔1〕 Goldstein A.S. & Marcus M., *The Myth of Judicial Supervision in Three Inquisitorial Systems: France, Italy, and Germany*, 87 Yale Law Review 240, 265 (1977).

〔2〕 Thomas Weigend & Jenia Iontcheva Turner, *The Constitutionality of Negotiated Criminal Judgments in Germany*, 15 German Law Journal 81, 87 (2014).

〔3〕 参见龙宗智:《正义是有代价的——论我国刑事司法中的辩诉交易兼论一种新的诉讼观》，载《政法论坛》2002年第6期；陈卫东:《从建立被告人有罪答辩制度到引入辩诉交易——论美国辩诉交易制度的借鉴意义》，载《政法论坛》2002年第6期；冀祥德:《辩诉交易：移植与本土化——一种考量中国国情的叙事》，载《当代法学》2004年第1期。

理论研究的热潮之下，司法实践对控辩协商的探索也或多或少将辩诉交易制度作为参照，并将这一域外样本考虑为解决我国现实性问题的方案。不难看出，初期我国对控辩协商的认知实际都源于域外样本及其先验性的价值理念，故控辩协商所指向的效率价值被放在了首位。当然，在我国刑事诉讼法学研究起步时期，主要以对域外样本的引介和学习为主，自身知识储备相对有限、理论话语权威相对薄弱，不免存在照搬域外经验来指导本土实践的思维倾向。然而，在此认知影响下的控辩协商实践，实际处于西方话语体系的支配之下，并不能完全与我国本土的传统观念与知识谱系形成对接，甚至与社会现实存在不少冲突，故诸多“水土不服”的症状陆续出现在司法实践之中。〔1〕这就说明，缺乏充足的本土资源及地方性知识的改革存在天然的缺陷，并必然将阻碍制度的良性发展。

随着我国刑事诉讼制度的发展、刑事诉讼法学研究品质的提升，刑事诉讼立法抑或理论研究都越来越关注其与我国本土社会现实及司法实践的适应性。当然，对域外样本的学习移植仍然是一种重要的方式，但如学者所言，移植过程中主体中国的本土考量更为凸显，反思既往实践、回应现实需要是基本立足点。〔2〕相应地，我国对控辩协商的认知也已脱离了对域外样本的简单化解读，本土实践成为当前认知控辩协商的直接性来源。四十多年来刑事诉讼法学理论研究所取

---

〔1〕　例如，有学者即指出，实践经验表明，我国在缺乏英美传统的情况下贸然将普通程序改造为类似于英美的有罪答辩程序，不仅是一种失败的程序改良，更是一种失败的程序再造。参见林喜芬、成凯：《程序如何衍生：辩诉协商的制度逻辑与程序改良》，载《厦门大学法律评论》2008 年第 1 期。

〔2〕　参见左卫民：《当代中国刑事诉讼法律移植：经验与思考》，载《中外法学》2012 年第 6 期。

得的重大成就，也为我国控辩协商改革提供了理论支撑。多元化的研究方法为研究控辩协商提供了有力武器，尤其是近年来盛行的实证研究方法，更是成为观察与反思控辩协商本土实践的最佳方式。基于对本土经验的认知，当前控辩协商改革已经摆脱了对西方先验性判断的迷信。应当说，构建真正能为我国所用、体现我国特色的控辩协商制度，已经成为当前理论界与实务界的基本共识。

对于控辩协商由先验性到经验性的认知转变，无疑深刻影响了制度发展的轨迹。因此，应当以此为基础进一步增强本土化自觉，努力促成理论与实践有效的二元互动，实现地方性知识的“增量”与“增质”。尤其是考量到我国控辩协商发展遵循的渐进式变迁方式，其碎片化的倾向较为突出，亟须吸纳宏观的理论建构来作为必要支撑。加之认罪认罚从宽制度入法后已于实践中陆续暴露了诸多争议问题，更是不断对学术研究提出新的需求。值得反思的是，当前理论界对认罪认罚从宽制度这一热点话题的扎堆研究，难免在一定程度上削弱了理论研究的深度和广度，甚至可以说不少重要的基础性问题并没有受到研究者应有的重视，继而造成了对控辩协商的简单化处理。因此，除了对控辩协商进行前瞻性展望之外，更有必要的是，反思其与传统刑事诉讼基本原则及理论教义如何兼容的方向性问题，否则，如陈瑞华教授所言，缺少高屋建瓴的理论加以指引的研究，触及的往往只是中国司法制度中的表层问题，所提出的改革方案也只是基于利害得失之权衡的应对之策。[1]故为了提升对控辩协商制度论证的品质，增强认

---

〔1〕　参见陈瑞华：《司法体制改革导论》，法律出版社 2018 年版，第 4 页。

罪认罚从宽制度研究的系统性与持续性，研究者理应以更为客观中立的态度看待及分析司法实践，更为严谨地运用社会科学研究方法作出准确的理论阐释，继而为控辩协商改革提供真正有价值的智识。

第二章
CHAPTER 02

# 控辩协商的演进逻辑：与德国协商程序的比较研究

## 一、问题的提出

2018年修正的《刑事诉讼法》主要围绕三个方面展开，即完善监察法与刑事诉讼法的衔接、建立刑事缺席审判程序、增设认罪认罚从宽制度与速裁程序。制度在发生学上的伟大意义往往是后人回头展望之际构建起来的。[1]仔细观察此次《刑事诉讼法》修正的三大重点，不仅宣告了刑事诉讼领域新制度的诞生，更是深刻意蕴着制度生成的不同逻辑。申言之，监察法与刑事诉讼法的衔接是一种相对被动的制度变革，其初衷在于回应国家监察体制改革，确保两法的协调统一，因而修正后的《刑事诉讼法》中涉及监察调查的内容多与《监察法》保持一致，并无过多创设之处。相比之下，建立刑事缺席审判程序以及增设认罪认罚从宽制度、速裁程序则可以看作相对主动的制度

〔1〕 参见苏力：《制度是如何形成的》（增订版），北京大学出版社2007年版，第52页。

变革，体现了较为显著的自觉性、前瞻性与能动性。[1]不过，两种新制度生成的路径大相径庭，前者基于立法者的理性由其直接推动而产生，[2]后者则是在试点改革经验的基础上而逐步形成，体现的是一种渐进式的生成路径。

作为十八届四中全会以来刑事司法改革的重要组成部分，认罪认罚从宽制度在地方试点的经验基础上被 2018 年修正的《刑事诉讼法》正式吸纳，是在一定条件下实现的由实践到立法的制度变革，实际就是赋予刑事诉讼法以外的程序之合法性地位，体现了"法外程序"向"法内程序"的演进。[3]巧合的是，同为协商性司法的美国辩诉交易制度以及德国刑事协商程序，与我国认罪认罚从宽制度的生成路径不谋而合，即均由司法实践自发形成而逐步迈向立法规范。当然，"法外程序"在美国这样的判例法国家本就发挥特殊的作用，甚至是不少成文法典中所规定的"法内程序"实际上都是"已经得到确立和广泛认可的现行惯例"，[4]对普通法的实践鲜有增添新的实质性内容。相比之下，德国作为典型的成文法国家，"法内程序"的重要性不言

---

〔1〕　尤其是刑事缺席审判程序建立在较为成熟的立法基础之上，具有相当的重要性、必要性与可行性。参见卞建林、吴思远：《刑事缺席审判程序：立法反思与实践走向》，载《求是学刊》2020 年第 5 期。

〔2〕　有学者也将这种制度变革称为"立法推动主义"，即通过立法途径来推动法律制度的变革。参见陈瑞华：《制度变革中的立法推动主义——以律师法实施问题为范例的分析》，载《政法论坛》2010 年第 1 期。

〔3〕　所谓"法外程序"，即相对于"法内程序"而言，是《刑事诉讼法》未予规定但在诉讼实践中又影响甚至决定刑事案件的处理结果的手续、步骤等，其中也包括了司法机关自行制发的带有"二次立法"性质的司法解释。当时，学者提出这一概念更多是基于程序法定原则对我国司法实践中游离于立法机关制定的刑事诉讼法典之外的各种规范与做法的批判。参见谢佑平、万毅：《法内程序与法外程序——我国司法改革的盲点与误区》，载《学术研究》2003 年第 4 期。不过，随着我国司法体制改革的不断深入推进，尤其是随着 2004 年后地方试点改革模式的兴起，刑事诉讼法以外的程序也并非完全负面，故对"法外程序"一词的理解如今也已相对中性。

〔4〕［美］乔治·费希尔：《辩诉交易的胜利——美国辩诉交易史》，郭志媛译，中国政法大学出版社 2012 年版，第 78 页。

而喻，但刑事协商程序作为“法外程序”在其刑事司法实践中存续了30余年才最终入法，这种制度生成的路径无疑是相当罕见且值得关注的。

为何德国刑事协商程序迟迟才予正式立法？制度现今的发展是否受到相应影响？是否还面临着其他的未决争议？回答上述问题，不仅需要我们对德国刑事协商程序的演进历程加以观察与梳理，并且有必要对其背后的演进逻辑进行理论上的反思。[1]当然，更为重要的是，鉴于我国刑事诉讼制度具有浓重的职权主义色彩，德国更是职权主义的“样板式”国度，两国认罪协商程序均是在一定条件下实现的由实践到立法的制度变革，遵循的是一种渐进式的生成路径，体现了职权主义传统下“法外程序”向“法内程序”的演进。是故，通过对德国协商程序的生成路径及其逻辑的剖析，亦能提炼出对完善我国认罪认罚从宽制度乃至未来司法体制改革有所启示的经验。

## 二、从“法外程序”到“法内程序”的演进历程

刑事协商在德国本为《刑事诉讼法》规定以外的做法，尽管为实务界所推崇，但因程序本身的争议性较大，立法进程充满了争议与变

---

〔1〕　当前理论界关于德国刑事协商程序的研究成果大多集中于对这一制度内容与特点的介译，却鲜有对制度生成路径与逻辑进行探讨与研究的。参见［德］约阿希姆·赫尔曼：《德国刑事诉讼程序中的协商》，王世洲译，载《环球法律评论》2001年第4期；黄河：《德国刑事诉讼中协商制度浅析》，载《环球法律评论》2010年第1期；李昌盛：《德国刑事协商制度研究》，载《现代法学》2011年第6期；高通：《德国刑事协商制度的新发展及其启示》，载《环球法律评论》2017年第3期；印波：《以宪法之名回归法律文本：德国量刑协商及近期的联邦宪法判例始末》，载《法律科学（西北政法大学学报）》2017年第5期。

数，导致其作为"法外程序"在刑事司法实践中存续了30余年，才最终于2009年《刑事诉讼法》修改之际正式入法。正是由于历程较为漫长，从而更为清晰地呈现了职权主义传统下的制度演进逻辑。

### （一）作为"法外程序"存续的非正式协商

1979年之前，美国学者的主流观点都认为"德国是辩诉交易全球化发展下的例外"。[1]然而，德国的司法实践却与美国学者的分析大相背离。事实上，一种非正式的协商（informal negotiation）在德国刑事实践中已然秘密盛行。由于其游离于法律制度的规制及社会公众的视线之外，如今已经很难追溯这种非正式的协商最早产生于何时。一般认为，19世纪70年代诉讼激增是德国刑事协商实务产生的直接原因，同时随着经济犯罪、环境犯罪、毒品犯罪等新型诉讼类型的产生，法官与检察官面临前所未有的办案压力，协商成为应对上述挑战的有效之道。直到1982年，在一位化名的德国律师揭露后，这种非正式协商才公布于众。[2]自此，德国国内形成了支持协商与反对协商两大对立的阵营。对于这一非正式协商的最大质疑在于，其背离了德国长期遵循的基本审判原则，如直接言辞、无罪推定、法官的发现真实义务等。有德国学者更是直言，刑事协商程序背离了德国刑事诉讼传统的根本价值。[3]不过，尽管遭到反对，但刑事协商依旧以

---

〔1〕 Goldstein A. S. & Marcus M., *The Myth of Judicial Supervision in Three Inquisitorial Systems: France, Italy, and Germany*, 87 Yale Law Review 240, 265 (1977).

〔2〕 Regina Rauxloh, *Plea Bargaining in National and International Law: A Comparative Study*, Routledge Press, 2012, p.67.

〔3〕 Regina Rauxloh, *Formalization of Plea Bargaining in Germany: Will the New Legislation Be Able to Square the Circle*, 34 Fordham International Law Journal 296, 321 (2010).

“法外程序”的形式在德国司法实践中大量适用。20 世纪 90 年代末期，这种非正式的刑事协商已经成为较为普遍的做法。据统计，当时 20%～30% 的刑事案件都会经过协商。[1]在一些专门办理白领犯罪案件的法庭中，协商甚至成为常态，未协商则是例外。[2]

### （二）推动刑事协商程序演进的标志性判决

由于相当一部分认罪协议都约定了对上诉权的放弃，只有少数案件被移送至德国联邦最高法院进行审查，因而非正式协商在相当一段时间里都未能得到司法机关的审查。直到经过了 10 多年的实践后，联邦宪法法院与联邦最高法院才陆续对刑事协商程序作出判决。其中，三个标志性判决推动了刑事协商从“法外程序”到“法内程序”的演进，并为这一程序的最终立法奠定了基础。其一，联邦宪法法院的“1987 年判决”。[3]联邦宪法法院在判决中首次认可了非正式协商的做法，指出只要不违反法律规定即不应禁止协商，并同时确立了包括协商主体、协商内容、协商效力等在内的具体规则。此外，联邦宪法法院还特别提到，协商后达成的协议不能取代法官独立调查之义务，法院始终应当审查被告人自白的真实性。其二，联邦最高法院的“1997 年判决”。[4]联邦最高法院在此判决中指出，非正式协商只要在一定限度之内就不应被禁止，而这些限制性要求则具体包括了禁止定

---

〔1〕 Joachim Hermann, *Bargaining Justice: A Bargain for German Criminal Justice*, 53 University of Pittsburgh Law Review 755, 756(1992).

〔2〕 See Thomas Swenson, *The German Plea-Bargaining Debate*, 7 Pace International Law Review 373, 381-382(1995).

〔3〕 BVerfG NJW 1987, 2662-2663.

〔4〕 BGHSt 43, 195.

罪协商、禁止放弃上诉权、公开协商结果等。“1997 年判决”具有重要意义，自该判决生效后，其裁判要旨被多次援引。比如，联邦最高法院在 2004 年的一个案件中即指出，尽管非正式刑事协商是一项发展于司法实践中的做法，但其已经是德国刑事司法制度的必要组成部分，任何未抵触“1997 年判决”的协商都应被允许。[1]其三，联邦最高法院的“2005 年判决”。[2]联邦最高法院基本维持了“1997 年判决”之要旨，再次肯定了刑事协商程序的现实必要性。但值得一提的是，联邦最高法院在这份判决中首次呼吁立法机关应当采取必要手段对刑事协商程序予以规制，因为其对刑事协商程序已经达到了“司法造法的极限”（the limits of judicial lawmaking）。

### （三）刑事协商成为“法内程序”的主要内容

“2005 年判决”积极推动了刑事协商程序的立法进程。2009 年 5 月，《刑事诉讼法》经德国联邦参议院批准后终于得以修订，修订后的第 257 条 c 成为规制刑事协商程序的核心条款。除了一些细微的调整之外，新法基本采纳了联邦最高法院于过去 20 多年判例中对刑事协商程序所确立的规则。作为一项“法内程序”，德国刑事协商程序的主要内容包括：其一，法官是协商主体。法官有权提出协商的内容，[3]并与控辩双方就适用程序及量刑结果进行协商。[4]当然，法官的权力也受到一定的限制，如仍然需要履行查明案件事实的义务、不得

---

〔1〕 BGHSt NJW 2004, 1335.

〔2〕 BGHSt 50, 40.

〔3〕 参见德国《刑事诉讼法》第 257 条 c（3）。

〔4〕 参见德国《刑事诉讼法》第 257 条 c（1）。

与控辩双方就罪名进行协商等。[1]其二，协商内容不具有强制的约束力。如果法官查明了法律或事实上的情况，或是发现有新证据证明被告人的犯罪已经超出了协商协议的量刑范围，或是认为被告人在协商达成后的行为有所失当并背离了其承诺量刑的初衷，那么就有权宣布协商协议的失效。[2]当然，当协商协议失效时，法官应当立即告知检察官、被告人及其辩护人，并让辩护律师有机会能够向法院申请调查其他证据，被告人于先前协商程序中所作自白亦不得作为证据使用。[3]其三，保留被告人的上诉权。任何事先约定放弃上诉权的协商都是被禁止的，[4]即被告人仍可以在判决生效后提出上诉。上述几个方面的内容构成了德国刑事协商程序的鲜明特征，由法官主导的程序构造更是彰显了德国职权主义传统的烙印，这在一定程度上确保了法官能够有效地审查认罪协商的事实基础与证据情况。[5]当然，应当同时认识到，将法官设定为协商主体与其中立性地位有所背离，继而可能导致法官有预判和偏见的危险。比如，当法官放弃协商协议后，案件的后续审理并不会更换法官，这就大大削弱了排除被告人先前自白的实际意义。

---

〔1〕 参见德国《刑事诉讼法》第 257 条 c(2)。

〔2〕 参见德国《刑事诉讼法》第 257 条 c(4)。

〔3〕 BGHSt 42, 191.

〔4〕 参见《德国刑事诉讼法》第 302 条。

〔5〕 美国学者亦认为，德国刑事协商程序的设计在一定程度上能够减少被告人被迫认罪的风险，是美国辩诉交易制度应当学习借鉴的有益经验。See Jenia Iontcheva Turner, *Plea-Bargaining and Disclosure in Germany and the United States: Comparative Lessons*, 57 William & Mary Law Review 1549, 1596 (2016).

## 三、刑事协商程序作为“法内程序”的未决争议

受德国长久以来职权主义的影响，尽管刑事协商已经演进为一项“法内程序”，但其仍旧被认为是偏离传统的产物，继而支持派与反对派仍然存在激烈的论辩。直至 2013 年德国联邦宪法法院对刑事协商程序作出合宪性判决，两派之争似乎才得以暂时停歇。尽管德国联邦宪法法院的判决对刑事协商程序未来的发展走向具有重要意义，但仍未能厘清程序与德国职权主义传统之间的关系，两者之间的龃龉大大影响了程序的发展走向。

### （一）刑事协商程序与职权主义传统的龃龉

在传统观点看来，协商在职权主义下根本没有存在的余地，这是因为职权原则的诉讼构造在于发现真实。[1]德国国内的支持派与反对派就刑事协商程序能否为德国职权主义传统所相容进行激烈的论辩。反对派认为，刑事协商程序破坏了包括无罪推定、发现真实、直接言词等在内的刑事审判的基本原则。支持派则认为，德国联邦最高法院过去 20 多年的判例已经默许了刑事协商程序存在的事实，刑事协商只要在法律及判例规定之内进行，即不违反审判的基本原则。[2]值得注意的是，尽管已经成为一项“法内程序”，但德国司法实践中仍存在大量游离于法治轨道之外的协商做法。根据德国学者所作的一

---

〔1〕 参见张丽卿：《验证刑诉改革脉动》，台北，五南图书出版股份有限公司 2017 年版，第 344-345 页。

〔2〕 See Thomas Swenson, *The German Plea-Bargaining Debate*, 7 Pace International Law Review 373, 394（1995）.

项统计，2011 年德国地方基层法院有 18% 的案件适用协商程序结案，联邦地区法院的适用比例则约为 23%。[1]单从这一数据来看，刑事协商程序入法后的适用比例并不算高，但是实践中普遍存在的“法外协商”的情况并未计算在内。由德国学者所开展的一项实证研究就表明，近半成的协商并未遵循《刑事诉讼法》第 257 条 c 的规定。比如，违反协商程序记录与披露原则，或是并未履行提示告知义务等，甚至还有不少法官会与控辩双方就罪名或罪数达成非法协议。这也成为反对派抨击刑事协商程序的重要理由之一。

（二）联邦宪法法院的合宪性判决

2013 年，三个基于程序提起的宪法诉讼促使德国联邦宪法法院启动了对刑事协商程序合宪性的审查。联邦宪法法院的审查标准具体包括如下四个方面：首先，刑事实体法是否包含个人罪责原则（principle of individual guilt）与法治原则（principle of the rule of law）是判断刑事协商程序是否违宪的其一标准。上述两大原则不仅是刑法的基础所在，更是宪法的基本原则，规制国家刑罚的实施，保障了公民自由行使权利。其次，刑事诉讼法是否为被告人提供了程序性保障是判断刑事协商程序是否违宪的其二标准。这些程序性保障具体包括被告人享有公正审判、选择自白或保持沉默、无罪推定等宪法性权利，也构成了其以程序主体身份参与诉讼、权利不受侵害的基础所在。再次，刑事协商中设立中立超然的裁判者是判断刑事协商程序是

〔1〕 See Thomas Weigend & Jenia Iontcheva Turner, *The Constitutionality of Negotiated Criminal Judgments in Germany*, 1 German Law Journal 81, 92（2014）.

否违宪的其三标准。《基本法》第 103 条赋予了诉讼当事人获得独立公正裁判之权利，即“在法院被控告之人，有请求公平审判之权”，因而确保裁判者对诉讼各方保持中立与超然、防止裁判者之偏见是法治原则的应有之义。最后，刑事协商中被告人是否能获得信赖律师的辩护与帮助是判断刑事协商程序是否违宪的其四标准。《基本法》所规定的法治原则着重强调了被告人与律师之间的信赖关系，即被告人有选择其信赖辩护律师的自由，并构成了被告人公正审判权的重要内容，程序性保障的缺失则将损害这一信赖关系并妨碍有效辩护的实现。最终，结合对上述标准的考察与论证，联邦宪法法院作出判决，认定刑事协商程序并未与德国《基本法》相违背。[1]

### （三）联邦宪法法院判决的意义与局限

2013 年联邦宪法法院的合宪性判决具有重要意义。在这份备受关注的判决意见中，联邦宪法法院除了详细阐述刑事协商程序合宪性的原因之外，再次强调了刑事协商程序所必须遵循的程序性准则。具体包括：一是记录与披露原则。法官必须在审判前或审判中公开宣布和记载有关量刑的任何协商，即使是未发生协商的情况也应当记录在案，且所有达成的协议都必须记录在裁判文书中。二是提示与告知义务。法官在协商达成前应当告知被告人可能产生的法律后果，包括法官有权放弃协商结果等。三是上诉权的保障。无论是协商达成前，或是裁判作出后，都不允许被告人作出放弃上诉权的承诺。除此之外，

〔1〕 BVerfG NJW 2013, 1058.

联邦宪法法院还对刑事协商程序在实践中存在的问题予以了警示。比如，应当严格禁止所谓的“一揽子协议”（package deals），即检察官为取得被告人自白，承诺在其他诉讼程序中对其撤销指控或撤销对其他被告人指控的协议。显然，联邦宪法法院已经意识到了刑事协商程序的种种失范。联邦宪法法院在判决中进一步强调，虽然刑事协商程序目前仍然是合宪的，但是立法机关应当继续关注其适用情况，如果程序在日后发展中继续暴露出制度性偏差，无法确保与《基本法》相适应，那么立法机关应当及时修改《刑事诉讼法》的相关条款，联邦宪法法院在必要时也可能考虑废止该程序。应当说，德国联邦宪法法院的判决对刑事协商程序未来的发展走向具有重要意义。但遗憾的是，联邦宪法法院这一判决的立场仍是相对谨慎与保守的，其并没有借此判决对刑事协商程序长期以来的争议问题进行解释，尤其是未能厘清程序与德国职权主义传统之间的关系。有德国学者即认为，联邦宪法法院的这一态度似乎表明了其含蓄地接受了这样一个论点：一个受到适当规制的协商程序并非与核心宪法原则相冲突。〔1〕加之，立法机关究竟以何种方式应对刑事协商程序仍然是个未知数，似乎也预示着程序的未来发展仍难免非议。或如研究者所言，德国刑事协商程序已经走到岔路口，未来发展可能会出现较大的不确定性。〔2〕

---

〔1〕 Thomas Weigend & Jenia Iontcheva Turner, *The Constitutionality of Negotiated Criminal Judgments in Germany*, 1 German Law Journal 81, 95（2014）.

〔2〕 参见高通：《德国刑事协商制度的新发展及其启示》，载《环球法律评论》2017 年第 3 期。

## 四、对德国刑事协商演进逻辑的反思

基于上文对德国刑事协商程序演进历程的观察与梳理，可以看出，职权主义传统下这一程序的确立并非一蹴而就，而是在实践经验与司法判决的基础上逐步形成的，遵循的是一种渐进式的生成路径。然而，在由"法外程序"向"法内程序"的演进历程中，本应作为改革主导者的德国立法机关与司法机关，对刑事协商程序的生成与演进更多秉持放任与观望的立场，未能发挥出其在程序演进中的关键作用，这一过于保守和消极的态度对程序及其未来走向产生了负面影响，值得我们反思。

### （一）实践需求是程序演进的主要动力

德国刑事协商程序由司法实践自发形成而逐步迈向立法规范，实践所面临的具体问题在制度变革中占据重要地位，并成为制度生成的主要动力。一方面，19 世纪七八十年代刑事案件的突增为实务工作者带来了现实压力，因而以简单快速的协商来结案成为其减轻负担的首选；另一方面，由于刑事实体法的滞后，实务工作者面对新型犯罪案件时，常常陷入罪与非罪模糊界限的难题之中。[1]但刑事诉讼法仍以传统的实质真实为价值追求，这使实务工作者开始青睐于使用刑事协商这一"法外程序"来寻求破解之道。

由此可见，德国刑事协商程序之构建源于司法实践的具体问题、

---

〔1〕 Regina Rauxloh, *Plea Bargaining in National and International Law: A Comparative Study*, Routledge Press, 2012, p.104.

迫于办案人员的实际需求，尽管最初与法律规范存在冲突，但因其实用性而作为“法外程序”得以存续。随着德国社会的不断发展，移民案件、跨国案件等新型案件越发增多，但受到晋升、经费等机制的限制，司法工作人员的数量相对稳定，这一人案矛盾进一步加强了实务工作者对刑事协商程序的依赖。如联邦法院在“2005 年判决”中提到的那样，刑事协商程序已经成为德国刑事司法制度所不可缺少的一部分。[1]尤其是在欧洲人权法院成为审理涉及基本权利案件的实际终审机构后，增加了国内法院在证据可采性等方面的负担，客观上提高了人权司法保障的标准，这也让国内法院更加倾向于能以灵活快速的协商程序来终结案件。在上述背景下，刑事协商程序最终为立法所认可，实现了由“法外程序”到“法内程序”的转变。

总体来看，由于实践需求是德国刑事协商程序的主要演进动力，因而从实践逐步迈向立法的这一进程，大体遵循的是一种渐进式的生成路径。职权主义传统下这一程序的确立并非一蹴而就，而是在实践经验与司法判决的基础上逐步形成。由于渐进式演进本就源于司法实践经验，很大程度上已经证实了制度与司法实践的契合性，故受到实务工作者的支持与推崇。然而，由于渐进式的生成路径基于司法实践的需求而产生，注定了制度生成的周期较长、进度较缓，故刑事协商程序的立法进程略显曲折；并且，制度生成之初欠缺成熟完善的理论建构作为支撑，导致刑事协商程序对德国传统诉讼价值的冲击成为其发展进程中始终未能厘清的问题，这就使得程序的渐进式发展更为艰难。

---

〔1〕 BGHSt 50, 40.

## （二）改革主导者是程序演进的关键角色

可以说，在由“法外程序”向“法内程序”的演进进程中，职权主义传统与司法实践需求之间的冲突是德国刑事协商程序演进缓慢与艰难的根源所在。遗憾的是，本应作为改革主导者的立法机关与司法机关始终未能直面这一冲突，对刑事协商程序的生成与演进更多秉持了放任与观望的立场，未能发挥其在程序演进中的关键作用，而这一过于保守和消极的态度对程序及其未来走向产生了负面影响。

在支持派与反对派围绕刑事协商程序合法性所展开的近三十年的“拉锯战”中，联邦最高法院从未通过判决对程序的法理争议予以解释，这种消极的态度不足以平息支持派与反对派之间的争论，甚至联邦最高法院针对刑事协商程序是否合法的问题先后作出过数个自相矛盾的判决，似乎也反映了其左右为难的态度。即使在“1997 年判决”后，联邦最高法院下设的五个刑事法庭先后作出过相互抵触的判决，一度让刑事协商程序的命运愈显扑朔迷离。直到“2005 年判决”后，联邦最高法院的立场才逐渐明朗起来，但这一判决实际也颇为玩味，一方面强调了德国司法实践对刑事协商程序的依赖；另一方面却呼吁立法机关采取必要行动。这不仅从侧面承认了刑事协商程序法律地位存在先天缺陷的事实，也间接透露了其认可程序合法性的被动与无奈。

联邦宪法法院对待刑事协商程序的态度立场亦是如此。当面对刑事协商程序陷入与传统职权主义之间的争议时，联邦宪法法院的态度愈显谨慎与保守，甚至是趋于妥协的。尽管联邦宪法法院 2013

年所作的判决暂时平息了程序的合宪性争议，但其并未对诸多争议性问题给予进一步的阐释，换言之，联邦宪法法院也并未通过判决厘清刑事协商程序的法理争议。当面对刑事协商程序于实践中的失范时，联邦宪法法院也仅是重审与强调了程序的合法性要求，并以程序有可能违宪对实务工作者施加压力。可惜的是，这种“宣示性”判决的效果是相当有限的。正因如此，联邦宪法法院自 2015 年起针对刑事协商程序又作出若干判决，除了再次确认 2013 年合宪性判决的裁判要旨之外，还展示出制度在程序规制角度的法教义学发展。〔1〕这也从侧面印证了联邦宪法法院此前所作的判决显然是“差强人意”的。

较之司法机关，德国立法机关对待刑事协商程序的态度立场则更偏消极。对刑事协商程序作为“法外程序”在司法实践中存续三十余年的事实，立法机关“熟视无睹”的态度可谓是放任了程序的自行生成。直至联邦最高法院“2005 年判决”后，立法机关才逐步启动了刑事协商的立法进程，但其长期的不作为已经对程序造成了负面影响，导致其作为“法内程序”未能严格遵循法律规范。比如，协商剥夺上诉权的做法在实践中仍然广泛存在。〔2〕这也深刻说明了刑事协商作为“法外程序”的形态在司法实践中已经根深蒂固，甚至于说，无论是立法机关抑或司法机关都很难控制刑事协商程序的未来走向。

---

〔1〕 参见李倩:《德国认罪协商制度的历史嬗变和当代发展》，载《比较法研究》2020 年第 2 期。

〔2〕 Regina Rauxloh, *Formalization of Plea Bargaining in Germany: Will the New Legislation Be Able to Square the Circle*, 34 Fordham International Law Journal 296, 313 (2010).

## 五、对我国控辩协商演进逻辑的启示

尽管中德两国认罪协商程序均根植于实践经验而非立法者的直接理性，并且都是为了回应司法实践所面临的具体问题而逐渐构建起来的，然而，两国改革主导者所持的不同态度使两种程序在生成方向、速度与效果上都存在巨大的差异。德国刑事协商程序生成与演进的主要动力源于司法实践，但由于立法机关与司法机关更多秉持保守与观望的态度，对于程序更多地只是被动接受与消极回应，从而过度放任了程序的自行生成，对其发展缺乏必要的引导与把控，使得从“法外程序”向“法内程序”的演进进程中表现出了较多的被动性。这种被动性最为消极的影响就在于，立法机关与司法机关未能及时对实践作出有效的反馈与回应，继而也就削弱了实践的检验与证伪功能，并最终导致刑事协商程序在演进进程中出现了偏差与失范，程序的未来走向也存在较多的不确定性。相较之下，我国认罪认罚从宽制度在其渐进式演进中更多地体现了顶层设计者的主观能动性。作为党的十八届四中全会以来刑事司法改革的重要一环，认罪认罚从宽制度不是地方司法机关主导的自我创新，而是在顶层设计者统一指导下所开展的试点改革，是为了最终出台普遍适用的立法而进行的试验。在经过两年的试点后，《刑事诉讼法》的修改也及时将证明行之有效的地方经验上升为立法规范，最终实现了“法外程序”平稳过渡并成功转变至“法内程序”。正是由于顶层设计者的理性始终贯穿于我国认罪认罚从宽制度的试点与立法，不仅能够有效体察司法实践的实际需求，并且得以及时地试错与调整，避免了程序无意识与无秩序地生成，使得制度自演进之初就更为规范与有序。

由此，我们不妨将职权主义下的渐进式生成路径进一步划分为两种模式：一种为德国刑事协商程序所遵循的自发模式，另一种则为我国认罪认罚从宽制度所遵循的自觉模式。如上两种模式深刻地揭示了改革主导者在程序演进进程中的应然作用。申言之，顶层设计者与实践协调共进，有意识地引导与推动程序构建，使程序生成逐渐脱离实践的自发行为，并最终升华为一种理性的自觉行为。结合德国刑事协商程序的经验教训，就我国未来的司法体制改革而言，自然应当避免自发模式所可能招致的程序失序与实践失范。同时，考虑到我国《刑事诉讼法》在经历了 1996 年、2012 年、2018 年三次修正后，已经充分证明了温和的渐进式修法变革与我国社会现实与司法实践的契合，[1]故应当在把握本次认罪认罚从宽制度成功经验的基础上，继续遵循渐进式的演进逻辑，进一步发挥自觉模式的优势。具体来说，一是加强改革者的主动性与积极性，克服可能出现的惰性；二是加强实践的检验与试错功能，适时调整改革方案；三是加强改革者对程序生成与演进的把控，将“法外程序”可能带来的潜在影响降至最低，确保向“法内程序”进行平稳的转变。

当然，在反思德国刑事协商程序经验教训的同时，我们更有必要对认罪认罚从宽制度改革的不尽之处进行省思。实际上，正是由于我国与德国均有着长久的职权主义传统，且两国认罪协商程序的演进逻辑相似，我们无法忽视认罪认罚从宽制度根植于司法实践的初衷也必

---

〔1〕　参见卞建林、谢澍：《职权主义诉讼模式中的认罪认罚从宽——以中德刑事司法理论与实践为线索》，载《比较法研究》2018 年第 3 期。

然将从客观上导致制度构建欠缺充分的理论基础。德国刑事协商程序的演进进程已经充分说明了，如果程序建构缺乏必要的理论支撑，那么很可能成为程序日后发展的隐患。对我国认罪认罚从宽制度来说，随着制度的入法与实施，实践中陆续涌现的争议恰恰暴露了制度在理论铺垫方面的欠缺。最为典型的是，理论界关于认罪认罚从宽制度中的证明标准是否降低的分歧，清晰展现了认罪认罚从宽制度与我国职权主义传统之间的紧张关系。加之我国极具复杂性的刑事司法实践，更是不断对理论研究提出新的需求。除了围绕量刑建议的效力、被追诉人的上诉权限制、值班律师的定位等问题展开的探讨之外，如认罪认罚从宽制度中"从宽"的正当性基础究竟为何，理论界至今仍未能有定论。这不仅影响了制度实施的效果，更是制约了重罪协商在我国的发展。[1]因此，在认罪认罚从宽制度的推进过程中，除了关注具体的实践性问题之外，还应当直面并厘清制度在理论上的争议。通过深层的理论推进，尽力消解实践与理论之间的张力，努力形成实践与理论的良性互动，为程序之生成与发展提供必要的支撑。从根本上来说，如此也是弥补渐进式生成路径不足的应有之义，避免程序的内在欠缺成为其演进进程中的一大阻碍。

应当注意的是，党的十八届四中全会以来，认罪认罚从宽制度无疑是我国理论界与实务界的超热议题。在试点与立法的驱动之下，理论界也不断涌现丰硕的研究成果。研究者除了密切关注认罪认罚从宽制度的本土实践之外，亦将研究视角转向协商性司法的域外实践样

---

〔1〕　参见吴思远：《我国重罪协商的障碍、困境及重构——以"权力—权利交互说"为理论线索》，载《法学》2019年第11期。

本。其中，美国辩诉交易制度与德国刑事协商程序最为研究者所关注与探讨。遗憾的是，不少研究成果运用比较研究法时，不同程度地对域外实践样本采取非客观中立的态度，继而不加证伪地套用域外制度的经验试图为我国改革所用。然而，倘若只是运用预设的价值判断学说，即以协商性司法的高效性来证成借鉴域外制度的必要性，那么显然忽略了程序生成的本土因素。由此产出的大批高度相似的研究成果，似乎也很难从中汲取真正能为我国改革所用的智识。更应警惕的是，对域外实践样本如此“先入为主”的态度，亦可能忽视了其背后隐藏的风险与危机。[1]是故，对待协商性司法的域外实践样本，除了要合理谨慎地借鉴其中的经验之外，更应当大胆反思，并首先明确进行比较研究的前提——对程序生成路径及其逻辑建立一种正确的理论认知。尽管本部分研究的对象是德国刑事协商程序，但较之制度的样态与特征，本部分更为关注的是这一制度的生成路径。通过对德国刑事协商程序渐进式生成路径的省视与反思，自然也为遵循同一演进逻辑的认罪认罚从宽制度提供了启示。当然，除了从理论上阐述与反思职权主义传统下从“法外程序”到“法内程序”的渐进式演进逻辑之外，更期抛砖引玉地为我国认罪认罚从宽制度之研究注入新的思路。

---

〔1〕　参见吴思远：《论协商性司法的价值立场》，载《当代法学》2018 年第 2 期。

第三章
CHAPTER 03

# 控辩协商的价值立场：与美国辩诉交易的比较研究

## 一、问题的提出

协商性司法是一种有别于传统刑事诉讼程序的全新司法范式。通常可以理解为，在刑事案件的处理方面不同程度地给当事人之间的“协商”或者“合意”留有一定空间的案件处理模式。[1]这种允许国家司法机关与被追诉人通过协商来终结刑事案件的做法最早源于美国，并以辩诉交易制度为最具标志性的蓝本，如今已经逐渐成为世界刑事司法发展的较为显著的一种趋势，甚至是德国这样如此典型的职权主义国家，在经过了长达30多年的争论后，也确立了具有本国特色的刑事协商程序，打破了各国对于职权主义国家刑事司法制度的常规印象。近年来，包括意大利、日本等混合法系的国家，也对这种体现合意的全新司法范式展现出了极大的兴趣，蕴含协商因子的各种程序相

〔1〕 参见魏晓娜：《背叛程序正义：协商性刑事司法研究》，法律出版社2014年版，第13页。

继获得了本国刑事诉讼法的认可。正如王兆鹏教授所言，通过刑事协商来终结案件已经成为世界刑事诉讼的新潮流。[1]

自协商性司法兴起以来，真正进入各国审判程序的案件比例在逐年减少，审判反而成为刑事司法程序中的例外事件。尽管长期以来审判都被认为是刑事司法的高峰，然而，审判程序如今却面临“衰退”的现实。取而代之的则是刑事案件在审前就通过国家司法机关与被追诉人的协商而宣告终结，无须再进入审判程序。由此可见，协商性司法除了具备合作、合意等特点之外，还体现了高效、快捷等特质，故在如今刑事司法系统负担日益严峻的情况下，这一全新的司法范式逐渐成为各国替代普通程序的选择。然而，由于协商性司法颠覆了传统刑事诉讼的基本构造，难以用既有的刑事诉讼理论与规则进行解释，故自诞生之日起便存在较大争议性，获得了各国学者的关注与研究。

遗憾的是，在协商性司法的实践得到推崇、理论得到关注的同时，这种全新司法范式的价值立场却鲜有讨论。所谓“立场”，是指观察事物和处理问题时所处的地位和由此所抱的态度。[2]马克斯·韦伯认为，任何科学文化现实在什么样的意义上以及在什么样的关系中，任何规律都不能为我们揭示，而只能根据我们每次在个别场合考察“文化”所采用的价值理念来决定。[3]法律作为调整社会生活的规范体系，从终极的意义上说，它的存在本身并不是目的，而是实现一定价

〔1〕　参见王兆鹏：《新刑诉·新思维》，台北，元照出版有限公司2005年版，第169页。

〔2〕　参见阮智富、郭忠新主编：《现代汉语大词典·下册》，上海辞书出版社2009年版，第2784页。

〔3〕　参见[德]马克斯·韦伯：《社会科学方法论》，李秋零、田薇译，中国人民大学出版社1999年版，第21-22页。

值的手段，也就是说，社会中所有的立法和司法活动都是一种进行价值选择的活动。[1]据此，一项具体的法律制度必然带有某种具体的价值倾向，其内部的伦理关系、目标向度与整体风貌为何，也在于其所立足于何种价值立场。有学者提出，在法治观的观念体系中，价值立场追问的是在一个社会共同体将法律视为最重要的公共方案的情形中，法律的价值呈现为何种样态。[2]那么，协商性司法的价值立场，就是要从根本上探讨这种全新司法范式的价值导向或目标追求究竟为何。协商性司法的价值立场已经超越了立法技术和规范文本，具有指导性的意义，是统领相关制度改革的关键。因此，对协商性司法的价值立场进行研究具有重要的理论价值与实践意义。

在这方面，美国辩诉交易制度为我们提供了鲜活的样本。早在20世纪70年代，美国联邦最高法院便通过判例确立了辩诉交易制度的合宪性。[3]在其看来，辩诉交易制度是美国司法制度的必要组成部分。[4]经过近半个世纪的实践，辩诉交易制度在美国本土大行其道，大多数案件均是在控辩双方协商的基础上，由被告人作出认罪答辩而得以终结的。可以说，辩诉交易制度已经“不仅仅是美国司法制度的必要组成部分，其正是美国司法制度本身”。[5]然而，无论是辩诉交易制度的实践，还是近年来由联邦最高法院主导的改革，都呈现了对效率价值的偏好，对整个国家的刑事司法体系造成了消极影响，甚至是在

〔1〕 参见张文显主编：《法理学》（第2版），高等教育出版社2003年版，第48页。

〔2〕 参见郑玉双：《实现共同善的良法善治：工具主义法治观新探》，载《环球法律评论》2016年第3期。

〔3〕 See Brady v. United States 397 U.S.742（1970）.

〔4〕 See Santobello v. New York, 404 US 257（1971）.

〔5〕 Lafler v. Cooper, 132 S.Ct.1376, 1397（2012）.

一定程度上奠定了其追求认罪、有罪推定的不良倾向，导致辩诉交易制度沦为廉价的刑罚工具，并成为制造冤假错案的一大元凶。因此，构建与完善具有中国特色的控辩协商机制，离不开对现行立法与制度的反思，并有必要在此基础上作出前提性的价值判断。通过对比研究中美协商性司法的价值立场，可以从中吸取必要的经验教训，修正理论和实践中存在的认识误区，继而正确把握我国控辩协商改革的主张与思路，最终提出完善我国控辩协商机制的改革方案。

## 二、效率作为辩诉交易改革的价值取向

美国辩诉交易制度长期游走于法律的“灰色地带”，这是因为，辩诉交易制度一直被认为是刑事诉讼程序的边缘化产物，其与公正审判并无联系，而“审判及审判前准备通常才是刑事诉讼法的核心”。[1]因此，自辩诉交易制度被确定合宪以来，联邦最高法院对待这一制度向来甚少过问与干预。即使经过了近半个世纪的实践，仍然没有形成一套真正完善的规范体系来约束辩诉交易制度。近年来，联邦最高法院却一改其“对辩诉交易制度合宪性争议置若罔闻”[2]的态度，先后作出多个开创性判例似有推动辩诉交易制度规范化发展之意。然而，由于效率是改革的首要价值取向，也从根本上制约了这场改革的效果。

---

〔1〕 Stephanos Bibas, *Regulating the Plea-Bargaining Market: From Caveat Emptor to Consumer Protection*, 99 California Law Review 1117, 1123(2011).

〔2〕 Markus Dirk Dubber, *The Police Power: Patriarchy and the Foundations of American Government*, Columbia University Press, 2005, p.179.

### （一）增强被告人辩护权的宪法叙述

2010 年，联邦最高法院首次将辩诉交易中的辩护权问题纳入宪法视野下探讨，加重了律师在辩诉交易中的帮助义务。在 *Padilla* 案中，被告人被指控贩卖大麻罪、持有大麻罪、持有吸毒工具罪、非法驾驶拖车罪。在辩护律师的建议下，其与检察官达成认罪协议，以换取检察官对第四项指控的撤销。然而，辩护律师并未告知被告人认罪可能导致的移民制裁的后果，如被驱逐出境、遣返等。被告人遂以辩护律师错误为由提出重审动议（post-conviction relief）。联邦最高法院认为，提示驱逐出境的风险是当前律师职业规范的应有之义，尽管移民制裁并不是刑事制裁，但其与刑事程序紧密关联，不应被排除在《宪法第六修正案》规定律师帮助权的保障范围之外。据此，宪法意义上的适格律师应当在被告人认罪答辩前告知与移民制裁相关的后果。通过 *Padilla* 案，联邦最高法院首次将辩诉交易中的辩护权归至宪法语境下考量，加重了律师在程序中的帮助义务，意味着辩护律师应当在移民制裁或政策方面给予关照，以防止非本国公民在辩诉交易过程中权利受损。〔1〕

2012 年，联邦最高法院相继通过 *Lafler* 案与 *Frye* 案开创性地将有效辩护权的宪法保障扩展适用于认罪协商阶段，进一步明确了辩诉交易中的律师帮助权是一项宪法性权利。此前，尽管美国《宪法第六修正案》赋予了被告人获得律师帮助的权利，这项权利“贯穿于刑事诉讼程序的各重要阶段”。〔2〕根据联邦最高法院的判例，这些重要阶段

〔1〕 See Padilla v. Kentucky, 559 U.S.356（2010）.
〔2〕 Montejo v. Louisiana, 556 US 778（2009）.

包括了聆讯、[1]辨认[2]以及作出有罪答辩。[3]然而，被告人在认罪协商阶段是否也享有这一宪法性权利的保障并不明确。换言之，即使辩护律师在认罪协商过程中未能提供有效的帮助，被告人也无法援引《宪法第六修正案》寻求救济。*Lafler* 案与 *Frye* 案的判决意味着被告人可以主张辩护律师在辩诉交易程序中的不适格行为构成无效辩护，并依据《宪法第六修正案》申请司法救济。

在 *Lafler* 案中，被告人向被害人共开四枪，造成被害人髋部、臀部和腹部的多处伤痕。其被指控伤害罪、谋杀罪等四项罪名，可能面临终身监禁。检察官向其发出了认罪协议，以减让 1/3 量刑为条件换取其认罪答辩。然而，辩护律师认为因枪伤未及胸口，检察官无法完成谋杀罪的举证责任，因而建议被告人拒绝协议。根据辩护律师这一缺乏法律依据的建议，被告人拒绝了认罪协议并最终被裁定上述罪名成立。判决后，被告人提出了人身保护令的救济。联邦最高法院认为，正是由于辩护律师在认罪协商过程中给出了错误建议才导致被告人拒绝了检察官的认罪协议，从而获得了比量刑建议更重的刑罚。虽然最终的刑罚是由一场公正的审判所作出，但这并不足以抵消律师在辩诉交易中的过失。由于本案中的辩护律师未能达到宪法意义上的适格标准，故将案件发回重审，给予被告人与检察官重新达成认罪协议的机会来作为救济。[4]

在 *Frye* 案中，被告人因驾照过期而被指控非法驾驶罪。检察官

〔1〕 See Hamilton v. Alabama, 368 US 52(1961).
〔2〕 See United States v. Wade, 388 US 218(1967).
〔3〕 See Argersinger v. Hamlin, 407 US 25(1972).
〔4〕 See Lafler v. Cooper, 132 S.Ct.1376(2012).

向其辩护律师发出了认罪协议，只要被告人认罪检察官即以轻罪起诉。然而，辩护律师未能及时将认罪协议告知被告人，导致认罪协议失效。虽然被告人作出有罪答辩，但因未能与检察官达成协议而最终以重罪被判处 3 年监禁。被告人以辩护律师的不适格行为而提起上诉。联邦最高法院认为，辩护律师的这一行为未能从客观上达到合理标准（objective standard of reasonableness）。考虑到辩诉交易在司法实践中的盛行，虽然被告人接受认罪协议并非一项宪法性权利，但是被告人在接受认罪协议前能否获得有效的律师帮助应当受到宪法的保障。联邦最高法院也再次重申，公正的审判程序不足以弥补所有审前的错误或缺漏。据此，辩护律师及时告知被告人认罪协议是《宪法第六修正案》的基本要求，否则被告人有权主张违宪救济，故撤销原判将案件发回重审。[1]

### （二）推动辩诉交易制度改革的动因

*Padilla* 案、*Lafler* 案及 *Frye* 案中的辩护律师向我们展示了美国辩诉交易制度中不适格律师的形象与表现，其共同点都是未能从客观上尽到有效帮助的职责，致使被告人的权益在辩诉交易中受损。从实践情况来看，长期以来，被告人在辩诉交易过程所获得的律师帮助权确实不充分，尤其是在达成认罪协议前的协商阶段。应当说，这成为推动辩诉交易制度改革的重要动因。

---

〔1〕 See Missouri v. Frye, 132 S.Ct.1399（2012）.

1. 公设辩护人难以提供充分有效的法律援助

公设辩护人在州法院与联邦法院的适用比例分别高达 66%[1]与 78%,[2]远远超过了法院指定或私人聘请的情形。这意味着实践中大部分刑事案件的被告人都因经济困难需要由公设辩护人为其提供法律援助。然而,作为帮助国家实现刑事法律援助义务的主体,公设辩护人往往只能获得远低于合同制律师的固定薪酬(见表 1、表 2)。[3]除了缺乏经济激励之外,公设辩护人的工作量还常常处于超负荷状态。这一问题由来已久。早在 2009 年,美国律师协会就发布了《关于公设辩护人负荷工作的八项指南》(ABA Eight Guidelines of Public Defense related to Excessive Workloads),其中对公设辩护人可承受的最大工作量提出了建议。然而,实践中公设辩护人的工作量仍然远超过建议标准。[4]上述两方面的因素导致了公设辩护人所提供的法律援助质量往往无法达到有效辩护之标准。

**表 1　2008 年、2010 年、2012 年公设辩护人平均年收入情况**

**单位:美元**

| 时间范围 | 2008 年 | 2010 年 | 2012 年 |
| --- | --- | --- | --- |
| 入行 | 47,400 | 47,500 | 50,500 |
| 第 5 年 | 60,000 | 60,300 | 62,800 |
| 第 11 年至第 15 年 | 75,000 | 76,200 | 78,600 |

---

〔1〕 See Bureau of Justice Statistics, *State-Administered Indigent Defense Systems 2013 (November 16, 2016)*, http://www.bjs.gov/index.cfm? ty=pbdetail&iid=5826.

〔2〕 See Bureau of Justice Statistics, *Federal Justice Statistics 2013-2014 (March 23, 2017)*, https://www.bjs.gov/index.cfm? ty=pbdetail&iid=5885.

〔3〕 See NALP, *2014 Public Sector & Public Interest Attorney Salary Report: 2014 Associate Salary Survey*, http://www.nalp.org/salariescompensation.

〔4〕 See Norman Lefstein, *Excessive Public Defense Workloads: Are ABA Standards for Criminal Justice Adequate*, 38 Hastings Constitutional Law Quarterly 940 (2009).

**表 2　2012 年合同制律师平均年收入情况**

**单位：美元**

| 时间 | 律所规模(所含执业律师人数) | | | | | | |
|---|---|---|---|---|---|---|---|
| | 2～25 人 | 26～50 人 | 51～100 人 | 101～250 人 | 251～500 人 | 501～700 人 | 700 人以上 |
| 入行 | 78,000 | 110,000 | 100,000 | 110,000 | 160,000 | 125,000 | 160,000 |
| 第 5 年 | 100,000 | 120,000 | 120,000 | 129,450 | 205,000 | 144,425 | 201,975 |
| 第 8 年 | 101,000 | 138,925 | 129,375 | 142,250 | 255,000 | 169,125 | 225,000 |

2. 辩护律师受个人利益驱动导致执业缺陷

美国国家经济研究局的一项研究显示，由法院指定的辩护律师的执业表现可能比公设辩护人更不能令人满意，具体表现为被告人最终获得更高的有罪判决率及更重的量刑结果等。[1]造成指定律师存在执业缺陷的原因是多方面的，如指定辩护体系不完备、经费支持不充足等。其中，最为突出的原因是辩护律师受到个人利益驱动导致执业表现欠佳。实践中，所有刑事律师每年都有义务承担一定数量的指定辩护案件，但因只能从指定辩护案件中收取固定的报酬，其往往不愿在指定辩护的案件上花费过多时间与精力。因此，在指定辩护案件中，被告人与指定律师会见的次数很少；即使会见，时间也非常短暂，难以进行实质谈话或获得有效建议。在轻罪案件中，这样的情况十分普遍。[2]此外，出于避免庭审的烦琐与风险，尤其是避免败诉给自己带来的不利影响，辩护律师与检察官往往能在这一点上达成一致，故同样

---

〔1〕 See Radha Iyengar, *An Analysis of the Performance of Federal Indigent Defense Counsel*, National Bureau of Economic Research (2007), http://www.nber.org/papers/w13187.

〔2〕 See Jenny Roberts, *Why Misdemeanors Matter: Defining Effective Advocacy in the Lower Criminal Courts*, 45 U.C.Davis Law Review 277, 297–303 (2011).

倾向于促使被告人认罪，因为认罪协议的达成对辩护律师和检察官来说无疑是“双赢”。在这种情况下，与其说辩护律师是尽心尽职地会见谈话、分析案情、制定策略，倒不如说是将精力更多花在了如何游说被告人尽快认罪合作上。一些案件中，为了鼓励被告人尽快认罪，辩护律师有时甚至会故意低估案情、歪曲协商内容。〔1〕许多被告人甚至还没有充分了解相应法律后果就接受了认罪协议，如此法律上的帮助显然连最基本的要求都无法达到。

（三）辩诉交易制度改革的根本缺陷

通过三个重要的判决，联邦最高法院开创性地将有效辩护权的宪法保障扩展适用于刑事协商阶段，这意味着被告人此后可以主张辩护律师在辩诉交易中的不适格行为构成无效辩护，并依据《宪法第六修正案》申请司法救济。应当说，*Padilla* 案、*Lafler* 案与 *Frye* 案体现了联邦最高法院对辩诉交易制度有所转变的态度。将有效辩护的宪法保障扩展适用于辩诉交易制度，实质就是将辩诉交易与公正审判挂钩。自此，辩诉交易制度也被纳入宪法的语境之下，无疑增强了联邦最高法院对这一制度的解释与干预。从客观上来说，联邦最高法院的判决推动了辩诉交易制度的发展，有学者甚至认为，*Lafler* 案与 *Frye* 案的判决“预示着美国刑事司法制度的转型与发展”。〔2〕

然而，由联邦最高法院所推动与主导的辩诉交易制度的改革仍然

〔1〕 See Stephanos Bibas, *The Machinery of Criminal Justice*, *Oxford University Press*, 2012, p.55.

〔2〕 Russell D.Covey, *Plea-Bargaining Law after Lafler and Frye*, 51 Duquesne Law Review 595, 608 (2013).

暴露出了对效率价值的偏好。恰如辩诉交易制度被确认合宪性之初，联邦最高法院即充分肯定了辩诉交易制度的高效性，认为其是“保证刑事诉讼程序效率的最重要手段”。[1]现如今，这一价值立场也并未改变。即使考虑对辩诉交易制度进行规范与约束时，联邦最高法院的首要考量因素仍是刑事司法制度的效率运作。一方面，确保被告人获得有效的律师帮助，根本目的是减少被告人与检察官达成认罪协议的疑虑或障碍，其实质在于通过加强程序性保障来减少辩诉交易制度实践运作的阻力，确保辩诉交易制度能够普遍顺利地适用。这体现了联邦最高法院对辩诉交易制度效率价值的高度依赖，如斯卡利亚大法官所言，“如果没有辩诉交易制度，我们将难以负担冗长昂贵的审判程序，刑事司法制度也必将陷入僵局”[2]。另一方面，加强被告人辩护权并不会造成过重的负担。尤其是与加强制度中的司法介入与吸收公众参与等举措相比，依靠律师来推动改革无疑是司法耗损较小的方案。更为重要的是，这亦从客观上减少了司法的监督责任与干预成本，因而自然受到联邦最高法院的青睐。

这种本质上追求效率的价值立场也正是辩诉交易制度改革的根本缺陷所在。不难看出，基于对效率价值的考量及依赖，联邦最高法院对待辩诉交易制度的态度是鼓励与支持的。正如艾伯特·艾斯库勒教授所言，联邦最高法院所作的这些判决“只是为了确保辩诉交易之源永不干涸”。[3]可以预见到，辩诉交易制度仍然将在司法实践中大行

---

〔1〕 Ludwig v. Massachusetts, 427 U.S.618 (1976).

〔2〕 See Lafler v. Cooper, 132 S.Ct.1376, 1397 (2012) (Scalia, J., dissenting).

〔3〕 Albert Alschuler, *Lafler and Frye: Two Small Band-Aids for a Festering Wound*, 51 Duquesne Law Review 673, 681 (2013).

其道，继续发挥其所承载的效率价值。然而，这种效率至上的价值取向不仅极大地滋生了制度的各种风险，如冤假错案、职业失范、量刑不公等，而且也从根本上制约了这场改革的效果。

## 三、效率作为辩诉交易制度的本质偏好

效率不仅是近年来辩诉交易改革所追求的价值取向，更是辩诉交易制度一直以来的本质偏好。基于对效率的本质偏好，辩诉交易制度在实践运行中暴露出诸多问题，已经对整个国家的刑事司法体系造成了消极影响，并对这一体系下的各个角色产生了一种"惯性"影响，甚至成为司法不公、制造冤假错案的源头。

### （一）效率偏好下对检察官过大权力的纵容

一直以来，检察官在辩诉交易中享有几乎不受限制的权力，其可以运用各种策略来说服或诱使被告人接受认罪协议。例如，检察官在与被告人达成认罪协议前可以免于披露有关证人的弹劾性证据。[1]尽管这一做法显然侵犯了被告人的知悉权，造成了协商过程中的信息不对称，但这一交易策略被联邦最高法院认定为合宪。检察官在提起公诉和量刑建议方面也拥有极大的自由裁量空间，比如，其有权决定是以重罪还是轻罪起诉、是否提及加重情节、是否提及犯罪记录等，而这些恰恰成为与被告人进行协商谈判的有力筹码。正因如此，控辩双

〔1〕 See United States v. Ruiz, 536 U.S.622（2002）.

方在认罪协商过程中实际处于一种结构性的不平等状态。[1]被告人面临巨大的压力甚至是威胁，一旦其拒绝接受控方提出的认罪协议，极有可能遭受远远超出认罪协议的指控或量刑。

在立法者的推动下，检察官权力过大的问题变得更为严峻。一方面，联邦量刑规范的推行限缩了法官在量刑方面的自由裁量权，同时也导致了检察官的权力"完全脱离了传统的司法制约"；[2]另一方面，法定最低刑期(mandatory minimum sentences)的实行则完全剥夺了法官在某些案件中的自由量刑权，意味着法官只能依法对被告人科以处罚或科以更严厉的处罚，而不允许法官在考虑案件的各种因素基础上给予被告人从宽处罚，如被告人的悔罪态度、社会危险性、犯罪行为的严重程度等。立法者推行法定最低刑期的初衷在于加大对特定犯罪的打击力度，如毒品犯罪、枪支犯罪、性犯罪等，这是 20 世纪 80 年代美国刑事政策转向严厉打击犯罪(tough on crime)的结果。然而，其所造成的实质后果是"将量刑的主动权从法官手中转移至丝毫不懂量刑的检察官手中"，[3]进一步增加了检察官在辩诉交易过程中的谈判筹码。

尚且不讨论严厉的立法政策是否能够真正有效地遏制犯罪，但能够肯定的是，严刑峻法的威慑已经成为被告人选择认罪合作的巨大诱因。更为重要的是，其进一步加大了检察官在辩诉交易中不断膨胀的

〔1〕 See Cynthia Alkon, *The U.S.Supreme Court's Failure to Fix Plea Bargaining: The Impact of Lafler and Frye*, 41 Hastings Constitutional Law Quarterly 561, 582(2014).

〔2〕 Kate Stith and Jose A.Cabranes, *Fear of Judging: Sentencing Guidelines in the Federal Courts*, University of Chicago Press, 1998, p.141.

〔3〕 Justice Kennedy, Speech at the American Bar Association Annual Meeting in San Francisco(August 9, 2003).

权力，使得控辩双方本就不平等的地位变得更为牢固。当前辩诉交易制度的改革未能对检察官权力进行必要的约束，相反，由于本质上对于效率价值的偏好，这场改革仅从形式上加强了控辩双方在协商中的均势，但此举从一定程度上来说仍然是对检察官权力过大的纵容，而并不足以改变控辩双方在协商中话语权失衡的状态。

### （二）效率偏好下对法官干预与介入的忽视

上文所提到的检察官权力“独大”的问题，已经遭到了不少学者的批评。有学者担忧由此可能引发的权力滥用、权力腐败等问题将影响美国刑事司法制度的公正性。[1]然而，联邦最高法院对此问题的回应则显得过度消极与不作为。联邦最高法院甚少对辩诉交易中的检察官行为作出限制，唯一例外是认定检察官对认罪协议负有遵守义务，即一旦控辩双方达成了认罪协议，检察官不得撤回协议。[2]除此之外，联邦最高法院对待检察官过大的权力则更多选择了宽容甚至是纵容。比如，联邦最高法院认为，检察官以“重新指控更严重犯罪”为由来威胁被告人认罪并不违反《宪法第十四修正案》的正当程序条款，在其看来，检察官在辩诉交易中运用如此激进的策略是“允许和鼓励认罪协商之制度的必然结果”。[3]

即使近年来联邦最高法院通过上述几个重要判例似有意加强对辩诉交易制度的司法干预，然而，不难发现，这些司法干预并不足够。

---

〔1〕 See Angela J.Davis, *The American Prosecutor: Power, Discretion, and Misconduct*, 23 Criminal Justice 24, 23-30 (2008).

〔2〕 See Santobello v. New York, 404 US 257 (1971).

〔3〕 Bordenkircher v. Hayes, 434 US 357 (1978).

联邦最高法院并没有直接加强法官在程序中的介入，法官角色仍然游离于辩诉交易制度的运行之外。一方面，虽然《联邦刑事诉讼规则》第 11 条对被告人作有罪答辩以及法官认定认罪协议等问题进行了规定，[1]但是这些规定仅仅对法院审查认罪协议的程序作了要求。由于法官并未有参与或介入协商的途径，其通常缺乏有效手段来审查被告人认罪的自愿性与明智性。有罪答辩程序对法官来说更像是例行公事，实践中很少出现法官撤销认罪协议的情况，其在绝大多数情况下只是充当认罪协议的“橡皮图章”。另一方面，虽然被告人目前有权对无效辩护提出抗辩，但在这种情况下，法官能够提供的司法救济是事后的。这种事后的司法介入具有滞后性，并不足以防止程序运行中可能产生的风险。更为重要的是，由于被告人证明无效辩护的难度较高，[2]因而这一司法救济的有效性也比较有限。

可以预见到，基于对效率价值的追求，为了防止辩诉交易的高效运行因过多规则而受阻，联邦最高法院对待辩诉交易的干预和规制则仍然偏向消极甚至无为。似乎在联邦最高法院看来，加强被告人辩护权这样的程序性保障便足以确保辩诉交易的公正性。然而，联邦最高法院不仅忽略了实践中许多被告人放弃律师辩护权的客观情况，更忽视了随着检察官过大的权力、法官过度游离于程序之外而带来的更深层影响。因此，不仅检察官在辩诉交易中的巨大权力和激进策略没有得到应有的司法干预，认罪过程与结果的正当性也没有获得足够的

---

〔1〕 比如，11b（2）规定法官应当审查被告人认罪的自愿性；11b（3）规定法官应当审查认罪协议具有事实基础；11c（2）规定认罪协议应当当庭公布。各州刑事诉讼规则也有类似规定。

〔2〕 美国联邦最高法院认为，无效辩护的证明责任由被告人承担，并需要同时满足“辩护缺陷”与“损害结果”的双重标准。See Strickland v. Washington，466 US 668（1984）.

司法监督。

### （三）效率偏好下被害人及公众参与的欠缺

辩诉交易由控辩双方主导，因远离社会公众的视线而欠缺公开透明，尤其是达成认罪协议前的协商过程，参与者通常只有控辩双方，其可能发生在办公室、会议室甚至是电话中，有关程序的文书记载并不是强制要求。因此，即使认罪协议最后必须依法在庭上公开，但无论是法官、被害人还是社会公众都甚少能够了解协商过程的实际情况，被害人与公众的参与更是空白。从根本上来讲，这种看似由控辩主导的制度设计，实际上更多的是检察官占据了优势和主动。这与辩诉交易制度对效率价值的偏好也是分不开的，因为只有精通法律规则与操作的法律职业者才能不浪费时间和资源，做到高效率司法。〔1〕

被害人参与的欠缺，即有违对被害人的合理保障。一方面，这种程序的非公开透明侵害了被害人的合法权利。随着 20 世纪 70 年代末美国被害人权利运动的不断推进与发展，联邦与各州相继出台了有关被害人保护的立法，〔2〕明确赋予了被害人在刑事诉讼中所享有的权利。虽然联邦及各州的规定各不相同，但从根本上来看，被害人立法旨在纠正美国刑事司法体系“只服务于律师、法官与被告人却漠视被

〔1〕　参见［日］西原春夫：《日本刑事法的形成与特色》，李海东译，法律出版社 1997 年版，第 110 页。

〔2〕　比如，2004 年美国国会颁布的《被害人权利法案》就明确规定了刑事被害人在刑事诉讼程序中享有知悉权、旁听权、表达权等重要权利。

害人”的制度性偏差，[1]防止被害人在刑事司法实践中被边缘化。然而，立法上的努力并没有让被害人的权利得到实质的尊重，实践中绝大多数被害人仍然被排除在诉讼程序之外，甚至无法及时获得关于诉讼程序进程的通知。在辩诉交易的运行过程中，被害人的参与权及发表意见权也往往难以实现，许多检察官甚至担心被害人在认罪协商过程中发表意见可能会妨碍认罪协议的达成，因而选择直接剥夺被害人的参与权。另一方面，这种程序的非公开透明也忽视了被害人合理的情感诉求。辩诉交易制度将被害人普遍排除在外的做法，实际是对被害人情感的极大忽视。对此，美国学者斯蒂芬诺斯·毕贝斯就曾提出过严厉的批判，其认为这种由国家全权垄断的刑事司法程序仅仅注重效率而全然不顾及人的情感；实际上，普通人希望通过刑事司法程序所获得的，远远不止是案件得到简单快速的处理或关于判处年限的讨价还价，其真正需要的是传达自己的感情，通过对话、辩白、谴责来治愈被犯罪行为所破坏的创伤与关系。[2]

公众参与的欠缺，剥夺了社会公众参与司法、监督司法的权利。一方面，社会公众参与诉讼程序可以最为直观地了解案件的真相，解除心中的疑惑，更重要的是程序本身即传递了法律规范及其价值，继而加强了社会公众对于司法制度的信心。另一方面，吸纳社会公众参与诉讼程序是进行司法监督最好的方式。正如借助陪审团制度，法治与民主精神渗透至美国社会的各个阶层，其允许普通公民在参与司法

---

〔1〕 See President's Task Force on Victims of Crime, Final Report vi (December 1982).

〔2〕 See Stephanos Bibas, *The Machinery of Criminal Justice*, Oxford University Press, 2012, p.83.

的过程中塑造立法、监督执法，也防止了司法的偏爱与腐败。[1]然而，辩诉交易制度恰如对陪审团制度的颠覆，其封闭性与垄断性剥夺了社会公众参与程序、监督程序的可能，继而也拉大了社会公众与司法制度之间的距离。因无法有效参与、有效监督程序，久而久之，必然伤害社会公众对司法制度的信赖感。

## 四、反思美国辩诉交易制度的价值立场

不难看出，无论是辩诉交易制度的实践，还是近年来由联邦最高法院主导的改革，都呈现了对效率价值的偏好。可以说，正是这种效率至上的价值立场，对整个国家的刑事司法体系造成了消极影响，甚至是在一定程度上奠定了其追求认罪、有罪推定的不良倾向，更导致辩诉交易制度沦为廉价的刑罚工具，并成为制造冤假错案的一大元凶。

### （一）效率至上的价值立场奠定了追求认罪的导向

辩诉交易制度充分体现了对认罪的积极追求，甚至可以说，辩诉交易制度本身蕴含了对被告人认罪的预设。从制度的设计与运行来看，其默认大多数被告人将选择与检察官达成认罪协议。一旦被告人拒绝接受认罪协议，则如同打破了既定的游戏规则般将导致随之而来的惩罚，直接表现便是在正式审判后获得更为严厉的刑罚。曾有学者

---

〔1〕 See Akhil Reed Amar, *The Bill of Rights: Creation and Reconstruction*, Yale University Press, 1999, p.113-114.

对不同程序的量刑结果进行了比较，相关研究发现，普通程序与辩诉交易程序在量刑上的差异可达四倍之多。[1]尽管决定量刑的因素有许多，不过，上述研究与数据表明，若被告人拒绝与检察官达成认罪协议，其面临在正式审判中更严厉惩罚的风险。从这个角度来看，普通程序本应是被告人获得公正审判的制度保障，如今反而成为其实现公正审判权的障碍或威胁，这正是被许多学者所诟病的“审判惩罚”(trial penalty)。[2]不少检察官亦承认，实践中大量使用“审判惩罚”的真正目的在于鼓励认罪。[3]而从联邦司法统计局的统计数据来看，“审判惩罚”的效果是显著的。目前，在联邦法院系统中，通过认罪答辩而结案的案件比例占所有案件的 90% 左右，普通程序的适用比例则不足 3%；在有罪判决案件中，认罪答辩所占比例更是超过了 97%。[4]这其中便有大量恐惧在正式审判中遭到更重判决而被迫选择认罪的被告人，普通程序的保障作用几乎陷于失灵。

### （二）效率至上的价值立场助长了有罪推定的倾向

更为重要的是，对认罪的追求不仅是辩诉交易制度所展现的鲜明特点，其更是实质地影响了制度的发展轨迹。这种对认罪的追求已

---

〔1〕 See Nancy J.king, *When Process Affects Punishment: Differences in Sentences After Guilty Plea, Bench Trial, and Jury Trial in Five Guidelines States*, 105 Columbia Law Review 959, 992(2005).

〔2〕 See Richard L.Lipple, *The Ethics of Plea Bargaining*, Oxford University Press 2011, p.2.

〔3〕 See Human Rights Watch Report, An Offer You Can't Refuse (December 2013), p.105.

〔4〕 See Bureau of Justice Statistics, Federal Justice Statistics 2013-2014 (March 23, 2017), https://www.bjs.gov/index.cfm? ty=pbdetail&iid=5885.

经逐渐演变为有罪推定的制度倾向，甚至动摇了无罪推定原则的根基，成为造就冤假错案的元凶之一。比如，美国 2013 年被平反的冤假错案中，17% 的被告人是最初自愿作出有罪答辩但最终根据 DNA 检测结果被平反。[1]这表明，当前的刑事司法制度无法为无辜者提供充分的保障，相反，有罪推定的制度倾向对无辜者施加了无形却巨大的压力，使其陷入了被迫承认有罪或审判惩罚风险的两难境地。在上述因素的刺激下，辩诉交易制度本身对认罪的消化能力也进一步得以提升，其如同高速运转的生产线，高效产出大量的有罪判决，逐渐沦为廉价的刑罚工具。这意味着随着制度运行变得愈发快捷，定罪也变得更为轻而易举。大量的案件免除了国家证明被告人有罪的义务，也减轻了检察官与法官所面临的办案压力。因此，无论是就国家政策制定者还是司法体制内工作者而言，辩诉交易制度的廉价性必然受到肯定与推崇。然而，制度的廉价性却对本国司法制度的发展产生了诸多负面影响，比如，有罪率畸高导致原本就居高不下的监禁率进一步攀升。[2]逐渐上升的监禁率使得监狱系统不堪重负，而由此引发的交叉感染等问题进一步阻碍了刑罚矫正目的之实现，不得不说这恰是滋生更多社会问题的源头所在；再如，制度的廉价性易使政策制定者青睐将诉诸刑法作为解决社会治理难题的唯一手段，从而加剧了社会泛刑罚化的问题，归根结底是因为过于廉价与便捷的制度提供了程序上的背书。可以说，辩诉交易制度在努力消化不断增加的

---

〔1〕 See Timothy Williams, *Study Puts Exonerations at Record Level in U.S.*, New York Times (Feb 4, 2014).

〔2〕 See United States Sentencing Commission Sourcebook (Fiscal Year 2014, 2015, 2016), http://www.ussc.gov/research/sourcebook/archive.

刑事案件的同时，却忽略了过度简化程序带来的犯罪成本降低等副作用。

## 五、重构我国控辩协商改革的价值立场

中美两国控辩协商实践本质上所依赖的都是一种以效率为导向的价值立场。在这种价值立场之下，协商性司法往往被放置于刑事司法的场域中看待，其是否缓解了司法实践中的人案矛盾、是否提高了司法机关的办案效率以及效果达到的程度，是评判相关改革是否成功的标准。然而，当我们只考虑改革在当下的局部效率时，则可能忽视了长远的整体效率；当我们只追求改革之中的部分价值时，则可能妨碍了其他深层价值的实现。应当以美国辩诉交易的经验教训为借鉴，重构我国控辩协商改革的价值立场，落实并加强认罪认罚从宽制度的人权保障价值。

### （一）效率成为制度改革的主流追求

2016 年 9 月 3 日，第十二届全国人民代表大会常务委员会第二十二次会议通过了《关于授权最高人民法院、最高人民检察院在部分地区开展刑事案件认罪认罚从宽制度试点工作的决定》，决定授权最高人民法院、最高人民检察院在 18 个城市开展刑事案件认罪认罚从宽制度的试点工作。不少试点城市在先前刑事速裁程序试点经验

上，继续积极探索认罪协商的做法，[1]从实践层面切实践行了认罪认罚从宽制度所承载的协商性特点。作为我国控辩协商的最新实践，之所以认罪认罚从宽制度的协商性质获得认可，是因为其在设定犯罪嫌疑人、被告人认罪及认罚的前提条件时，就默许了其与办案机关经历互动过程的可能。在这个过程中，是否认罪、如何认罚既是双方进行协商的基础，也是双方转对抗为合作的前提。因此，有学者指出，如今的认罪认罚案件从宽制度就是合作型司法的一种表现形式；[2]更有学者提出，无论有意引入还是无意引入辩诉交易制度，认罪认罚从宽处理的做法都会迈向中国式的辩诉交易。[3]

如今，认罪认罚从宽制度改革已经通过 2018 年修正的《刑事诉讼法》在法律上被正式确立下来。然而，遗憾的是，作为一项蕴含协商精神的改革举措，认罪认罚从宽制度在改革目标上却更多地被寄予了实现效率价值的期望。如从最初中央精神来看，这一改革的主要目标在于“构建速裁程序、简易程序、普通程序有效衔接、繁简分流的多层次诉讼体系”“在更高层次上实现公正与效率相统一”。[4]此外，无论是出台的规范性文件还是实践操作，亦相对偏重于诉讼流程的简化

---

〔1〕 参见钟安安：《北京：刑事速裁案件首推“认罪协商”机制》，载《民主与法制时报》2016 年 2 月 16 日，第 1 版；薛应军：《激辩“认罪协商”机制》，载《民主与法制时报》2016 年 3 月 10 日，第 5 版；马伟锋：《广东刑事审判试水认罪从宽协商制度》，载《人民法院报》2016 年 8 月 12 日，第 3 版；葛晓阳：《认罪认罚属控辩协商而非“辩诉交易”》，载《法制日报》2016 年 9 月 3 日，第 3 版；杨晓梅：《广州越秀区法院推进认罪认罚从宽制度改革纪实》，载《人民法院报》2017 年 12 月 8 日，第 4 版。

〔2〕 参见朱孝清：《 认罪认罚从宽制度的几个问题》，载《法治研究》2016 年第 5 期。

〔3〕 参见张建伟：《认罪认罚从宽处理：中国式辩诉交易？》，载《探索与争鸣》2017 年第 1 期。

〔4〕 这是最高人民法院时任副院长张述元在 2017 年 7 月 25 日召开的全国部分法院刑事审判工作座谈会上提出的要求。参见罗书臻：《贯彻落实贵阳两个会议精神 推进以审判为中心的刑事诉讼制度改革》，载《人民法院报》2017 年 7 月 26 日，第 1 版。

与办案效率的提高，体现了当前改革对效率价值的强烈追求。不少学者也将这一改革视为节约司法成本、提升司法效率的重要举措。[1]应当说，化解人案矛盾、优化司法资源配置已经成为当前论证认罪认罚从宽制度改革的必要性与正当性的主流依据。

不可否认，协商性司法确实能够在一定程度上提高诉讼效率、整合司法资源，协商达成后被告人自愿认罪，法院得以适用快捷的程序，正是“通过简化程序的构建而将有限的司法资源加以更为有效地利用”。[2]然而，如果仅仅将刑事协商作为实现繁简分流的手段，其结果往往是极大地弱化了协商的本质色彩，限缩了协商在实践中的适用空间。我们通过调研发现，协商实践往往仅限于事实相对清楚、争议相对较小或者犯罪本身较为轻微的刑事案件。有学者通过对裁判文书的研究，亦发现了我国认罪协商所表现出的这一特点。[3]尽管认罪认罚从宽制度的适用范围并不仅限于轻微刑事案件，但是实践中适用这一制度的相对复杂的案件屈指可数。究其原因，一是受到传统司法观念、司法办案责任制等原因的约束，司法工作人员往往担忧协商的适用可能会放纵犯罪，因而并不愿意对重大案件进行协商；二是由于轻微刑事案件在实践中占大多数，这些案件若能通过协商达成合意从而得以快速处理，实际上已经基本满足了实践对效率目标的要求，那么探索协商在更多案件中的适用也就并非必要。

---

〔1〕　持类似观点的学者如陈卫东：《认罪认罚从宽制度研究》，载《中国法学》2016 年第 2 期；魏晓娜：《完善认罪认罚从宽制度：中国语境下的关键词展开》，载《法学研究》2016 年第 4 期；王敏远：《认罪认罚从宽制度疑难问题研究》，载《中国法学》2017 年第 1 期。

〔2〕　詹建红：《论诉讼经济原则的司法实现：一种控辩协商合意的制度立场》，载《河北法学》2012 年第 3 期。

〔3〕　参见胡铭：《认罪协商程序：模式、问题与底线》，载《法学》2017 年第 1 期。

由此可见，以效率价值为首要目标来推进协商性司法的改革，往往导致相关实践的协商色彩被极大地冲淡与弱化。这是因为改革追求的是效率价值，协商性司法所承载的其他价值自然难以得到重视。如果协商仅仅被认为是实现效率的手段，那么建构理性的协商程序也就并非改革的目标，而考量被告人的权利保障似乎也成为“顺便得到的添头”。[1]结合当前认罪认罚从宽制度改革的情况，正是基于效率的价值立场，被告人认罪认罚后程序的快捷性在一定程度上被盲目夸大了，其正是改革存在诸多缺憾的重要原因。

### （二）效率应是控辩协商的伴随性价值

结合上文对我国认罪认罚从宽制度与美国辩诉交易制度的分析对比，不难发现，两国控辩协商实践本质上所依赖的都是一种以效率为导向的价值立场。在这种价值立场之下，协商性司法往往被放置于刑事司法的场域中看待，其是否缓解了司法实践中的人案矛盾、是否提高了司法机关的办案效率以及效果达到的程度，是评判相关改革是否成功的标准。比如，当前判断认罪认罚从宽制度改革的成效主要依赖于考察庭审时间、办案数量、非羁押措施及缓刑适用的人数比例、上诉率等量化标准。[2]诚然，运用这些量化的标准似乎是评价制度是否有效的最为直观的方式。然而，这一评判思路可能对制度的长远发

---

〔1〕　参见左卫民等：《简易刑事程序研究》，法律出版社2005年版，第256-257页。

〔2〕　参见刘宝权、王建舟：《沈阳刑案认罪认罚从宽试点成效显著》，载《人民法院报》2017年4月8日，第4版；杜萌：《刑事案件认罪认罚从宽制度试点成效几何——北京朝阳检察院探索刑案认罪认罚从宽制度体系》，载《法制日报》2017年7月1日，第5版；徐盈雁、范跃红：《浙江：扎实推进刑事案件认罪认罚从宽制度试点工作》，载《检察日报》2017年7月8日，第1版。

展造成诸多不良的影响。因为这些量化标准往往是以结果为表征、以效率为导向，然而，当我们只考虑改革在当下的局部效率时，则可能忽视了长远的整体效率；当我们只追求改革之中的部分价值时，则可能妨碍了其他深层价值的实现。

协商性司法效率至上观具有较大局限性。其一，这一价值立场往往习惯于将法律问题市场化分析，通常以量化结果作为评判改革或制度有效与否的唯一标准，却忽略了程序本身的重要性，继而牺牲了程序蕴含或传递的重要价值。在这种评价机理的支配下，为了得到功利性的结果，过程中极有可能出现非常的方式或手段。比如，上文所述美国辩诉交易制度通过牺牲司法监督及公众参与的成本而达到程序高效之结果，这一做法显然有悖于程序正义之精神。其二，这一价值立场因追求效率最大化的惯性使然，无论是案件处理的思维还是程序都会逐渐形成一套固定模式。这种程式化的处理方式忽略了不同案件之间的差异，在一定程度上物化了被追诉人的身份，却并未尊重被追诉人本身作为有血有肉个体的事实，[1]最终可能导致追诉犯罪与保障人权之间的失衡。

我们应当认识到，协商性司法所承载的价值远远不止效率的提升，这也是帮助我们重构我国控辩协商改革的价值立场的关键。跳出刑事诉讼法的场域，这种全新的司法范式实际上是对国家与公民之间关系所做的根本性调整。被追诉人与国家司法机关通过协商达成合意，解决犯罪行为的方案被确立了下来，这就意味着刑事司法程序之

---

〔1〕 See Regina Rauxloh, *Plea Bargaining in National and International Law: A Comparative Study*, Routledge Press, 2012, p.59.

运作不再是由国家主导，被追诉人也不再是服从者，只能默默接受国家对其诉讼命运作出的决定，其能够创造性地参与到定罪和量刑的过程中。有日本法官指出，“司法交易”之引入实质就是“坦率地承认被告人的当事人地位”。[1]从这个角度来看，协商引入刑事诉讼领域有助于进一步推进司法决策的民主化与科学化。

协商性司法在国家权力与公民权利之间建立了一种对话合作机制，即使作为被追诉人，其亦有权对决定何种诉讼结果与国家进行协商与合作。正是这种理性的交互，赋予了公民在诉讼中的主体性地位和相应的自主权利，其不仅改善了公民在传统刑事诉讼中的被动与屈从，更是在一定程度上缓解了国家权力与公民权利之间紧张对抗的关系。这无疑是国家民主政治进步的一个缩影，是现代法治国家发展趋于民主与理性的必然结果。从本质上来说，协商性司法改变了国家与公民之间的关系格局，使其有别于“过去带有明显的上下级思想的烙印”，[2]被追诉人在刑事诉讼进程中的话语比重与诉讼利益继而得以加强。

总而言之，效率应是控辩协商的伴随性价值。协商性司法所带来的司法效率上的提升也理应被看作一种伴随性的考量。如果我们盲目地将效率价值放到其他高位阶价值之前，不仅导致相关改革“在具

---

〔1〕［日］宇川春彦：《司法交易的思考》，载《判例时报》1998 年第 1627 号，第 36 页。转引自［日］田口守一：《刑事诉讼的目的》（增补版），张凌、于秀峰译，中国政法大学出版社 2011 年版，第 10 页。

〔2〕［德］约阿希姆·赫尔曼：《德国刑事诉讼程序中的协商》，王世洲译，载《环球法律评论》2001 年第 4 期。

体运用中丧失刑罚正当化依托的风险”，〔1〕而且更无益于实现协商性司法所蕴含的更为深远的价值内涵。试想，如果协商性司法仅仅为了方便国家权力的运作，而不顾对公民权利的尊重与保障，其与封建社会快速治罪程序又有何区别呢？

### （三）以人权保障重构控辩协商的立场

事实上，美国辩诉交易制度的实践与改革为我国认罪认罚从宽制度提供了深刻的经验教训。这一制度发展至今大有替代普通程序之势，对于这样的发展事态，我们应当保持警惕而并非歌颂。斯卡利亚大法官在 *Lafler* 案的反对意见中也表达了对普通程序被边缘化的扼腕痛惜之情。〔2〕目前，国内并不乏美国辩诉交易制度相关的研究成果，然而，不少研究对辩诉交易所依赖的契约或协商理论采取不加证伪的套用，对辩诉交易在争端解决方面的灵活高效给予了过度的赞美。对理论或实践采取如此“先入为主”的预设和肯定，既忽略了这一制度赖以生存的社会土壤，更没有警觉到这一制度在改革及发展中暴露的风险与危机。通过上文展现了美国辩诉交易制度对效率价值的过分偏爱，作为协商性司法的典型代表，其为我国认罪认罚从宽制度改革敲响了警钟。我们尤其应当注意这种效率至上观的根本性缺憾，以防协商沦为纯粹由国家主导的高效的治罪手段。

我国控辩协商的改革与实践应当基于人权保障立场而展开，即以

〔1〕　宋汶沙：《从程序与实体角度推进认罪认罚从宽制度探索》，载《检察日报》2017 年 7 月 6 日，第 3 版。

〔2〕　Lafler v. Cooper, 132 S.Ct.1376, 1397 (2012) (Scalia, J., dissenting).

保障人权为协商程序建构与实施的优先考量。主张基于人权保障立场来看待控辩协商改革，就是要矫正效率至上的价值立场，防止改革中对效率价值的考量超过了公正价值。具体到当前认罪认罚从宽制度改革，就必须要克服我国片面强调国家权力机关利益需求的改革思路，必须认清这样一场制度改革的落脚点绝不是仅仅为了减轻司法负担，而应将被追诉人的权利保障与制度获益放在首要考量位置。结合当前的实践情况，应当从以下几个方面着手。

1. 构建自愿平等的协商机制

构建自愿平等的协商机制，律师角色不可或缺。只有在律师的帮助下，才能通过其运用法律专业知识来甄别检察官是否掌握了充分的证据来证明被追诉人有罪，或是判断认罪协议是否正当公平；也只有在律师的帮助下，被追诉人才能弥补自身在法规政策及法律知识了解上的不足，防止在信息掌握不对称或者不明智的情况下就仓促认罪。尤其是考虑到我国刑事司法程序具有较为强烈的纠问色彩，以及审讯场所及羁押场所的威慑氛围，在缺少律师有效协助的情况下，有多少被追诉人参与协商及作出认罪的精神状态确为真实自愿，值得反思与警惕。应当明确的是，确保被追诉人获得有效的律师帮助，仅仅依靠律师的努力是远不足够的。更为重要的是，国家必须投入更多的资源尽快地完善法律援助制度。如前文所述，美国辩诉交易改革虽然意识到了增强辩护权的重要性，但并没有对现有法律援助体系的漏洞进行系统性的完善，因而相关改革举措不免显得“头痛医头，脚痛医脚”。当前值班律师制度可以视为我国法律援助制度的一部分，其能够有效弥补法律援助制度的不足与空白。不过，从客观上来看，值班律师制度仍有许多不完善之处，如值班律师权限不明晰、待遇不到位等，实践中，真正发挥实质作用的值班律师少之又少。因此，我们应当对值班律师制度的有益经验予以固定，在有条件的地区则应进一步探索，如值班律师全覆盖、值班律师在场等做法。

2. 建立司法审查与干预机制

我国认罪认罚从宽制度并不像美国辩诉交易制度那样采取罪状认否的做法，这就意味着被告人认罪后，仍不能免除法官对案件的审查判断，尤其是法官应当审查被告人认罪的自愿性与明智性。美国辩诉交易制度的经验教训也充分表明，司法监督的不足往往导致协商正当性的欠缺。因此，确保被追诉人的权利保障就必须确保法官作为外部监督者能够实质有效地介入。由法官对认罪协议进行司法审查，不仅可以“避免检察官以求刑之轻重使被告人认罪而受到不当影响之可能性降到最低”，[1]而且能防止定罪量刑权旁落至检察官手中，使其拥有过大权力与协商筹码并成为实质上的裁判者与量刑者。因此，法官应当着重从以下几个方面来加以审查：其一，审查认罪的意思。关键要审查被告人认罪的真实性与自愿性，具体包括影响被告人认罪协商的因素及其程度、一般的社会观念与逻辑下认罪协商的动机等，防止认罪协商过程中出现强迫、欺骗或其他不当干预。其二，审查协商过程。除了认罪协议之外，应当通过书面与录音录像等方式对整个过程予以记录，以便法官对达成协商的过程进行审查。其三，审查协商内容。法院尤其应当注意协商内容是否有显著不公平的内容，以防出现

〔1〕 黄翰义：《程序正义之理念》（二），台北，元照出版有限公司 2010 年版，第 205 页。

违背法律规范及社会公序良序的内容。此外，还应当充分发挥法官助理的作用，帮助法官在庭前完成案件相关的调查与整理工作，以便法官于开庭过程中更有针对性地开展审查工作。

3. 保障从宽利益的依法兑现

对国家权力机关来说，通过协商性司法能够获得的利益是较为明确的。在协商达成后，被追诉人通过认罪而放弃了获得审判的权利，从而为国家节省了诉讼资源上的支出，也降低了可能出现的诉讼风险。相比之下，被追诉人能够获得的制度利益却受到非议。比如，有论者提到，接受刑罚原本就是实施犯罪的社会成员应当承担的责任，被告人在认罪的基础上进一步愿意接受刑罚是一种履行应有义务的行为，并不能构成进一步降低刑罚的理由。[1]类似这样的观点并没有真正把握协商性司法的本质，其仍然将被追诉人视为刑事诉讼中的客体，将从宽利益看作国家对被追诉人的一种"恩惠"。实际上，被追诉人通过与国家达成协商而获得的从宽利益，并不是国家权力机关施加的恩惠，也不是简单实施刑事政策的结果，其应当是被追诉人自愿选择后的一种结果与反馈。如果协商性司法赋予了被追诉人开口说话与自由选择的权利，却剥夺其通过说话与选择而应当获取的利益，这显然违背了协商所指向的一种民主价值。当然，确保被追诉人能够依法获得从宽利益，除了刑事程序法的规则设计之外，更重要的是应当同步协调完善刑事实体法的规定，以此确保不仅国家能从协商性司法中获益，被追诉人的利益也能够受到尊重与保障，诉讼利益的分配能

---

〔1〕　李政：《关于适用认罪认罚从宽制度的几点思考》，载《人民法院报》2017 年 4 月 19 日，第 6 版。

够越发均匀公平。

4. 重视控辩协商的外部监督

控辩协商的外部监督可以通过两种途径来实现：其一，被害人的参与。被害人以合理适当的方式参与到认罪协商的过程中，不仅有利于及时修复被损害的社会关系，而且不失为一种监督程序的方法。美国辩诉交易制度将被害人基本排除在程序之外的做法不可为我国所取，尤其考虑到我国涉诉信访的特殊问题，若过于强调认罪协商中控辩双方的角色而边缘化被害人，将进一步加大涉诉信访治理的难度。因此，在协商过程中也应当及时听取被害人及其代理人的意见，并将被害人体谅与赔偿等因素作为从宽处理的重要考虑因素。对被告人的处理结果应当及时告知被害人，当被害人对从宽处理结果有异议时，应当以通俗化的语言给予及时的解释。其二，社会公众的参与。在我国司法公信力尚不充足的情况下，认罪协商程序的不透明将使社会公众对这一制度产生“花钱买刑”“权钱交易”的误解。因此，有必要通过法定的程序来吸收公众参与到认罪协商的程序之中。我们建议充分利用我国人民监督员制度，可将人民监督员的监督范围扩展至对认罪协议的审查，发挥其对检察机关的监督职能。这种外部监督不仅能够倒逼检察机关权力运行的规范化，还能减少公众对这项制度的质疑与顾虑，加强公众对这项制度的认同与信赖。

第四章
CHAPTER 04

# 控辩协商的理论基础:“权力—权利交互说”的展开

## 一、问题的提出

自2016年9月全国人大常委会授权最高人民法院、最高人民检察院在部分城市开展认罪认罚从宽制度的试点工作以来,各试点城市对制度适用进行了积极探索。应当说,认罪认罚从宽制度所蕴含的协商性质业已得到理论界与实务界的充分肯定。2018年修正的《刑事诉讼法》正式引入了认罪认罚从宽制度,在试点改革的经验基础上,司法实践继续对具有中国特色的认罪协商机制进行探索。认罪认罚从宽制度适用于犯罪嫌疑人、刑事被告人自愿如实供述自己的罪行,承认指控的犯罪事实,愿意接受处罚的案件。无论是从此前的《关于在部分地区开展刑事案件认罪认罚从宽制度试点工作的办法》还是当前的《刑事诉讼法》的规定来看,其均未对制度限定适用的罪名与刑罚,故包括死刑案件在内的所有刑事案件都应当在认罪认罚从宽制度的适用范围之中。正像自首、坦白一样,没有特别的范围限制。[1]由此可见,控辩双方展开协商的空间与可能变大,认罪协商机制的重要性也得到了进一步的凸显。正如张建伟教授指出,无论有意引入还是无意引入辩诉交易制度,认罪认罚从宽处理的做法都会迈向中国式的辩诉交易。[2]

从实践情况来看,当前认罪认罚从宽制度的适用率有所上升,也覆盖至判处死缓的重大刑事案件。[3]然而,各地对重罪案件[4]适用认罪认罚从宽制度仍采取保守的态度,重罪案件适用该制度的比例较低。从全国的数据来看,截至 2017 年年底,全国试点地区适用认罪认罚从宽制度审结刑事案件 91,121 件,共计 103,496 人,其中适用速裁程序审结的占 68.5%,适用简易程序审结的占 24.9%,适用普通程序审结的占 6.6%。[5]各试点地区的数据也反映了重罪案件适用认罪认罚从宽制度的不足。如武汉,截至 2018 年 2 月底,武汉市各基层人民法院共审结认罪认罚从宽案件 8723 件,其中,适用速裁程序

〔1〕　参见最高人民法院刑一庭课题组:《刑事诉讼中认罪认罚从宽制度的适用》,载《人民司法(应用)》2018 年第 34 期。

〔2〕　参见张建伟:《认罪认罚从宽处理:中国式辩诉交易?》,载《探索与争鸣》2017 年第 1 期。

〔3〕　例如,2017 年 1 月 20 日,上海市第二中级人民法院公开宣判一起故意杀人案,依法对被告人丁某以故意杀人罪判处死刑,缓期 2 年执行,剥夺政治权利终身。在案件办理过程中,丁某对指控的犯罪事实没有异议,同意人民检察院量刑建议并签署具结书。鉴于此,法官运用认罪认罚从宽处罚制度审判,简化审理流程,对丁某从宽处罚。这是上海市第二中级人民法院首次运用认罪认罚从宽制度审判重大刑事案件。

〔4〕　尽管我国立法并没有重罪与轻罪的明确界定,但司法实践一般将重罪案件界定为法定刑 3 年以上有期徒刑的案件,其他犯罪案件则为轻罪案件。这一划分标准在我国《刑法》与《刑事诉讼法》的相关立法中均有体现。例如,我国《刑法》分则确定犯罪的刑罚幅度时,绝大多数情况均以 3 年以下有期徒刑作为最低一级的刑罚幅度的分界线;再如,我国《刑事诉讼法》对适用简易程序审理案件的审判组织,亦以 3 年有期徒刑作为独任制与合议庭审理的划分标准。

〔5〕　参见《最高人民法院、最高人民检察院关于在部分地区开展刑事案件认罪认罚从宽制度试点工作情况的中期报告》。

审理的有 7357 件，适用简易程序审理的有 1048 件，适用普通程序审理的仅有 318 件；[1]再如上海，截至 2018 年 7 月底，上海市各基层人民法院共审结认罪认罚从宽案件 15，310 件，其中，适用速裁程序审理的有 8199 件，适用简易程序审理的有 6685 件，适用普通程序审理的仅有 426 件。[2]

不难看出，轻罪案件占据当前认罪认罚从宽案件的绝大多数，而重罪案件适用认罪认罚从宽制度的情况则不理想，这也直接影响了我国重罪协商的进一步发展。当前制约我国重罪协商适用及其发展的原因，与认罪认罚从宽制度自身的偏差有密不可分的关系。一言蔽之，认罪认罚从宽制度自身未能充分凸显协商之本质特征，故对重罪协商之展开设置了制度性障碍。而这一问题的根源则在于，控辩协商的正当性基础长期未能予以厘清，即为何协商达成后应给予被告人处遇优惠。尽管当前关于控辩协商的研究成果数量不少，尤其是在认罪认罚从宽制度试点与立法的驱动之下，近年来更是不断涌现丰硕的研究成果，但是，有关控辩协商的基础性问题长期未能得到应有的重视。从某种程度上来说，正是由于控辩协商的正当性基础未能予以厘清，即为何协商达成后应给予被告人处遇优惠，诸多争议性问题在实践中陆续暴露，反映了理论铺垫方面的不足。由此，反思与检讨我国控辩协商的理论缺憾有重要的理论价值与实践意义。

---

〔1〕　参见田豆豆、王田甜：《武汉中院试行重大刑事案件认罪认罚从宽》，载《人民日报》2018 年 4 月 18 日，第 18 版。

〔2〕　数据为 2017 年 1 月 1 日至 2018 年 7 月 31 日上海市试点基层人民法院适用认罪认罚从宽制度的情况。

鉴于此,论证控辩协商的理论基础,解释被告人获得协商利益的正当性,不仅是破解当前重罪协商适用状况不佳的关键所在,也是完善认罪认罚从宽制度的必要前提。在梳理与反思现有理论学说的基础上,本书提出“权力—权利交互说”来重构控辩协商的立论依据,证成被追诉人获得协商利益的正当性。“权力—权利交互说”是指,在被告人主体地位获得国家尊重与认可的前提下,被告人与国家通过一系列交互行为达成合意,国家基于这一交互关系的理性而兑现被告人所应获得的利益,换句话说,之所以协商达成后应当给予被告人处遇优惠,是国家对这一理性的交互行为负有结果利益上的兑现义务。这一理论学说的提出,以期为控辩协商的本土构建与完善扫除理论层面的障碍,深化对控辩协商以及认罪认罚从宽制度的理论认识,实现对中国特色刑事诉讼制度改革的整体理解和动态把握。

## 二、控辩协商的制度性障碍

2018 年修正的《刑事诉讼法》正式确立了认罪认罚从宽制度,具有中国特色的控辩协商机制也在法律上得以确立,标志着这一制度进入全面实施的新阶段。回顾试点改革伊始至今的进程,由于认罪认罚从宽制度在目标及构造等方面的偏差,导致其自身未能充分凸显协商之本质特征,对控辩协商的实践设置了制度性障碍,并大大制约了重罪协商的适用及其发展。

### （一）效率价值作为首要目标，导致控辩协商形式化

党的十八届四中全会决定明确将“推进以审判为中心的诉讼制度”与“完善刑事诉讼中认罪认罚从宽制度”作为两项诉讼领域的重要改革部署。从中央精神来看，认罪认罚从宽制度的提出始终置于实现司法公正的语境之下；[1]但在试点改革的过程中，其被更多地寄予实现效率价值的期望，与效率有关的制度资源供给受到格外关注。无论是中央的规范性文件还是试点地方的实施细则，均重点明确了认罪认罚从宽制度在诉讼流程简化、办案效率提高等方面的目标追求，而是否化解人案矛盾、优化司法资源配置也成为衡量认罪认罚从宽制度改革成效的主要依据。认罪认罚从宽制度入法以后，效率价值作为首要目标在司法实践中仍然体现得相当明显。[2]

可以说，认罪认罚从宽制度自试点改革之初即被认为是“实现程序效率化的核心机制”。[3]当然，日益沉重的办案负担加剧了司法实践对效率的渴求，故寄望于认罪认罚从宽制度来推进刑事案件的繁简分流，对达成认罪认罚的案件予以快捷处理，确有重要的现实意义。然而，遗憾的是，认罪认罚从宽制度本质是一项蕴含协商精神的改革举措，若将效率价值作为制度的首要追求，盲目夸大被告人认罪认罚后程序的快捷性，往往极大地冲淡与弱化其本应体现的协

---

〔1〕　参见孟建柱：《完善司法管理体制和司法权力运行机制》，载《人民日报》2014 年 11 月 6 日，第 7 版。

〔2〕　参见蔡俊杰、岑瑾：《适用认罪认罚速裁程序办案省时高效》，载《检察日报》2018 年 12 月 21 日，第 2 版；何赟、欧灵军、刘玉芹：《认罪认罚，7 天完成审查起诉》，载《检察日报》2019 年 1 月 20 日，第 2 版等。

〔3〕　左卫民：《认罪认罚何以从宽：误区与正解——反思效率优先的改革主张》，载《法学研究》2017 年第 3 期。

商色彩。这是因为制度优先追求的是效率价值，那么协商性司法所承载的其他价值，如司法民主、司法宽容等，则往往无法受到应有的重视。

正是由于效率是认罪认罚从宽制度改革的首要追求，协商实践的协商性特征并不明显，协商所指向的案件范围十分有限，实践中控辩双方开展协商的程度也相当有限。从我们调研所掌握的情况来看，认罪认罚从宽中的控辩协商实践，呈现了较为严重的形式化倾向。例如，控辩协商的交互性不足，辩方参与程度有待提高；再如，控辩协商的积极性不足，双方参与意愿有待加强。甚至于像有的学者所说的那样，当下所谓的控辩协商，并不是控辩双方通过一系列博弈、妥协而达成从宽适用刑罚的结果。〔1〕

除此之外，盲目追求改革的效率效应，简单地将协商的灵活快捷与办案效率的提高进行因果联系，这种思路本身就有待商榷。不少司法工作者即认为司法效率的提高就是办案时间的缩短或办案数量的增加，从而导致实践中单纯追求结案率的情况屡见不鲜。从表面上来看，法院审理期限的缩短似乎实现了诉讼效率的提高，多数报道也往往将审理周期的缩短等同于实现了人案矛盾的缓解。〔2〕然而，过分夸大时间缩短的效果，实际上恰恰不利于法官履行审查被告人认罪自愿性、真实性的谨慎义务，并可能造成"快中出错"的消极后果。

---

〔1〕　参见左卫民：《认罪认罚何以从宽：误区与正解——反思效率优先的改革主张》，载《法学研究》2017年第3期。

〔2〕　参见祁雷、席林林、王瑞：《认罪认罚从宽助力简案快办，三项规程试点推动繁案精审》，载《南方日报》2017年8月22日，第GC03版；余建华：《杭州富阳认罪认罚从宽试点见成效》，载《人民法院报》2017年5月8日，第4版；刘宝权：《沈阳刑案认罪认罚从宽试点成效显著》，载《人民法院报》2017年4月8日，第4版。

如果协商仅仅被当作提高诉讼效率的手段，那么建构理性的协商程序也就并非制度改革的目标；如果协商仅仅被当作实现繁简分流的手段，其结果往往是限缩协商在实践中的适用空间。[1]正因如此，尽管认罪认罚从宽制度的适用范围并不仅限于轻罪案件，但如上文数据所示，司法实践中适用这一制度的重罪案件仅占少数。当前，协商往往仅限于事实相对清楚、争议相对较小或者犯罪本身较为轻微的刑事案件。究其原因，由于轻罪案件在实践中占大多数，这些案件若能通过协商达成合意并签署具结书而得以快速处理，实际上已经基本满足了司法实践对效率价值的追求，那么探索协商在重罪案件中的适用也就并非必要。

### （二）社会治理作为根本导向，限制控辩协商的空间

认罪认罚从宽制度作为上一轮司法体制改革的重要举措之一，其意义并不单单是一项刑事司法领域的程序改革。习近平总书记曾于中央政法工作会议中强调："司法体制改革是政治体制改革的重要组成部分，对推进国家治理体系和治理能力现代化具有十分重要的意义。"[2]基于我国推进国家治理体系和治理能力现代化的时代背景，认罪认罚从宽制度作为司法体制改革的一项具体举措，亦属于政治体制改革的重要内容，其从目标和方向上服从于政治体制改革，从效果和影响上则服务于政治体制改革。因此，认罪认罚从宽制度不仅是刑事

---

〔1〕 参见吴思远：《论协商性司法的价值立场》，载《当代法学》2018年第2期。

〔2〕《坚持严格执法公正司法深化改革 促进社会公平正义 保障人民安居乐业》，载《人民日报》2014年1月9日，第1版。

诉讼领域的一项重要改革,更是承担了犯罪治理甚至是社会治理的功能。[1]

为了实现这一价值功能,认罪认罚从宽制度必然需要跳出自身司法的高度,站在党和国家事业全局的高度,认罪认罚从宽制度的根本导向是发挥对社会的治理功能,促进国家治理体系和治理能力现代化。随着中国社会进入转型时期,社会关系更为复杂,社会矛盾更为多发,社会治理的难度不断加大,社会治理的手段也亟待转型完善。在此背景之下,刑事司法对社会的治理功能获得了推崇,这在刑事实体法领域已有体现。例如,有学者指出,刑法的实用效果(法益保护)已经不再是立法者首要考虑的因素,是否具有安抚性的政治目的开始成为立法者所要考虑的问题。[2]由此可见,刑法在减少政治国家与公民社会的摩擦冲突方面所可能起到的作用,已经引起了治理者的相当重视。同理,认罪认罚从宽制度作为一项具体的刑事诉讼程序,其在满足社会治理需求方面亦有相当可行性。从理论上来看,认罪协商是通过民主的司法手段来寻求更能为刑事诉讼各方所接受的结果,其具备降低社会风险、修复社会关系、缓解社会矛盾的积极功能,不失为治理者实现社会治理目标的理想方案。

司法机关在与被告人进行协商的过程中,可以同时解决被害人的补偿与安置问题,这在很大程度上能够从源头解决我国涉诉信访的特殊难题。这对法院来说显得尤为重要,即在一定程度上能够化解法院

〔1〕 参见张军:《认罪认罚从宽:刑事司法与犯罪治理“中国方案”》,载《人民论坛》2020年第30期。

〔2〕 参见魏昌东:《新刑法工具主义批判与矫正》,载《法学》2016年第2期。

身处“党政部门交办、访民上访、信访考核等压力机制和社会稳定的绩效要求之下”[1]的困境。然而，从当下我国的司法现状来看，广泛地推行重罪协商可能反而与社会公众的安全感有所背离，继而与社会维稳的要求相抵牾，尤其是暴力型犯罪、涉众型经济犯罪等重罪案件，允许协商可能会引发较为负面的的社会舆论，就司法机关而言无疑过于轻率与冒险。因此，基于认罪认罚从宽制度的根本导向，司法机关往往有选择地予以协商以发挥制度的优势，有意识地控制重罪协商的适用以避免风险之产生，因而也就自然限制了控辩协商的实践空间以及重罪协商的生存发展。

（三）司法工作者动力之不足，抑制控辩协商的发展

《刑事诉讼法》修正后，对签署认罪认罚具结书的程序与要求予以明确。然而，遗憾的是，控辩协商机制的独立性仍然没有得到充分落实，使得认罪认罚从宽制度与既有诉讼程序之间的区分仍然不甚明显，故在制度构造上不免显得“叠床架屋”。究其原因，认罪认罚从宽制度并未充分考察司法工作者的实际需求，并未真正调动其适用这一制度的积极性。诚如季卫东教授所言，“程序不致流于形式而能行之有效的关键在于调动程序利用者的积极性”。[2]倘若这一制度与我国检察官、法官乃至律师的利益追求有所冲突，那么必然抑制制度的良性发展。毕竟司法工作者也绝非“不食人间烟火的圣人”，其同样也

---

〔1〕　彭小龙：《涉诉信访治理的正当性与法治化——1978-2015年实践探索的分析》，载《法学研究》2016年第5期。

〔2〕　季卫东：《法律程序的意义——对中国法制建设的另一种思考》，中国法制出版社2004年版，第139页。

是追求自身利益最大化的理性经济人。[1]

1. 尴尬的检察官

对检察官来说，如果当时间与资源已经花费在调查上且案件证据已经达到了确实充分的程度时，则并无与被告人进行协商的必要，检察官也就失去了与辩方协商的动力，否则反而增添了其工作负担；并且简易程序与速裁程序已经能够达到相同的效果，控辩协商有时便显得可有可无。在确有必要展开协商的案件中，可能花费在与辩方进行协商的时间与精力就更多一些，导致其对适用制度产生犹豫。重罪案件即属于第二种情况。但是，检察官进行重罪协商时面临更大的责任风险。除了当前司法责任终身制的威慑之外，还包括了检察体系中所可能加诸的负面评价。因此，即使在重罪案件中运用协商可能获得较大的制度收益，但对具有天然控诉倾向的检察官来说，往往还会受到职权主义思维的影响，或是认为与辩方"讨价还价"有违自身职业的定位，或是担心遭受"出卖正义"批评的考量。这些也在很大程度上抵销了检察官内心对控辩协商的利益选项，因而消解了其主动选择协商、积极推进协商的动力。

2. 迷茫迟疑的法官

与检察官一样，法官推进控辩协商的动力也不充足，往往在面对重罪案件时更感迷茫与迟疑。不少法官办理认罪认罚案件时，通常已经需要在庭外付出额外的时间与精力来确保案件的准确性，而制度本身也并未带来程序简化方面的突破。比如，目前认罪认罚案件在判决

〔1〕　参见刘风景：《权力本位——司法解释权运行状况之分析》，载《中国青年政治学院学报》2005 年第 1 期。

书制作上并未得以真正简化，法官在这方面的工作投入并未减轻，加之裁判文书上网的要求，使得法官对待裁判文书的制作并不因程序适用之简化而简化；又如，如果法官需要判处被告人缓刑，可能需要在决定判处缓刑时重新制作社会调查评估报告，这反而增加了其工作的负担。在重罪案件中，合议庭还需要对量刑建议进行技术性分析，尤其是考量财产刑和退赔补偿义务如何有效履行的问题，继而使其在推进重罪协商方面也陷入了较为消极被动的境地。

在法官推进控辩协商的动力本就不充足的情况下，过分夸大认罪认罚从宽制度在庭审时间缩短方面的效果，也在无形中增加了法官的办案压力。大多数法官反映，在案件总数不变的情况下，尽管审理程序相对精短，但结案期限的要求也显著缩短，法官实际需要投入的精力并不亚于从前。这是因为法官需要在更短时间内完成一系列审判工作，加之法院内部办案期限的要求以及司法责任制的威慑，实际上让法官办案的压力有增无减。在调研中，不少法官提到，办理认罪认罚案件通常会花费更多的庭前准备时间；还有不少法官认为，正是担心庭审时间过短难以准确审查被告人认罪的自愿性与真实性，尤其是为了预防“顶包”等问题的产生，其只能花费更多庭外的时间来研究卷宗。有研究者在调研中也发现了这一问题，正如其所言，相当一部分法官的工作时间实际成为了调查评估的“黑数”。[1]在这种情况下，法官能否认真履行审查职责很大程度上则需要依靠内心的自觉，这也会严重动摇控辩协商的正当性与公正性。

---

〔1〕　参见赵恒：《刑事速裁程序试点实证研究》，载《中国刑事法杂志》2016年第2期。

3. 边缘化的律师

从律师的视角来看，我国认罪认罚从宽制度改革似乎也并没有得到律师群体的全力支持，不少律师对此项改革保持观望的态度。在美国，辩诉交易制度是比较受律师群体欢迎的一种案件处理方式，因为其往往能够在付出相对少的时间精力的情况下获得同样的报酬，亦减少了败诉对个人形象所带来的损害。甚至于说，就辩护律师而言，与检察官在程序中进行"交易"会"显得很敬业"，因为这往往能让他们的委托人实实在在地看到他们所做的工作。[1]我国台湾地区学者也认为，辩护律师与检察官进行协商，反而为辩护律师提供更多"仪式性"表演的机会，从而能让辩护律师获得更多来自客户的肯定。[2]然而，由于我国当前控辩协商仅限于量刑的协商，而不包括罪名与罪数，故协商空间较小，往往让辩护律师陷入了无筹码可谈的被动局面。因此，如域外辩护律师那样在被告人面前进行的为其利益而与检察官协商的"谈判"场面，在我国司法实践中几乎不可能存在。同时，即使被告人选择不适用认罪认罚从宽制度，但其坦白、自首等表现亦可成为法院从轻处罚的酌定情节。在这种情况下，辩护律师的首选自然并非建议被告人认罪，反而是通过庭审完成其充满其仪式感的"表演"。从某种程度上来说，无论判决结果如何，辩护律师在庭审中的卖力"表演"也许反而更能获得被告人及其家属的肯定与青睐。这种情况在重罪案件中则更为常见。

---

〔1〕 参见［美］马尔科姆·M. 菲利：《程序即是惩罚——基层刑事法院的案件处理》，魏晓娜译，中国政法大学出版社2014年版，第181页。

〔2〕 参见王皇玉：《刑罚与社会规训——台湾刑事制裁新旧思维的冲突与转变》，台北，元照出版有限公司2009年版，第115页。

当然，律师在当前控辩协商实践中处于边缘化的原因，也与认罪认罚从宽制度将效率作为首要追求不无关系。律师是法治国家建设中不可或缺的一支推进力量，也是平衡国家权力和当事人权利的一个重要杠杆。[1]在我国律师参与刑事诉讼还不甚理想的情况下，[2]值班律师制度被认为是弥补我国辩护制度不足的重要举措，尤其是其所凸显的"广泛性、及时性、便利性"的特点，在兼顾诉讼公正与效率的同时让有效辩护成为可能。[3]然而，从值班律师的实际情况来看，其能够发挥的实质性作用仍然相对有限。由于值班律师仅适用于审查起诉与审判阶段，并在阅卷、会见方面存在一定的现实困难，往往导致值班律师无法掌握案件的全部事实与证据，从而其提出的建议缺乏针对性、有效性，难以确保被告人选择认罪认罚的真实性与明智性。加之，值班律师并不承担出庭辩护的职责，其只能从形式上提供法律援助。因此，从根本上来说，当前值班律师的身份并非辩护人，其所拥有的辩护职能并不健全，角色定位仍然是法律帮助者，这便让其陷入了相对被动的境地。实践中的协商也往往演变为了"用脚投票"式的协商，控辩双方的互动程度及效果可以说都是相当有限的。尤其是当前"值班律师见证人化"的倾向，使得值班律师的角色被进一步边缘化。一些值班律师在调研中坦言，由于看守所咨询的被告人人数较多，其通常需要"一对多"地进行流水线式的服务，那么平均在每个

---

〔1〕　参见马长山:《新一轮司法改革的可能与限度》，载《政法论坛》2015 年第 5 期。

〔2〕　根据学者的调查研究，我国当前刑事辩护率平均在 20% 左右，与 2012 年《刑事诉讼法》修正前并未有太大变化。有些地区的刑事辩护率甚至不足 10%。参见顾永忠、肖沛权:《完善"认罪认罚从宽制度"的亲历观察与思考、建议——基于福清市等地刑事速裁程序中认罪认罚从宽制度的调研》，载《法治研究》2017 年第 1 期。

〔3〕　参见闵春雷:《认罪认罚案件中的有效辩护》，载《当代法学》2017 年第 4 期。

案件上花的时间就不多了。在这种情况下,值班律师能否切实保障被追诉人的诉讼权利难免令人担忧。

## 三、控辩协商的正当性困境

认罪认罚从宽制度改革的创新与灵魂本应在于协商。正如学者所言,认罪认罚从宽制度就是通过控辩协商实现“利益兼得”和“互惠互赢”的被告人认罪案件的诉讼程序。[1]因此,认罪认罚从宽制度改革的核心就在于构建具有中国特色的控辩协商机制。应当借助程序这个形式性操作杠杆把利益的讨价还价以及特殊的价值取向都转化为合乎正义的、以法律语言表达的权利诉求,进而通过程序的过滤装置取得关于公共选择的实质性共识。[2]然而,当前协商作为制度的本质特征被有意无意地淡化了。追根溯源,控辩协商的正当性基础长期未能予以厘清,即为何协商达成后应给予被告人处遇优惠。对控辩协商之正当性基础,理论界未能有定论,实务界则多以回避。正是由于理论基础的模糊不清,导致了制度构建与司法实践的偏差,也成为当前控辩协商流于形式、重罪协商陷入困境的根本原因所在。

### (一)理论主张及其不足

目前已有的研究成果论证被告人通过协商获得处遇优惠的依据

〔1〕 参见陈瑞华:《“认罪认罚从宽”改革的理论反思——基于刑事速裁程序运行经验的考察》,载《当代法学》2016年第4期。

〔2〕 参见季卫东:《法律程序的意义》(增订版),中国法制出版社2012年版,第218页。

时，大多以司法资源的节约、人身危险性的降低等为依据来证成其正当性。甚至还有不少研究者的论证存在本末倒置之嫌，即简单地将控辩协商的现实意义来作为论据，解释为何应当给予被告人从宽。应当说，这些主张并未从法理上对认罪协商与被告人处遇优惠之间的逻辑关系作出充分的解释，说服力不足，并不能构成被告人处遇优惠的正当性基础。归纳来看，当前主要的理论主张包括以下三种。

1. 司法资源节约说

目前，我国理论界和实务界倾向于认为，被告人通过认罪认罚有助于节约司法成本、提升刑事司法效率，进而能够实现司法资源的优化配置。正因被告人为国家节约了司法资源，国家就必须相应地给予量刑上的优惠。[1]从表面上来看，这种主张似乎是合理的，因为其确实在一定程度上体现了被告人与国家权力机关达成认罪协商后的互惠互利。然而，这种主张并没有突出协商的本质，因为对未经协商但自愿认罪的被告人来说，国家同样需要给予政策上的优惠与关照，那么协商的特殊性又体现于何处呢？

2. 人身危险性降低说

有学者提出，被告人选择认罪认罚即意味着其人身危险性大幅降低，其再犯罪的可能性与改造的难度都随之减小，因而为其回归社会提供了前提性条件，获得减轻处罚的优惠也是应有之义。[2]这一观点不再是基于协商的效果来简单倒推协商利益的正当性，但其不足之

---

〔1〕　参见陈卫东：《认罪认罚从宽制度研究》，载《中国法学》2016 年第 2 期；魏晓娜：《完善认罪认罚从宽制度：中国语境下的关键词展开》，载《法学研究》2016 年第 4 期；朱孝清：《认罪认罚从宽制度的几个问题》，载《法治研究》2016 年第 5 期；等等。

〔2〕　参见熊秋红：《认罪认罚从宽的理论审视与制度完善》，载《法学》2016 年第 10 期。

处在于，如果国家给予被告人处遇优惠是根据其人身危险性来决定，那么就相当于将是否给予处遇优惠的权力与标准放在了国家权力机关的手中。在这种情况下，被告人在协商中将处于相对被动的境地，能否获得处遇优惠、获得多少处遇优惠则完全取决于国家权力机关。这恰恰与认罪协商所倡导的"合意""合作"等核心要素是有所背离的。〔1〕

3. 权利放弃对价说

这种观点的提出者认为，国家同被追诉人进行有效沟通，在获得被追诉人合法、自愿地放弃部分诉讼权利的承诺之后，国家可以采取省略乃至简化诉讼环节的方式，从而少受或者免受复杂且高成本烦琐程序带来的部分压力，国家据此对被追诉人从宽处罚，被追诉人还可因此减少诉累，取得彼此互赢的结果。〔2〕这种观点实际借鉴了契约对价的原理，建立了国家刑罚权与被追诉人诉讼权利之间的逻辑关联。不过，其最大的缺陷在于忽略了我国控辩协商的特殊性，因为从根本上来说，我国控辩协商并不是基于契约原理而构建起来的，故难以完全依赖于当事人主义理论而展开探讨。〔3〕因此，这一观点也并不能彻底厘清被告人通过协商获得处遇优惠的正当性。

---

〔1〕　正如有学者提出，协商式刑事司法应不同程度地给当事人之间的"协商"或"合意"留有一定的空间，其不同于对应的强加型刑事司法，即由国家专门机关单方面地施加追究犯罪的过程。参见胡铭：《认罪协商程序：模式、问题与底线》，载《法学》2017 年第 1 期。

〔2〕　参见赵恒：《论从宽的正当性基础》，载《政治与法律》2017 年第 11 期。

〔3〕　有学者曾基于职权主义与当事人主义认罪协商模式之差异，对"权利放弃对价说"展开过批判，本书不再赘述。参见卞建林、谢澍：《职权主义诉讼模式中的认罪认罚从宽——以中德刑事司法理论与实践为线索》，载《比较法研究》2018 年第 3 期。

### (二)官方立场及其缺憾

尽管我国官方未曾对被告人认罪认罚后给予从宽作出权威性阐释,但如果结合前述认罪认罚从宽制度的根本导向,则不难勾勒出官方对此问题的立场与思路。具体来看,被告人真诚认罪认罚,刑罚之预防的需要随之降低,社会治理的风险与难度也相应降低,继而基于办案的法律效果和社会效果给予被告人从宽处罚也就具备了正当性。[1]换句话说,认罪认罚从宽制度基于社会治理及其可能的妥洽性,为官方推进这项改革举措找到了正当性依据。然而,在此官方立场之下,控辩协商的社会价值极易凌驾于其法理价值之上,使其在阐释被告人获得协商利益正当性上存在天然缺憾,尤其是难为重罪协商提供有力的支撑。

其一,官方立场以社会的需求及利益来证成制度的正当性,注重的是社会对制度的适应性反馈,继而模糊了协商作为制度的本质。不难看出,官方立场强调的是社会对制度的正面反馈,推崇的是制度在缓解社会矛盾、减少社会对抗、降低政治危机与风险等方面所可能的作为。故认罪认罚从宽制度始终都被置于整个社会场域之中进行考察与评判,其社会治理的价值被极大地凸显了,而制度的法理价值被相应淡化了。由此产生的消极后果就在于,如果控辩协商的正当性源于社会治理的妥洽与否,那么协商的走向将可能陷入政治与法律、社

---

〔1〕　实际上,这一立场在认罪认罚从宽制度的相关改革方案和试点文件中均有不同程度的体现。例如,《关于在部分地区开展刑事案件认罪认罚从宽制度试点工作的办法》第 4 条规定,应充分考虑犯罪的社会危害性和犯罪嫌疑人、被告人的人身危险性,结合认罪认罚的具体情况,确定是否从宽以及从宽幅度,做到该宽则宽,当严则严,宽严相济,确保办案法律效果和社会效果。

会与法律、道德与法律的矛盾选择之中。试想,当制度实施的社会效果与法律效果产生冲突时,社会的需求性往往战胜对自身法理性的追求,那么协商也就难以为自身的立足找到充分的理由。

其二,官方立场对公众评判的倚重,无形中划分了轻罪协商与重罪协商,成为推进重罪协商的现实困难之一。重罪案件无论是被告人的人身危险性或办案风险都要比轻罪案件来得更大,故其治理难度显然也高于轻罪案件。以社会治理的妥洽性作为控辩协商的正当性来源,一旦重罪协商与社会和谐稳定的治理目标有所背离,其也就自然失去了存在的正当性。尤其是当前我国社会对公正的评价体系仍然是一个崇尚有错必纠、带有强烈的道德谴责色彩的机制,重罪协商是否会“忤逆”社会公众所惯有的公正判断,司法机关出于对民意的考量必然有所担忧,故也成为其推进重罪协商的障碍。然而,正如学者所言,“虽然民意可能代表了真实意愿,但其并不具有全面性,也正是因为如此,如果顺从了所谓的民意,法律的内涵就会被扭曲”。[1]官方立场可能造成的这一缺憾值得我们关注与反思。

其三,官方立场以社会治理的妥洽性来论证控辩协商之正当性,客观上也将进一步鼓励国家通过刑事立法来实现社会治理的高效性,从而可能导致控辩协商为刑事实体法的盲目扩张提供程序上的背书。这是因为,当治理者将刑事实体法的社会治理功效置于考量的首位时,刑罚圈的扩张似乎也成为一种必然。与此同时,刑事程序法的使用需求与强度必然也将因此增大,因为只有这样,才能帮助

---

〔1〕　孙万怀:《论民意在刑事司法中的解构》,载《中外法学》2011 年第 1 期。

刑事实体法维持自身足够的“产出大量刑罚的能力”。[1]为了确保刑事程序法的制度强度能够与刑事实体法的定罪需求相适应，过于精密与烦琐的普通程序绝非首选，而控辩协商作为一种替代性手段则成为较为理想的方案。一旦控辩协商在程序运作上的快捷性以及社会治理上的便利性被不当使用，超越了必要的限度，则极易沦为廉价的治罪工具。这不仅违背了控辩协商的法理价值，还将反向地削弱刑法的谦抑性，促使刑事定罪变得更为容易。最终的副作用在于，无形中提高刑罚作为一种社会治理手段的内在吸引力导致刑事实体法更加受到治理者的青睐，从而进一步扩张国家的刑罚圈，在加剧社会泛刑罚化问题的同时，亦将加重国家与民众对刑罚适用效果的迷信。

## 四、“权力—权利交互说”的提出与论证

鉴于当前理论主张与官方立场在论证控辩协商正当性上存在的不足与缺憾，下文将提出“权力—权利交互说”来重构控辩协商的理论依据，证成被告人获得协商利益的正当性。所谓“权力—权利交互说”是指，在被告人主体地位获得国家尊重与认可的前提下，被告人与国家通过一系列交互行为达成合意，国家基于这一交互关系的理性而兑现被告人所应获得的利益。换句话说，之所以协商达成后应当给

---

〔1〕 See Richard L. Lipple, *The Ethics of Plea Bargaining*, Oxford University Press, 2011, p.136-138.

予被告人处遇优惠，是国家对这一理性的交互行为负有结果利益上的兑现义务。

### （一）"权力—权利交互说"的基本向度

"权力—权利交互说"首先离不开对控辩协商本质的反思。说协商是一种合作的活动，除了因其具有互动性之外，更是从它是一种共同事业的意义上说的。[1]刑事诉讼中协商的这一共同事业，意味着国家与被追诉人共同追求权力与权利之间进退互补关系的根本性调整。故"权力—权利交互说"的基本向度就在于，其围绕国家权力与公民权利于刑事诉讼场域中的关系调整，指引双方理性的交互行为及其结果利益的兑现。协商有助于改变利益，并揭示先前未曾意识到的一致领域。[2]控辩协商的深层价值恰恰蕴含于此。在权力与权利相互充斥的刑事诉讼场域，借助协商让两者的关系转对立为合作，不仅意味着国家权力的行使得到了现实的好处，更重要的是从本质上加强公民权利在刑事诉讼中的比重，使得权力与权利能够趋于平衡与对等。基于这一本质初衷，控辩协商绝不仅是实现国家权力机关利益需求的手段，更不是由国家主导的便于治理抑或治罪的工具；而是改变公民在刑事诉讼中地位的媒介体制，使其人格尊严与正当权利能够获得真正的尊重与保障，继而改变国家权力单一支配的局面。

公法领域的特征是命令与服从，继而国家权力与公民权利呈现单

---

〔1〕　参见［美］詹姆斯·费什金、［英］彼得·拉斯莱特主编：《协商民主论争》，张晓敏译，中央编译出版社2009年版，第129页。

〔2〕　参见［美］塞拉·本哈比主编：《民主与差异：挑战政治的边界》，黄相怀、严海兵等译，中央编译出版社2009年版，第51页。

向性的关系。刑事诉讼作为典型的公法领域，权力与权利的单向性关系具体表现为，刑事司法向来崇尚国家权威与主宰，国家权力对程序进程享有主导；被追诉人的地位甚微，甚至一度被视为刑事诉讼的客体。此外，由于权力与权利之间呈现单向性的关系，其天然地排斥选择、商谈等交互行为，故导致了国家与被追诉人处于紧张与对立的状态。协商引入刑事诉讼场域后，最大的改变就在于权力与权利之间的关系由单向性向交互性转变。正如学者所言，协商型司法本身就是对传统诉讼模式的突破，即不再禁止讨论、让步或者妥协，赋予了个人讨论解决方案的权利。[1]无论是商谈、合作抑或让步、妥协，这些交互行为都首先源于对被追诉人主体地位的承认。以哈贝马斯为代表的协商民主论者即提出，权利是一种“关联性的表达”，也是一种“社会的合作”，其源于社会成员的交往互动与相互承认。[2]协商即合作的一种形式，在刑事诉讼领域，这种合作的前提是国家对被追诉人主体地位与角色的认可。因此，控辩协商重新定义了刑事诉讼中被追诉人的角色，改善了其在单向性关系中的被动状态。

国家对被告人主体地位的尊重与认可，也成就了对权力与权利之间交互性关系的认可。由此，国家与被追诉人之间不再是命令与服从的关系，国家权力在刑事诉讼的推进过程中不再享有垄断性地位，公民权利所指向的比重有所提高。即使作为被追诉人，其亦有权与国家进行商谈及合作，并根据自身利益作出影响诉讼进程的选择。与此同

---

〔1〕　参见魏晓娜：《背叛程序正义：协商性刑事司法研究》，法律出版社 2014 年版，第 14-15 页。

〔2〕　参见［德］哈贝马斯：《在事实与规范之间——关于法律和民主法治国的商谈理论》，童世骏译，生活·读书·新知三联书店 2003 年版，第 110-111 页。

时,国家与公民之间的对抗通过理性的交互行为转化为了合作,也在一定程度上缓解了国家权力与公民权利之间紧张而对立的关系,并从根本上改变了国家权力单一支配的局面。

基于国家权力与公民权利的理性交互,最终的权力决策必须考量权利主体的正当利益,并对这一理性的交互行为负有结果利益上的兑现义务。国家不能把控辩协商仅仅作为实现自身利益的工具,必须从结果上对理性的交互行为加以肯定,并兑现理性的交互行为所产生的相应利益。因此,在控辩协商中被追诉人不仅拥有与国家进行协商的权利,更为重要的是,这种权利所蕴含的本体性意义必须实质地获得国家的尊重与认可。试想,如果我们通过协商赋予了被追诉人开口说话的权利,却剥夺其通过开口说话而应当获取的利益,这不是显然有违协商所指向的本质吗?

### (二)“权力—权利交互说”的内涵阐释

“权力—权利交互说”揭示了控辩协商的本质,借以寻求国家权力与公民权利关系的根本性调整。当然,现代刑事诉讼已经并非单向度的权力本位,随着国家民主与法治的进步,刑事诉讼中权力与权利力求平衡,对被告人权利保障也日益受到重视。人权保障作为一项宪法性原则也成为评判刑事诉讼制度是否科学合理的标准。[1]“权力—权利交互说”亦是围绕权力与权利的界分展开讨论的,但其不仅是对刑事诉讼人权保障基本立场的重申,更旨在围绕权力与权利的关系调

---

〔1〕　参见卞建林、谢澍:《“以审判为中心”与刑事程序法治现代化》,载《法治现代化研究》2017 年第 1 期。

整而指引双方趋于理性的交互与利益的共享。具体来看，“权力—权利交互说”包括了以下几个方面的内容。

其一，将协商界定为一种交互行为，对协商与非协商作出界分，最终建立控辩协商与处遇优惠之间的逻辑关联。协商是一种理性的交互行为，在刑事诉讼中体现为被追诉人与国家通过充分对话了解彼此的立场和态度，为了达成一致的合意而自愿作出让步或妥协，其区别于国家与被追诉人之间未产生实质性交互行为的情况。例如，被告人并未与办案机关展开对话，到案后即主动认罪认罚。这种情况在目前实践中较为常见，在被告人自愿认罪认罚后，检察官即作出从轻处罚的量刑建议，最终法院在审判时给予法律上从宽的评价。在这种情况下，被告人获得的从宽实际上并非控辩双方通过一系列交互行为产生的结果，只是国家简单地对“坦白从宽”的刑事政策加以兑现，国家与公民并未形成实质性的交互，故其并不属于协商的范畴。“权力—权利交互说”旨在引导控辩协商制度化与规范化，就是要对被追诉人与国家司法机关之间真正存在对话、合作与交涉等交互过程的这样一种做法加以约束，并以此构成被追诉人获得处遇优惠的正当性来源。

其二，强调协商作为一种理性的交互行为，必须符合特定的特征与要求。“权力—权利交互说”强调协商是一种理性的交互行为，并提出国家对这一理性的交互行为负有结果利益上的兑现义务。因此，什么样的协商是理性的协商具有关键意义。我们认为，协商能否构成理性的交互行为需要满足以下几个方面的要求：一是参与的平等与均势,即被追诉人不仅有参与协商的权利,[1]更应当在获得专业律师的帮助下实现自身的有效参与,否则往往会因缺乏经验与法律常识,加之在人身自由被限制甚至是剥夺的情况下,好比“赤手向兵甲,无不败者”[2]。二是选择的自愿与明智。理性的协商必须建立在主体选择的自愿之上。自愿的行为不是别的,而是从意志中产生的行为。[3]故自愿的选择意味着主体根据自由意志而共同选择并达成合意,尽管各自的妥协与退让不可避免,但绝不是在任何一方别无选择之下的一种无奈屈就。同时,主体的选择还应当在完全的思维和认识能力之上,其至少应当掌握充分的信息,确保其不是在一时冲动或一时糊涂之下作出的决定。三是利益的均衡与共享。协商之所以能够成为一种理性的交互行为,还因为其最终指向的是一种具有相互性意义的利益。申言之,协商的结果是权力主体与权利主体彼此的利益都得到一定程度的体现和主张,没有任何一方的利益是被绝对牺牲或减损的。也正是这一利益的相互性,对国家兑现被告人所应获得的协商利益提出了现实要求。

其三,通过解释协商何以构成一种理性的交互行为,勾勒了控辩协商程序的基本要素,对指引司法实践具有现实意义。如上文所述,协商之所以能够成为一种理性的交互行为必须满足特定的要求,而这

---

〔1〕 在德国刑事司法实践中,一些协商的开展完全将被告人排除在外,全交由辩护律师代为进行。这种情况并不满足有效参与的要求。被告人真正参与到协商中,应当是指在辩护律师的帮助与建议下,亲自表明自己的意愿与立场、亲自作出对自己诉讼命运有影响的选择。See Regina Rauxloh, *Plea Bargaining in National and International Law: A Comparative Study*, Routledge Press, 2012, p.90-91.

〔2〕 [日]冈田朝太郎:《刑事诉讼法》,汪庚元整理,吴宏耀点校,中国政法大学出版社2012年版,第55页。

〔3〕 参见[英]霍布斯:《利维坦》,黎思复、黎廷弼译,商务印书馆1985年版,第44页。

几个方面的内容也较为清晰地勾勒了控辩协商程序的基本要素，其为司法实践提供了指引，故完善的控辩协商制度应当包含辩护机制、证据交换机制、司法审查机制等作为程序最起码的保障。此外，对控辩协商在实践中所面临的一些富有争议的问题，我们也可以根据“权力—权利交互说”作出解释。例如，被告人在协商达成后是否有权反悔的问题。这一争议的关键就在于，应对被告人反悔的理由加以区分，如果被告人反悔的理由足以动摇协商的理性，如违背真实意愿而认罪协商，那么应当允许被告人提出反悔。

其四，明确被告人处遇优惠并不是国家对被告人所施加的恩惠，而是国家基于理性的交互行为所应当兑现被告人的利益。相比国家司法机关通过协商获得的利益，被告人的协商利益向来受到非议。甚至可以说，国家获益被认为理所当然、天经地义，〔1〕而给予被告人利益或实惠则往往被认为违背了司法公正。以从宽量刑的利益为例，有论者提出，接受刑罚原本就是实施犯罪的社会成员应当承担的责任，被告人在认罪的基础上进一步愿意接受刑罚是一种履行应有义务的行为，并不能构成进一步降低刑罚的理由。〔2〕实际上，类似上述的主张或论断仍然将刑事诉讼中国家与公民之间的关系理解为一种具有上下等级之分的关系。“权力—权利交互说”即试图对这些理论争议与误解进行澄清，始终把握协商运用于刑事诉讼场域的本源，即国家对被

---

〔1〕　对国家来说，通过刑事协商可获得的预期利益是较为明确的，即在协商达成后，被告人通过认罪而放弃了获得审判的权利，从而为国家节省了诉讼资源上的支出，国家也同样降低了可能出现的诉讼风险；如果合意的内容还包括被追诉人提供其他犯罪行为线索或出庭指证其他犯罪人等，那么国家所能获得的协商利益就更为丰富。

〔2〕　参见李政：《关于适用认罪认罚从宽制度的几点思考》，载《人民法院报》2017 年 4 月 19 日，第 6 版。

追诉人主体地位的认可。因此,国家从实体与程序等方面兑现被追诉人通过协商所获得的收益,最初源于对程序本体的承认,最终也就必须落实到对程序本体的承认。通过明确国家应当对被告人处遇优惠负有兑现义务,其体现了如下两个方面的重要意义:一是明确协商作为一种理性的交互行为,亦是能够产生相应收益与代价的行为,尤其是国家对这一理性的交互行为负有结果利益上的兑现义务。因此,控辩协商就不应简单地被认为实现司法效率或社会治理的工具,更不应当被动地成为促使刑罚圈扩张的廉价手段。二是强调协商不流于形式的关键就在于国家兑现被告人所应获得的利益,即协商最终应当指向一种具有相互性意义的利益。实际上,合作本就是指共同从事互利活动的行为,故任何一种互惠都可以看作一种合作。[1]因此,如果被追诉人与国家司法机关通过协商而达成的合意得不到承认和保护,协商的互利互惠就未能予以落实,那么权力与权利之间的交互关系并未最终落实为一种相互性意义的利益,这样的协商无疑仅是徒有外表而丧失灵魂的形式性产物罢了。

### (三)“权力—权利交互说”对重罪协商的重塑

以“权力—权利交互说”为理论基础,不仅阐释了控辩协商的正当性基础,而且对其与协商的衍生效果作出了清晰的划分。因此,提高诉讼效率、实现社会治理等都只能作为控辩协商的部分收益来考量,而其真正的价值应当体现于借以寻求国家权力与公民权利关系的

---

〔1〕　参见[美]塞缪尔·鲍尔斯、赫伯特·金迪斯:《合作的物种——人类互惠性及其演化》,张弘译,浙江大学出版社2015年版,第3页。

根本性调整。基于此，协商理应适用于所有的刑事案件，若司法实践在适用上刻意地划分轻罪与重罪，则显然将折损制度的本质价值。通过“权力—权利交互说”，我们也能够重新审视重罪协商，扬弃对重罪协商在认识上的局限与成见。目前，重罪协商所面临的一大争议就在于，允许重罪案件的被告人与国家展开协商，并要求国家在协商达成后从结果上给予其从轻处罚的优惠，这是否与罪刑均衡原则相违背？罪刑均衡原则的基本含义在于“罪当其罚，罚当其罪”，其反映了人们对司法公正的朴实追求。重罪协商是否会有违罪刑均衡原则而破坏了司法公正，这是社会公众与司法机关所共同担心的问题。“权力—权利交互说”即对这一争议问题作出回答，厘清了重罪协商与罪刑均衡原则之间的关系。

1. 重罪协商并不破坏罪刑均衡原则

犯罪本质是社会危险性与人身危险性的统一。[1]故被告人因犯罪所受到的惩罚，不仅应当与已然之罪的社会危害性程度相适应，而且应当与未然之罪的可能性相统一，从而确保犯罪、刑事责任和刑罚三者保持内在的均衡关系。重罪案件被告人获得从宽处罚的前提是，其必须签署检察机关提出的具结书，这其中已经包含了对如何弥补犯罪行为所造成损害的方案，如退赃、赔偿、赔礼道歉等，这些都是社会危险性程度减弱的标准，即意味着未然之罪的可能性也得以降低。因此，如果仍然对这些被告人处于重判，显然与刑罚预防犯罪的导向有所违背，同时也将破坏犯罪、刑事责任和刑罚三者的均衡关系。

---

〔1〕　参见陈兴良：《刑法的价值构造》（第3版），中国人民大学出版社2017年版，第521页。

2. 重罪协商与罪刑均衡原则具有内在的契合之处

罪刑均衡原则是一个动态而非静态的原则。随着现代刑法价值观的转变,罪刑均衡原则的内涵也得以发展,主要表现为对主体行为人的尊重不断增强,尤为关注与凸显人的人格特征。正如陈兴良教授指出,为了实现罪刑均衡,刑罚的一般化与个别化具有同样的意义。〔1〕从某种程度上来说,重罪协商体现了刑罚的个别化,即承认犯罪人的主体人格,注重犯罪人的各种人格因素,并允许司法裁量的理性空间与合乎情理。从这一点来看,重罪协商与罪刑均衡原则的发展特征是不谋而合的。

3. 允许重罪协商在一定程度上有助于优化国家的刑罚体系

达成协商后给予被告人适当宽和的刑事待遇,不仅大大减少了被告人与国家之间的对抗,而且可以借此机会“纠正刑法过于刚性的弊端”。〔2〕尤其是在刑罚体系本身的设计比较严苛的情况下,通过程序实现对被告人在刑罚上的减让,反而从整体上弥补刑罚体系的固有缺陷。重罪案件当然也不例外。周光权教授认为,我国刑法的重刑主义倾向比较明显,法定刑配置偏重,要适当扩大速裁范围,充分发挥制度优势。〔3〕故借助控辩协商在程序机理的这一优势,也将辅助地纠正国家的刑罚体系,使其趋于科学化与合理化。

---

〔1〕　参见陈兴良:《刑法的价值构造》(第 3 版),中国人民大学出版社 2017 年版,第 542 页。

〔2〕　熊亚文:《刑法私法化:现实图景与理论空间》,载《现代法学》2016 年第 4 期。

〔3〕　参见冉容、何东青:《积极探索　科学论证　推动刑事案件速裁程序试点健康深入开展——试点中期评估论证会专家意见摘编》,载《人民法院报》2015 年 9 月 9 日,第 6 版。

## 五、"权力—权利交互说"的适用与展望

"权力—权利交互说"立足于国家权力与公民权利之间的理性交互，重构了控辩协商的正当性基础，是在充分理解控辩协商本质的基础上所提出的，旨在为协商达成后国家给予被告人处遇优惠提供理论上的支撑。"权力—权利交互说"不仅有助于扫除当前控辩协商的制度性障碍，并且有助于重新审视重罪协商，为重罪协商的本土化探索与发展奠定基础。当然，从理论学说到制度兑现，我们亦不能忽略蕴含于制度背后的多重因素，如传统观念、管理体制等；我们更不能孤立地看待具有中国特色控辩协商的发展前景，当前其包含于认罪认罚从宽制度的表述，不仅表明了与以审判为中心的诉讼制度的逻辑关系，同时暗示了改革在眼下的可能性与限度性。

### （一）改革思路：由实用主义向权利保障转变

不难看出，当前认罪认罚从宽制度仍然更多地将制度所能发挥的诉讼效率、社会治理等功能放在首要考量位置，却有意无意地淡化了协商之本质特征。这一改革思路对制度实用性及有用性的强调，以及对目的论与效果论的运用，体现了较为鲜明的实用主义色彩，继而认罪认罚从宽制度在实现利益方面的价值被过度放大与凸显。然而，实用主义就其某些形态而言就是一种权力哲学。〔1〕

实用主义的改革思路极大地限制了我国控辩协商的探索与发展。从根本上来看，这一改革思路仍然过分偏重国家权力在协商中的利益

〔1〕　参见［英］伯特兰·罗素：《权力论》，吴友三译，商务印书馆 2012 年版，第 208 页。

需求,却并未给予公民权利与获益充分的考量。跳出当前改革思路的局限,我们应当认识到,认罪认罚从宽制度不应是简单的刑事政策的兑现机制,而应当是真正体现协商本质的制度。这就意味着提高诉讼效率、实现社会治理等目标,都只能作为改革的部分收益来考量,而改革真正的价值应当体现在构建具有中国特色的控辩协商机制,借以寻求权力与权利关系的根本性调整,并最终落实为对权利的切实保障。

因此,应当基于“权力—权利交互说”,从改革思路上实现由实用主义向权利保障的转变,并以此为理论依据,努力扩大我国重罪协商的空间。协商作为一种理性的交互行为,应当适用于重罪案件在内的所有刑事案件,而不宜对其适用范围加以人为的限制,即所有案件的被告人都有权与国家司法机关进行合作与对话,且其协商利益应当获得兑现。如此才是对被追诉人在刑事诉讼中主体地位的真正认可,这也应当是我国控辩协商未来发展的重要方向。当然,考虑到我国当前的司法现状,尤其是在司法权威尚有待进一步加强的情况下,如果贸然推进重罪协商则确实可能显得太过轻率与冒险。故司法机关应当有条件、有步骤地逐步扩大重罪协商的适用范围,目前来看,可以对一些疑难的命案、毒品案等审慎尝试,对犯罪性质恶劣、犯罪手段残忍、社会危害严重的案件则慎重适用。

### (二)程序设计:进一步凸显协商之本质特征

在改革思路的转变下,认罪认罚从宽制度的程序设计也应当随之予以完善,即进一步凸显协商之本质特征。具体而言,就是明确与突出协商的法定性与程序性，是否协商、如何协商、如何兑现协商利益等与协商有关的事宜都应当纳入法律的规制，为控辩协商建立一套真正明晰的机制。尤其是应当从程序设计上回应控辩双方与司法工作者的积极性，充分激发制度的内生动力。其中，作为协商主体的控辩双方，诚如学者指出，决定认罪认罚从宽制度之未来走向的关键之一即能否充分调动控辩双方积极性。[1]

试想，如果认罪认罚从宽制度对被追诉人来说只是一项被动的刑事政策兑现机制，控辩协商对司法机关来说只是追求繁简分流的一种手段，而非被追诉人与司法机关共同选择的主动结果，那么自然难以激发主体对选择协商的动机。在这种情况下，控辩双方选择适用重罪协商的积极性也同样受到抑制。一方面，我们应当认识到，实践中对司法工作人员吸引力较大的重罪案件，实际是证明难度较大或诉讼风险较大的案件，那么实际操作层面就应当进一步完善这些案件的证据规格、量刑指引等，让司法工作人员不仅敢用制度，而且确有制度可用；另一方面，还应当增强被告人可期待利益实现的可能性，使之明确化与具体化，这也是确保其在协商中处于自由、自愿与明智的关键所在，而这方面的完善则有待检察机关量刑建议工作的进一步推进与落实。

此外，我们还应当关注到重罪协商所面临的一些技术性难题。比如，对可能判处 3 年以上有期徒刑的重罪案件，羁押性措施适用较为普遍，同时亦没有其他可供选择的简化程序，从而导致程序从宽难以

---

〔1〕 参见卞建林、谢澍：《认罪认罚从宽与台湾地区刑事协商之比较研究》，载《法学杂志》2018 年第 5 期。

真正落实；再如，重罪案件中，被追诉人部分认罪、认罪态度不明确或前后反复等现象更为突出，而当前制度设计并未对此进行细化与规范，导致对被追诉人的从宽评价也面临不确定性。因此，为了更好地推进重罪协商的本土化探索，协商程序的设计还应当进一步回应与化解其所面临的实践难题，确保程序运行与现有的刑事诉讼程序能够有效契合。

### （三）保障机制：程序与实体层面之共同推进

控辩协商机制的构建离不开程序法和实体法的共同发力。如果制度的完善方案仅停留在程序法层面，便可能在司法实践中难以付诸行动。我们不能忽视程序法与实体法对控辩协商的关联性作用，以及后者可能对重罪协商所产生的影响。推进我国重罪协商的发展，即需要从程序层面与实体层面共同为被告人与国家司法机关达成理性协商而创造良好的条件。

一是重罪协商的完善应当特别关注重罪辩护机制的完善。尽管重罪案件刑事辩护率相较于轻罪案件要高出不少，但是重罪案件刑事辩护仍未实现全面覆盖，因而在被追诉人权利保障方面实际仍存在不少盲点。考虑到重罪案件比轻罪案件的案情更为复杂，那就更需要由职业律师辅之以专业知识来对协商的基础，即事实与证据进行全面的了解，并在此基础上提出最优化的法律建议。同时，由于重罪案件的被追诉人面临更为严重的刑事处罚，在认罪认罚上往往容易出现反复与纠结，这就需要在职业律师充分的建议与提示之下，作出真正自愿与明智的意思表示。我们建议，应当在重罪协商中率先试行律师在场的做法，避免被追诉人在诱导之下进行认罪协商，确保协商确为前文所述的符合特定要求的理性行为。此外，由于当前法律援助的律师由检察院、法院分别指派，可能导致出现重罪案件中辩护律师不稳定的问题，并最终在审判阶段发生程序回转的情况。因此，为了确保重罪案件辩护的稳定性，应从制度上确保同一律师的全程辩护。

二是重罪协商的完善还应当关注刑事实体法的同步完善。如上文所述，如果刑罚体系本身的设计比较严苛，那么通过程序实现对部分被追诉人在刑罚上的减让或奖励，反而从整体上弥补刑罚体系的固有缺陷。不过，为了达到这一目标，就必须同时落实被追诉人从宽处罚的实体性依据，即应当明确被追诉人从宽处罚的具体规则，公开量刑规范，确保量刑减让幅度保持在一个平衡的状态；同时，还应当适时改变我国当前刑罚结构过于单调、刑罚执行方式过于板滞的情况，确保能在实际操作上真正给予重罪案件足够的协商余地与宽大空间。

### （四）公众基础：逐步提升重罪协商之接受度

任何法律制度背后都必然有一种共同的价值观念或情感意识给予支撑，刑事诉讼制度也同样如此，其不仅揭示了国家权力与公民权利的关系格局，更是“于程序规则背后蕴含了深刻的社会理念”。[1]事实上，司法实践对控辩协商尤其是重罪协商，仍然持谨慎态度，一定程度上也受到我国传统司法观念的影响。这是因为，我国刑事司法向来对犯罪行为抱以严厉打击的态度，有罪必罚的观念根深蒂固，重

〔1〕 Maximo Langer, *Legal Translations of American Plea Bargaining*, Harvard International Law Journal, Vol.45, Issue 1 (Winter 2004), p.44.

罪案件更是司法机关重点惩处的对象。如我国“严打”政策即被用作“集中解决社会治安中突出问题”的主要手段,[1]这种以“从重从快”为核心的政策背后,实质反映的是一种泛刑主义与重刑主义的司法理念。有学者认为,我国刑事司法对犯罪抱有过于敌对的态度,缺乏必要的宽容。[2]因此,囿于我国传统司法观念,司法机关对适用重罪协商的态度必然多为审慎与观望,社会公众对重罪协商的接受与认可也有待进一步提升。

但无论是褒是贬,重罪协商在实践中艰难前行已成事实。因此,未来除了于司法实践中不断探索重罪协商的“权力—权利交互”模式,更有赖于我国政治、法治与观念等多方面的不断完善,并逐步提升重罪协商的接受度,否则即使找到了重罪协商的理论支撑,厘清了其在正当性方面的争议,而真正落实到制度改革,仍然可能导致实践的异化,最终亦无法兑现制度的本质初衷。因此,在尊重社会公众的司法观念和情感取向的基础之上,我们应当对社会公众进行适当的引导,不断提升整个社会对于重罪协商的接受与认可,减少其对重罪协商的误解与担忧。

具体来看:其一,可以通过法定的程序吸收公众参与到重罪协商之中,加强社会公众对这项制度的认同与信赖,减少社会公众对这项制度的质疑与顾虑。如可考虑建立控辩协商的公众监督机制,使社会公众得以监督其公正性,从而看到其有效性、理解其重要性,防止社

---

〔1〕　参见谢鹏程、马立东:《论“严打”与检察改革》,载《人民检察》2001年第8期。

〔2〕　参见马明亮:《协商性司法:一种新程序主义理念》,法律出版社2007年版,第237页。

会公众对重罪协商产生“花钱买刑”“权钱交易”的误解。其二，应当保障被害人有限度地参与程序，尊重被害人的表达权，理性看待其诉求，即充分赋予被告人发表意见的权利，允许被害人事先获悉公诉方的量刑建议，给予其对量刑建议发表意见的机会，允许被害人提出新的量刑情节，并及时与被害人进行释法沟通的工作。对一些被害人已经死亡的重罪案件，则应当允许被害人的近亲属行使上述权利。毕竟被害人方面的个人利益与社会利益之间并不完全重合，在某些情况下甚至存在尖锐冲突，〔1〕而以法治与理性的方式调和这一冲突恰恰是让重罪协商获得公众支持的重要一步。其三，尽力清除陈旧刑罚观念的余障，为重罪协商创造适宜的社会环境。有罪必罚的司法观念从一定程度上代表了人们对刑事法的最高期望，但一味强调乃至神化刑罚的功能，不仅盲目强化了整个社会对刑罚万能主义的笃信，更是实际背离了现代刑法谦抑性的精神内核，最终导致“刑法的触角不适当地深入到人们生活的各个领域”。〔2〕“权力—权利交互说”阐明了被追诉人与国家开展协商及获得协商利益的正当性，为刑事司法注入了适度的宽容特征，目的就是改变过去重刑主义所造就的公民权利与国家权力长期处于剑拔弩张的对峙状态。因此，若要破除我国传统司法观念对重罪协商的消极影响，国家应当理性看待社会公众的定罪诉求，正面传递控辩协商所蕴含的司法宽容精神与人道主义，营造日益人性与宽容的刑事司法氛围，逐步引导社会公众摒弃对重刑主义的钟情。

---

〔1〕　参见秦宗文：《认罪认罚从宽制度实施疑难问题研究》，载《中国刑事法杂志》2017年第3期。

〔2〕　参见徐卫东等：《刑法谦抑在中国——四校刑法学高层论坛》，载《当代法学》2007年第1期。

第五章
CHAPTER 05

# 控辩协商的中国模式:由“确认核准模式”转向“商谈审查模式”

## 一、问题的提出

早在2002年4月,由牡丹江铁路运输法院判决作出的“中国辩诉交易第一案”(孟某虎故意伤害案),[1]就曾引发我国学界对辩诉交易制度的广泛讨论。此后,学界陆续涌现出不少主张构建具有中国特色控辩协商制度的研究成果。[2]自《中共中央关于全面推进依法治国若干重大问题的决定》明确提出“完善刑事诉讼中认罪认罚从宽制度”的改革要求后,认罪认罚从宽制度成为学界关注的热点问题。认罪认罚从宽制度是我国刑事法律自然演进的结果,其创设了具有中国

---

〔1〕 参见郭毅、王晓燕:《牡丹江铁路运输法院试用新审理方式——国内诉辩交易第一案审结》,载《法制日报》2002年4月19日。

〔2〕 参见陈光中主编:《辩诉交易在中国》,中国检察出版社2003年版;国家森主编:《中国控辩协商制度研究》,中国检察出版社2005年版;冀祥德:《建立中国控辩协商制度研究》,北京大学出版社2006年版;张智辉主编:《辩诉交易制度比较研究》,中国方正出版社2009年版。

特色的协商程序，[1]这一点已经得到了学界的广泛认可。从司法实践来看，自全国人大常委会授权最高人民法院、最高人民检察院在部分城市开展认罪认罚从宽制度的试点工作伊始，各地司法机关对控辩协商进行了积极探索，取得了相当不错的效果。

《刑事诉讼法》修改后，认罪认罚从宽制度实现了从“试点”到“立法”的转变，为控辩协商提供了法律依据。根据 2018 年修正的《刑事诉讼法》第 174 条的规定，犯罪嫌疑人自愿认罪，同意量刑建议和程序适用的，应当在辩护人或者值班律师在场的情况下签署认罪认罚具结书。据此，犯罪嫌疑人同意量刑建议和程序适用的过程，实际也就是与检察官沟通的过程，其中蕴含了控辩协商的空间，从宽则是控辩协商的结果。基于当前认罪认罚从宽制度的规范性框架，一种具有中国特色的控辩协商制度在法律上得到建立，[2]司法实践中逐步形成了“确认核准模式”。所谓“确认核准模式”，是指检察官主导的量刑建议在获辩方确认的基础上，经由法官核准并作出裁决的诉讼模式。这一协商模式的确立，有利于激励被告人自愿认罪、自愿接受处罚、积极退赃退赔，对节约司法资源、提高司法效率有着重要意义，符合以审判为中心诉讼制度改革的初衷。

在推进国家治理体系和治理能力现代化的时代背景下，认罪认罚从宽制度不仅是刑事诉讼领域的一项重要改革，为了准确、充分地发挥制度在国家治理方面的价值功能，更好地推进制度的实施，必须首

---

〔1〕　参见胡云腾主编:《认罪认罚从宽制度的理解与适用》，人民法院出版社 2018 年版，第 27 页。

〔2〕　参见陈瑞华:《刑事诉讼的公力合作模式——量刑协商制度在中国的兴起》，载《法学论坛》2019 年第 4 期。

先理解重塑认罪认罚从宽制度中“控辩协商”的核心内涵。因此，唯有深入观察控辩协商的当前实践，归纳反思其所面临的具体问题，才能系统化解释认罪认罚从宽制度的基本状况与内在逻辑，并为制度的完善发展提出切实可行的建议。随着认罪认罚从宽制度的不断推进，“确认核准模式”在司法实践中暴露了越来越多具有争议性的问题，值得我们关注。结合当前具体的实践情况来看，这一模式展现出两大突出的特点：其一，“确认核准模式”的协商性较弱。当前，这一协商模式留给控辩双方的协商余地较小，并且权力运作相对主动，权利行使相对被动，两者之间的不平等关系弱化了认罪认罚从宽制度的协商性色彩，难以充分展现控辩协商的本质内涵。或如学者所言，这一控辩合意程序的“协商”意义比较有限。[1]其二，“确认核准模式”的权力倾向明显。在这一模式下，国家司法机关的权力占据主导甚至压制地位，被追诉人作为权利主体则处于被动与弱势的境地，尤其是随着新型犯罪案件的不断增加以及人工智能在司法实践中的推行与运用，当前“确认核准模式”可能会进一步拉大控辩双方于协商中的不平等关系，使之越发悬殊，导致被追诉人处于更为不利的境地，如此也将动摇控辩协商“真实性”与“自愿性”的底线，并最终有损认罪认罚从宽制度的正当性。

当前“确认核准模式”所面临的现实困境，凸显了我国控辩协商改革的必要性。鉴于此，我们主张遵循以被告人权利保障为核心、以控辩的实质交互为基础、以严格的司法审查为支撑的转型路径，由

〔1〕　参见陈卫东：《认罪认罚从宽制度的理论问题再探讨》，载《环球法律评论》2020年第2期。

“确认核准模式”转向“商谈审查模式”，指引我国控辩协商制度化，促成认罪认罚从宽制度的完善发展。为了实现“确认核准模式”向“商谈审查模式”的转型，应当主动关注被追诉人在当前控辩协商中处于被动与弱势的现实，努力提升公安司法机关的诉讼关照、权利关照义务，确保认罪认罚从宽制度的公正公平。

## 二、“确认核准模式”的主要特征

从“确认核准模式”的特征来看，尽管控辩双方的对话、合作、合意等因素获得了一定程度的认可，但这一模式留给控辩双方的协商余地较小，被告人最终获得从宽处罚更多的是检察官与法官依职权兑现“坦白从宽”刑事政策的结果，很难说是控辩双方经过理性协商所获得的，与不少学者所期待的真正意义上的交易式协商仍然有不小的距离。总的来看，在“确认核准模式”下，协商所应具备的交互性、自愿性、互惠性、约束性等基本要素未能得到充分彰显，控辩两者之间的不平等关系严重弱化了认罪认罚从宽制度的协商性色彩。

### （一）协商的内容仅限于量刑

早在2016年年初召开的中央政法委工作会议就明确提出，“要在借鉴辩诉交易等制度的合理元素基础上，抓紧研究提出完善认罪认罚从宽制度的试点方案”。[1]试点改革全面铺开后，禁止罪数与罪名的

〔1〕 彭飞：《试水中国版“辩诉交易”》，载《法人》2016年第10期。

协商成为我国认罪认罚从宽制度与域外辩诉交易等制度的本质区别。因此，当前“确认核准模式”将控辩协商的内容严格限定为量刑，即控辩双方仅能对适用的刑罚达成一致。由于罪数和罪名均不属于协商的内容，故检察官不得与犯罪嫌疑人及其律师通过协商来改变指控的罪数，亦不得通过协商改变罪名，如将重罪降为轻罪。

美国辩诉交易制度的实践经验表明，检察官在罪名协商及罪数协商中往往享有极大的权力，其有权决定是以重罪还是轻罪起诉、是否提及加重情节、是否提及犯罪记录等，这些都是与辩方进行协商的有力筹码。控辩双方在协商过程中实际处于一种“结构性的不平等状态”。[1]犯罪嫌疑人面临巨大的压力甚至是威胁，一旦拒绝接受检察官提出的认罪协议，极有可能将遭受更为严厉的指控。鉴于上述情况，我国当前控辩协商以量刑协商为基本形态，客观上限制了检察官于协商过程中的权力，对降低控辩协商的风险有相当积极的意义，但是，协商内容的限制也在一定程度上制约了我国控辩协商的效果。我国量刑受制于法律所明确规定的量刑种类和量刑幅度，留给检察官与法官在从轻、减刑或免除刑罚方面的自由裁量权十分有限，故量刑协商留给控辩双方的空间也自然不大，甚至可以说，目前认罪认罚从宽在量刑上也并未体现出多少可以协商的内容。[2]从司法实践来看，被告人最终获得的从宽幅度一般为基准刑的10%～30%，有时轻罪案件核算下来只能在刑期上优惠1个月左右，如此低的量刑优惠对犯罪嫌疑

〔1〕 See Cynthia Alkon, *The U.S.Supreme Court's Failure to Fix Plea Bargaining: The Impact of Lafler and Frye*, 41 Hastings Constitutional Law Quarterly 561, 582(2014).

〔2〕 参见左卫民：《认罪认罚何以从宽：误区与正解——反思效率优先的改革主张》，载《法学研究》2017年第3期。

人、被告人参与协商的吸引力显然不大。可以说，当前控辩协商的积极性不足，双方参与意愿均有待加强。

## （二）协商的主导者为检察官

自党的十八届四中全会提出推进以审判为中心诉讼制度改革的重大决策以来，发挥检察机关在刑事诉讼中的主导责任成为改革的一大重要方向。2018 年最高人民检察院工作报告首次明确提出，检察官要切实履行在刑事诉讼中的主导责任。检察官主导责任的本质，就是要求检察工作维护司法公正，优质高效办好案件，其与审判为中心的诉讼制度改革在目标上是一致的。[1]认罪认罚从宽制度更被解读为一项“典型的以检察官主导责任为基础的诉讼制度设计”。[2]

检察官主导责任在当前“确认核准模式”中体现为如下几个方面：其一，在量刑建议的确定环节，检察官是量刑建议的主导者。从达成量刑建议的整个过程来看，初步的量刑建议先由检察官提出，然后听取犯罪嫌疑人及其律师的意见。犯罪嫌疑人及其律师可以就适用罪名是否正确、量刑是否恰当以及认罪表现等问题向检察官表达看法，控辩双方围绕初步的量刑建议交换意见。若辩方不接受量刑建议，检察官即有权不再与其协商，也不再对案件适用认罪认罚从宽制度。故在很多情况下，辩方往往被动地接受检察官提出的量刑建议，控辩双方实质性展开对话与磋商的情况则较为少见，更不用说相互之

---

〔1〕　参见陈国庆主编：《认罪认罚从宽制度司法适用指南》，中国检察出版社 2020 年版，第 70 页。

〔2〕　张军：《关于检察工作的若干问题》，载《国家检察官学院学报》2019 年第 5 期。

间的妥协与让步了，协商的交互性不足。[1]其二，在量刑建议的查明与核准环节，由于部分量刑权已经实质前移至检察官手中，检察官所提出的量刑建议很大程度上是最终判决的内容，法官对量刑建议的采纳率比较高。[2]其三，检察官有权对量刑建议重新进行调整，即使是在审判阶段也曾出现检察官主动推翻控辩双方已经确认的量刑建议的情况。[3]除此之外，检察官还要积极开展认罪认罚教育转换工作，并积极做好被害方的工作等，提升整体的司法能力。

与检察官相比，律师和法官所发挥的实质作用似乎与应有的角色定位有所偏离。律师参与协商的实质影响力比较有限，尤其是在大部分案件的律师为值班律师的情况下，其所能发挥的作用微乎其微。与其说是帮助犯罪嫌疑人与检察官展开协商，不如说是配合检察官做犯罪嫌疑人的工作，促使其尽早认可检察官所提出的量刑建议。尽管《刑事诉讼法》强调犯罪嫌疑人必须在律师的见证下进行协商继而签署具结书，但如此规定有让律师“见证人化”的倾向，与律师在控辩协商中的应然定位相差甚远。对法官来说，尽管保留了其在审判阶段的审查义务，但由于法官对于量刑建议及被告人认罪自愿性的审查主要依靠的是对案卷材料的审查，缺乏其他实质有效的方式与手段，整

---

〔1〕 参见吴思远：《论协商性司法的价值立场》，载《当代法学》2018 年第 2 期。

〔2〕 例如，山东省济南市检察机关 2017 年适用认罪认罚从宽制度办理案件有 1427 起 1515 人，法院对检察机关的量刑建议采纳率达 99.7%，参见郭树合：《“两认一宽”制度见实效》，载《检察日报》2018 年 2 月 28 日，第 10 版；山东省淄博市人民法院对检察机关量刑建议的采纳率更是达到了 100%，参见匡雪、王文斌：《量刑建议采纳率 100%——山东淄博：找准突破口落实认罪认罚从宽制度》，载《检察日报》2019 年 5 月 22 日，第 1 版。

〔3〕 例如，在张某贩卖毒品案中，公诉人在一审开庭过程中对量刑建议进行了调整，法官根据调整后的量刑建议对案件进行了判决。参见北京市第一中级人民法院刑事裁定书，(2018)京 01 刑终 163 号。

个庭审显得形式化与过场化。可以说，当前法官依法对控辩协商内容的审查，充其量只是履行一种形式上的核准，与严格意义上的司法审查存在不小的距离。

（三）协商的利益受严格限制

“确认核准模式”对协商的利益作出严格限制，检察官所能“承诺”给予犯罪嫌疑人的利益以及法官所能最终“兑现”给被告人的利益均受制于立法规定。除了此前最高人民法院出台的《关于常见犯罪的量刑指导意见（一）》和《关于常见犯罪的量刑指导意见（二）》，以及最高人民检察院出台的《人民检察院开展量刑建议工作的指导意见（试行）》之外，最高人民法院、最高人民检察院、公安部、国家安全部、司法部于 2019 年联合发布的《关于适用认罪认罚从宽制度的指导意见》均对被追诉人认罪认罚后的从宽幅度形成了一种把控。除此之外，一些地方的公安司法机关还联合出台了有关认罪认罚案件的量刑指引，以督促控辩双方在协商过程中依法确定从宽结果。目前，“30%、20%、10%”的量刑从宽方案是实践中较为主流的做法，但原则上来说，控辩双方通过协商达成一致，检察官所承诺的协商利益也只是“可以”而非“应当”兑现，无法最大限度消弭“可以”从宽的不确定状态。[1]

应当肯定的是，当前对检察官量刑建议权与法官量刑裁量权的严格约束，有利于减少检察官与法官的主观判断与经验主义，继而防止

〔1〕　参见杨立新：《认罪认罚从宽制度理解与适用》，载《国家检察官学院学报》2019 年第 1 期。

量刑协商的违法与失衡。从域外经验来看，倘若协商的利益缺乏合理有效的控制，那么将引发罪刑失衡的风险，甚至产生强迫被追诉人认罪的强制性。[1]但不可否认的是，在严格限制检察官与法官自由裁量权的同时，对检察官与法官的理性也产生了一定的压力，尤其是量刑建议精准化的要求将不自觉地限缩检察官在协商中的权力，而数值化与精细化的倾向更使其难有商议与让步的余地。然而，法律商谈本就旨在把法律规范尽可能适当地适用于具体的案情，避免刻板与机械地适用。[2]如果检察官对犯罪嫌疑人“承诺”的协商利益非常有限，那么控辩双方协商的空间自然也就不大，这在一定程度上折损了控辩双方开展协商的实效性。

### （四）协商的拘束力相对弱化

在当前认罪认罚从宽制度的语境之下，本应属于关键环节的协商程序多被法律规范所淡化。在认罪认罚从宽制度的试点过程中，试点文件对协商程序以笼统的表述方式一带而过。认罪认罚从宽制度入法后，控辩协商的法律地位仍然未得到充分体现。修正后的《刑事诉讼法》对犯罪嫌疑人认罪认罚后具结书签署的程序作出了规范，并对检察机关听取意见的程序作出了要求，但通篇没有出现“协商”二字的表述。即使是 2019 年发布的《关于适用认罪认罚从宽制度的指导意见》也仅对“协商”点到为止，该指导意见第 33 条明确规定：“犯罪

〔1〕 参见赵恒：《论量刑从宽——围绕认罪认罚从宽制度的分析》，载《中国刑事法杂志》2018 年第 4 期。
〔2〕 参见姚莉：《刑事审前协商程序的司法控制》，载《中国法学》2010 年第 4 期。

嫌疑人认罪认罚的，人民检察院应当就主刑、附加刑、是否适用缓刑等提出量刑建议。人民检察院提出量刑建议前，应当充分听取犯罪嫌疑人、辩护人或者值班律师的意见，尽量协商一致。”但控辩双方如何协商、协商后是否允许反悔、二审程序是否允许协商等关键问题并未明确，实践操作性不强。

应当说，上述内容体现了认罪认罚从宽制度在程序设计上的审慎性，毕竟“协商”一词充满了不少民商事领域交易的色彩，容易引起社会公众对这一制度的误解。然而，协商机制与规则不明确所产生的消极后果就在于，控辩协商的拘束力也趋于弱化，这也成为“确认核准模式”的一大突出特征。认罪认罚具结书是控辩双方合意的载体，如学者所言，是具有相应法律约束力的“控辩合同”。[1]从司法公信力的角度来说，量刑建议不再仅是基于控方立场要求追诉犯罪而提出的刑罚请求，更是结合了包括辩方、被害方等意见在内而形成的一种具有共识性的内容，其中也蕴含一定程度的对被追诉人的承诺。然而，当前立法并未明确认罪认罚具结书的效力，不仅控方或辩方有可能单方面推翻已经达成的合意，并且也存在法院不予采纳量刑建议的风险，因而控辩两者合意的效力并不显著。随着认罪认罚从宽制度的实施推进，法院采纳检察机关从宽建议作出一审判决后被告人又上诉的情况在实践中频发，更是充分暴露了“确认核准模式”在拘束力方面的不足。

---

〔1〕　参见陈卫东：《认罪认罚从宽制度的理论问题再探讨》，载《环球法律评论》2020 年第 2 期。

## 三、“确认核准模式”的现实困境

当前“确认核准模式”体现了较为典型的权力本位色彩，这一强权力的倾向强调检察官全方面的职权主导与权力运作的便利，故国家权力在协商过程与结果上都占据了明显的优势；相应地，面对具有较强压制性的国家权力，被追诉人作为权利主体的选择余地与自由却有限，协商并没有显著改善其在刑事诉讼中的地位与处境，被追诉人反而陷入了被漠视化和被边缘化的危机之中。随着新型犯罪案件的不断增加以及人工智能的推行与运用，“确认核准模式”可能会进一步拉大控辩双方于协商中的不平等关系，导致本就处于脆弱状态的辩方陷入更为不利的境地。如此也将动摇控辩协商“真实性”与“自愿性”的底线，并最终有损认罪认罚从宽制度的公平公正。

### （一）现有诉讼环境下辩方处境的弱势

正如德国学者约阿希姆·赫尔曼指出，协商性司法的出现是对国家和人民的关系基本意义的新规定，有别于过去带有明显的上下级思想的烙印。[1]这就意味着，在协商性司法的实践中，被追诉人不再仅仅被动地接受国家对其诉讼命运作出的决定，而是有机会通过与国家的协商与合作来参与罪责和刑罚的确定。据此，控辩协商机制与完善的诉讼环境具有的天然的内生关系，控辩协商应当建立在一种良性的控辩关系之上，否则在控辩双方地位不平等、力量不均衡的状况下，所

---

〔1〕　参见［德］约阿希姆·赫尔曼：《德国刑事诉讼程序中的协商》，王世洲译，载《环球法律评论》2001年第4期。

谓的协商只会异化为变相的强权命令。例如，我国唐朝时期“狱结竟取服辩”的做法，即案件的了结需要以被告人认罪、服辩为条件，但这种所谓的“签字画押”只能说是一种形式上受压制的合意，被告人仅被当作彰显统治正当性的工具。[1]这种情况下，权力主体与权利主体之间的合意也就根本无从谈起。

从逻辑上来看，控辩双方处于“势均力敌”的状态是进行协商与合作的前提条件。假设其中一方在地位或者力量上处于明显的优势，则意味着将对另一方形成了一种“压制”，在这种情况下所进行的协商，实际上缺乏了起码的平等对话的环境，是建立在一种天然不平等的基础上，很有可能沦为一方对另一方权威的服从。在我国本就缺乏当事人主义传统与基础的情况下，控辩力量配置还十分不均衡，被追诉人在刑事诉讼中往往处于弱势的一方。尤其是刑事辩护制度还不够发达，辩护律师提前介入侦查仍然具有一定的难度，实质参与诉讼程序的程度亦有待提高；同时，法律援助体系尚不健全，也难为辩方提供实质开展协商的支持。上述这些情况都表明，在我国，控辩双方在证据材料占有量与获取证据能力的途径上都存在较大差异，这种差异也必然将体现在双方在协商的地位与能力上，继而威胁到控辩协商最为关键的基础，即自愿性与真实性。

由此可见，我国现有诉讼环境决定了当前“确认核准模式”本就是建立在一种天然不平衡的控辩关系之上，辩方处于一种较为弱势的地位。加之，我国审判权独立还未能真正实现，控审两家的配合多过

〔1〕 参见季卫东：《宪政新论——全球化时代的法与社会变迁》，北京大学出版社 2002 年版，第 103-104 页。

于制衡，进一步削弱了辩方与控方进行协商的底气与自信。正如学者所言，如果一方连起码的人身自由和为个人辩解的权利都得不到保障，又何谈与另一方进行平等协商或讨价还价？[1]结合这一协商模式的实践情况来看，国家权力在协商过程中处于强势地位已是不争的事实，而被追诉人的权利保障存在一定的不足，在司法实践中也有不少显露。例如，犯罪嫌疑人往往不得不在“两利相权”的情况下取其重，被迫选择认罪认罚；再如，犯罪嫌疑人在签订认罪认罚从宽具结书后，刑事辩护几乎流于形式、形同虚设，即使辩护人意图独立行使辩护权也会遇到一定障碍。因此，应当警惕当前“确认核准模式”是否会进一步加剧辩方的弱势处境，并需要避免认罪认罚从宽制度成为控审两方草率办案的合法化产物。

### （二）新型犯罪案件中权利保障的盲点

近年来，我国新型犯罪案件不断增加，如新型金融犯罪、互联网犯罪、环境污染犯罪等，对传统刑事司法带来较大挑战。由于刑事实体法相对滞后，有时难以为分析这些新型犯罪的构成提供指引；通过传统刑事诉讼程序强行追诉，办案人员又面临取证难、耗时长、追赃难度大等问题，往往无法达到理想的办案效果，严重影响了社会稳定。控辩协商恰好为化解上述难题带来了希望，通过建立控辩双方的沟通合作机制，不仅为灵活高效地处理案件提供了可能，更是纾解了权力与权利在传统刑事司法中的张力关系。例如，在涉众型经济犯罪

---

〔1〕 参见詹建红：《刑事诉讼契约研究》，中国社会科学出版社 2010 年版，第 145 页。

案件中，运用协商积极引导被告人退赃退赔，不仅可以有效破解追赃止损难的困局，同时还能降低群体性事件可能发生的社会风险。

事实上，德国刑事协商程序的发展经验也表明，新型犯罪案件是控辩协商产生的重要原因之一。产生于 19 世纪七八十年代的德国刑事协商程序，不仅为了缓解刑事案件突增所带来的压力，更是为了化解新型诉讼所带来的难题。由于刑法典的滞后，实务工作者面对诸如税收犯罪、环境犯罪、经济犯罪等新类型案件时，常常陷入罪与非罪模糊界限的难题之中。[1]与此同时，德国刑事诉讼法仍以追求实质真实与高度证明标准为基本要求，这一传统诉讼价值也使实务工作者在办理新类型案件时陷入了两难境地。在这种情况下，刑事协商最初以一种“非正式”的形态出现于司法实践之中，成为实务工作者化解新型诉讼难题的有力手段，并在 19 世纪 90 年代末期成为一种较普遍的做法。[2]

面对新型犯罪案件所带来的难题，控辩协商成为一种相对理想的应对方式。但可惜的是，当前“确认核准模式”并不足以妥善化解这一难题。尽管在认罪认罚从宽制度的规范性框架之下，“确认核准模式”已经形成，但由于其在协商内容、从宽幅度、证明标准等方面的严苛限制，导致新型犯罪案件实际上无法通过这一协商模式加以解决。这是由于实践中新型犯罪案件往往因犯罪手法的隐蔽性、因果关系的

---

〔1〕 Regina Rauxloh, *Plea Bargaining in National and International Law: A Comparative Study*, Routledge Press, 2012, p.104.

〔2〕 据统计，当时德国 20%～30% 的刑事案件都会经过协商。在一些专门办理白领犯罪案件的法庭中，协商甚至成为了常态，未协商则是例外。参见 Thomas Swenson, *The German Plea Bargaining Debate*, 7 Pace International Law Review 373, 381–82（1995）。

难以确定性，导致案件存在司法证明的难题，表现为部分证据尚不充分、法律定性较不明确等。然而，由于我国明确禁止疑罪协商，并强调实质真实，故这些案件实际上无法适用认罪认罚从宽制度。由此造成的消极后果在于，司法实践中的"私下协商"不在少数。〔1〕这种游离于法律规制之外的协商，不仅严重有损国家司法制度的权威与公正，更是滋生了权力滥用的风险，将对被追诉人认罪协商形成不当的压力。从根本上来看，"私下协商"仅仅是为了实现追诉犯罪的便利，却无益于改善被追诉人的地位与待遇。协商可能正沦为纯粹由国家主导的高效的治罪手段。

### （三）人工智能运用中控辩力量的失衡

人工智能技术的兴起与发展，对人类生活的各个领域带来变革性影响，将人类文明带入了一个崭新的人工智能时代。〔2〕在刑事诉讼领域，包括辅助量刑、同案同判等在内的智能辅助裁判系统开始运用于司法实践，为司法决策提供了强大的"外脑"支持。人工智能亦积极运用于认罪认罚从宽制度之中，作为"智慧检务"建设的重要一环，量刑建议辅助系统的推行旨在增强量刑建议的规范化、精准化与均衡化。在认罪认罚从宽制度入法后，各地检察机关依托量刑建议辅助系统进行办案逐渐常态化。这一智能辅助裁判系统不仅能有效帮助检察官提出量刑建议，更是缩短了检察官办理认罪认罚从宽案件

---

〔1〕　有学者也注意到司法实践中"私下协商"的问题及其危害。参见向燕：《我国认罪认罚从宽制度的两难困境及其破解》，载《法制与社会发展》2018 年第 4 期。

〔2〕　参见齐延平：《论人工智能时代法律场景的变迁》，载《法律科学（西北政法大学学报）》2018 年第 4 期。

的时间。[1]

然而，应当警惕的是，知识作为权力的一种来源，在介入权力决策的同时，亦可能对权利产生新的压制。福柯指出，权力创造知识，权力和知识是直接相互连带的；不相应地建构一种知识领域就不可能有权力关系，不同时预设和建构权力关系就不会有任何知识。[2]人工智能所指向或塑造的是一种知识的权力，而其真正投射的则是国家权力，因为人工智能所依赖的数据与算法过于昂贵，权利主体鲜有负担的成本与能力。那么，当国家占据这一知识权力的优势时，势必以更为强大的方式来体现对权利主体的约束。因此，随着人工智能发展带来的挑战或隐患，实际上就是权力主体与权利主体可能陷入相互张力、极不平衡的新格局。

随着人工智能广泛运用于认罪认罚从宽制度之中，控辩双方于协商中的关系可能越发悬殊，继而导致被追诉人处于更为不利的境地。由于辩方实际处于信息不对称、算法偏见的不利处境中，一旦控方利用人工智能进行司法决策，而辩方鲜有对抗其知识优势的方式与能力，那么控辩双方之间的差距可能会越来越大。试想，如果控辩协商完全建立在由权力主体掌握的知识体系之下，那么无疑将增强权力主

---

〔1〕　例如，浙江省西湖区检察院就联合技术公司，利用大数据为量刑建议提供技术支持。公诉人只需将审查认定的事实粘贴到系统中，无须填写其他信息，系统就会自动进行罪名判断和量刑计算。这一系统尤其有利于认定如寻衅滋事、拒不执行判决裁定、生产销售有毒有害食品等犯罪情节和刑期较难量化的罪名及其量刑。再如，四川省成都市检察院针对常见、高发罪名创新制作量刑计算电子表格，公诉人输入起点刑和相关情节增减刑期的百分比，就可直接计算出刑期供办案参考。参见张伯晋、戴佳、史兆琨、李春薇：《检察机关承担主导责任、推动认罪认罚从宽制度全面深入落实纪实（下）》，载《检察日报》2019 年 7 月 13 日，第 2 版。

〔2〕　参见［法］米歇尔·福柯：《规训与惩罚》（修订译本），刘北成、杨远婴译，生活·读书·新知三联书店 2019 年版，第 29 页。

体的协商筹码，并进一步扩大控方于协商过程中的优势，使其在协商中的姿态变得更为强势，权利主体的话语权则会遭到进一步的削弱。由于“确认核准模式”本就建立于一种并不平衡的控辩关系之上，被追诉人的权利防御与话语保障存在先天不足，这就使得后续协商的余地变得微乎其微，最终也将削弱控辩协商的实质意义。

## 四、“商谈审查模式”的宏观设想

当前“确认核准模式”所面临的现实困境，凸显了我国控辩协商改革的必要性。鉴于此，笔者主张遵循以被告人权利保障为核心、以控辩的实质交互为基础、以严格的司法审查为支撑的转型路径，由“确认核准模式”转向“商谈审查模式”，指引我国控辩协商制度化，促成认罪认罚从宽制度的完善发展。为了实现“确认核准模式”向“商谈审查模式”的转型，应当主动关注被追诉人在当前控辩协商中处于被动与弱势的现实，努力提升公安司法机关的诉讼关照、权利关照义务，确保认罪认罚从宽制度的公正公平。

### （一）“商谈审查模式”的内在道德

本书所主张的“商谈审查模式”，是指控辩双方通过理性商谈达成一定的合意，法官经司法审查后作出裁决的诉讼模式。“商谈审查模式”旨在弥补当前“确认核准模式”在协商交互性、自愿性、互惠性等方面的缺憾，以充分彰显控辩协商的本质内涵。当然，唯有借助程序这一形式才能使抽象性的制度本质得以具体化。因此，应当通过构建法定的协商程序，确保控辩双方之间的协商行为合乎法律规范。协商——通过主体之间的相互沟通获得协调——成为现代社会的一种交往行为。[1]这一交往行为进入刑事诉讼场域后，强调的是权力主体与权利主体交互行为的理性与正当，并以此构成了控辩协商的内在道德。

1. 有效的参与应是理性交互的前提

“参与原则适用于各种制度。”[2]刑事诉讼正当程序的理念即根植于参与，只有允许被追诉人有效参与的程序才是正当的程序。[3]因此，被追诉人有效参与协商是协商行为合乎正当与理性的前提，只有赋予被追诉人有效参与协商的权利，其才拥有了与国家司法机关达成协商合意的机会。具体来说，被追诉人在协商中不应只是被动接受控方的主导，听命于控方的指挥，而是有权亲自作出影响协商进程的各项决定，如有权提起协商、提出协商方案、拒绝协商、选择协商后的适用程序等。当然，被追诉人是否能够有效参与协商，很大程度上有赖于律师这一重要角色，其应当在律师的有效帮助下作出对自己诉讼命运有影响的决定，否则，在没有律师参与或者欠缺律师实质参与的情况下，控辩双方所能获取诉讼信息的能力并不对称，控辩双方并非处

〔1〕　参见［德］尤尔根·哈贝马斯：《交往行为理论》（第 1 卷），曹卫东译，上海人民出版社 2018 年版，第 361 页。

〔2〕　［美］约翰·罗尔斯：《正义论》，何怀宏等译，中国社会科学出版社 1988 年版，第 217 页。

〔3〕　See Stanford v. United Kingdom, 23 February 1994, App.No.: 16757/90.

于“势均力敌”的状态。就强调“理性观点和理性说服的交流形式”[1]的协商而言，由于协商信息与协商能力的天然不对称，检察官获得了地位与力量上的优势，对量刑建议所达成的合意，与其说是由控辩双方经过理性商谈所达成的，不如说是在检察官权威主导下所确认的结果。

2. 选择的自由应是理性交互的核心

被追诉人在刑事诉讼中面对强大的国家公权力，由于法律知识等方面的欠缺，加之通常处于人身自由被限制甚至是剥夺的情况之下，往往处于劣势地位。故现代刑事诉讼法以保障被追诉人的权利为核心，通过一系列原则与程序的设计，旨在防止被追诉人的权利受到不当干预与侵犯。辩护制度与司法审查制度的产生即是如此。被追诉人在协商中应当拥有选择自由，这也是保障权利的应有之义。自由从某种意义来说就是选择。没有选择就意味着强迫，这是不自由的；只有有了选择，才会有自由。[2]理性交互的核心在于选择的自由，即被追诉人最终自愿与国家司法机关达成合意，应当体现的是一种“非强制性的一体化的力量和共识力量”。[3]尽管控辩双方可能经历辩论、说服甚至妥协的过程，但合意绝不是在任何一方别无选择之下的服从。被追诉人在协商过程中拥有选择的自由，即其有权决定是否进行协商、是否接受协商方案等，并可以以独立的意志发表主张来说服控方。

---

〔1〕　刘彦昌、孙琼欢等：《治理现代化视角下的协商民主》，浙江大学出版社2017年版，第36页。

〔2〕　参见黄维智：《“合意”在刑事诉讼中的应用及其限制》，载《四川大学学报（哲学社会科学版）》2007年第1期。

〔3〕　［德］尤尔根·哈贝马斯：《现代性的哲学话语》，曹卫东译，译林出版社2011年版，第367页。

### 3. 合意的互惠应是理性交互的结果

协商的结果将最大限度地还原协商行为的正当与理性。因此，通过控辩协商达成的最终合意是否具备互惠性，是判断控辩交互行为是否正当与理性的标准。任何一种互惠都可以看作一种合作。[1]控辩双方通过协商由对抗走向合作，那么互惠性就意味着彼此的主张都获得了一定程度的实现，没有任何一方的利益是被牺牲或减损的。因此，应当确保控辩双方在协商利益上的分配处于相对均衡的状态。更为重要的是，合意的互惠性是权力与权利关系调整后的具体表现，其成就的是一种相互意义上的结果，即由集体通过的就应当互相给予正当性的确认。[2]因此，控辩双方都应当尊重协商所达成的共识性内容，不得任意推翻。

## （二）"商谈审查模式"的转型路径

"商谈审查模式"的改革主张立足于当前"确认核准模式"的根本缺憾与现实困境，观察到被追诉人在当前控辩协商中处于被动与弱势的现实，旨在改变当前控辩协商模式下协商性较弱、权力倾向明显的问题。因此，"商谈审查模式"的转型路径将充分彰显控辩协商的内在道德，通过关照与保障被追诉人的权利，努力缩小控辩双方于协商中的不平等关系，营造公正公平的控辩协商环境，通过司法实践阐释控辩协商的本质。

---

〔1〕　参见［美］塞缪尔·鲍尔斯、赫伯特·金迪斯：《合作的物种——人类互惠性及其演化》，张弘译，浙江大学出版社 2015 年版，第 3 页。

〔2〕　参见［美］詹姆斯·菲什金、［英］彼得·拉斯莱特：《协商民主论争》，张晓敏译，中央编译出版社 2009 年版，第 36 页。

1. 以被告人权利保障为核心

一个人会采取什么样的策略，很大程度上取决于他在博弈中处于什么样的位置。[1]对被告人来说，控辩协商也是一种博弈，因为协商的达成往往以放弃一定范围内的权利为条件。如果被告人处于公权力的强势之下，那么协商可能沦为控方权威下的产物。为了改变当前权利行使相对被动的情况，应当强化被告人于协商中商谈者的主体地位。其一，完善辩护制度。应当强化辩护律师、值班律师的介入与帮助，确保被追诉人获得与控方能够相博弈的力量，以使其更好地与权力主体展开对话。同时，应当纠正当前值班律师“见证人化”的倾向，确保其能够真正发挥法律帮助的作用，提升辩方与控方进行实质交互的能力。其二，确立检察官的关照义务。为了避免协商成为“检察官操控及施加于被告人的不当压力”，[2]检察官应当客观地提出认罪协议，并且于协商过程中尽到告知义务与释明义务，包括协商的法律依据、适用程序、法律后果、协商激励等。基于人工智能的推行与运用，检察官还应当尽到信息共享的义务，即应通过证据交换等机制来保障辩方的知情权与信息防御权，从而确保控辩双方获得相对平等的协商信息。

2. 以控辩的实质交互为基础

协商应当是体现控辩双方理性的一系列交互行为，包含了主张、质疑、论辩、对话、履约等步骤。当前控辩双方对量刑建议达成的一

〔1〕 参见陈常燊：《互惠的美德：博弈、演化与实践理性》，上海人民出版社 2017 年版，第 149 页。

〔2〕 Richard L.L ipple, *The Ethics of Plea Bargaining*, Oxford University Press, 2011, p.60-62.

致意见，很难说是双方理性交互的结果。为了促成控辩双方进行实质性的协商，最理想的状态是辩护律师的在场权已经落实，被告人有机会在律师在场提供帮助的情况下与控方展开协商。除了完善辩护制度之外，还应当将协商的步骤与要求均纳入程序法的规制之下。其一，协商的要求。协商应当围绕控辩双方对案件存在的主要分歧点展开，如量刑有争议、证据不确定、法律定性有疑问等内容。双方应当充分表达各自的主张，听取与回应对方提出的意见，以寻求达成合意的方案。其二，协商的次数。协商合意可能需要经过反复几轮才能达成，一轮协商不成的，应当允许多轮协商，而不宜限制协商的次数。但是，为了防止程序过分拖延，应当对协商的期限作出限定。

3. 以严格的司法审查为支撑

控辩协商在强调提升权利比重的同时，也应当关注权利极端化可能带来的损害。美国辩诉交易的经验表明，过度当事人主义倾向的交易式司法“犹如缺乏正式规则的自由交易市场”，〔1〕使控辩协商演变成“无须司法介入的私人缔约行为”。〔2〕由此，权力与权利之间的关系走向了另一个极端，也埋下了严重的风险隐患。事实上，离开公法规制，人权保障更是难以想象。〔3〕因此，为了防止控辩协商缺乏必要的规制，应以严格的司法审查作为支撑，让当前“核准型”法官转变为“审查型”法官，强化法官对量刑建议与具结书的实质性审查。具体

〔1〕 Stephanos Bibas, *Regulating the Plea-Bargaining Market: From Caveat Emptor to Consumer Protection*, 99 California Law Review 1117, 1119 (2011).

〔2〕 See Gerard E. Lynch, *Our Administrative System of Criminal Justice*, 66 Fordham Law Review 2117, 2118 (1998).

〔3〕 参见罗豪才、宋功德：《人权法的失衡与平衡》，载《中国社会科学》2011 年第 3 期。

来说：一是法官通过审查控辩双方确认一致的量刑建议，确保控辩协商的内容合法与妥当，同时还应注意控辩双方达成协商的程序是否合法；二是通过审查确保定罪的证据确实、充分，同时“避免检察官以求刑之轻重使被告人认罪而受到不当影响之可能性降到最低”；[1]三是建立当庭告知及提示机制，通过这一机制审查被告人认罪认罚的自愿性与真实性，着重判断被告人的主观状态，包括是否充分理解了对相关诉讼权利的放弃、有罪答辩是否真诚真实等，在判决前最终确认被告人已经清楚自己被指控的罪名、事实、量刑建议及与其选择认罪认罚的法律后果，以充分发挥法官维护被告人权利、监督协商公正性的积极作用。

## 五、“商谈审查模式”的微观设计

认罪认罚从宽制度中，控辩协商是关键。[2]然而，本应属于关键环节的协商程序多被法律规范所淡化。在认罪认罚从宽制度的试点过程中，试点文件对协商程序以笼统的表述方式一带而过。认罪认罚从宽制度入法后，控辩协商的法律地位仍然未得到充分体现，修正后的《刑事诉讼法》仅对犯罪嫌疑人认罪认罚后具结书签署的程序作出了规定，而协商程序的相关内容少有涉及。2019 年发布的《关于适用认

〔1〕 黄翰义：《程序正义之理念（二）》，台北，元照出版有限公司 2010 年版，第 205 页。
〔2〕 参见陈国庆：《量刑建议的若干问题》，载《中国刑事法杂志》2019 年第 5 期。

罪认罚从宽制度的指导意见》对控辩协商作出了相应规定，[1]实属进步，不过仍有一些问题可进一步研究。笔者主张的“商谈审查模式”即要明确协商程序的法律地位，指引我国控辩协商制度化，相应完善当前“确认核准模式”的具体问题。

### （一）以量刑协商为基本形态，放宽特定案件中协商的内容

“商谈审查模式”仍以量刑协商为基本形态。量刑协商的前提是，辩方对控方拟指控涉嫌犯罪的事实、证据和涉嫌罪名不持异议，协商的内容并不包括案件的事实与证据。然而，如果将控辩协商的内容始终限定为量刑，不仅阻碍了我国控辩协商的生存空间，而且忽略了司法实践的实际需求。实际上，正如学者指出，对某些特定类型案件进行疑罪交易并非绝无可能。[2]尤其针对新型犯罪案件，控方通常已经掌握了被告人构成犯罪的基本事实与基本证据，但案件存在诉讼风险或部分争议，如部分证据不充分、法律定性较不明确等。在这种情况下，允许控辩双方围绕证据与罪名等事项展开协商，实际将充分发挥控辩协商的优势，从而更为妥善地处理案件。因此，应当放宽特定案件中协商的内容，适当扩展“商谈审查模式”的形态。当然，考虑到权力滥用、冤假错案的风险，疑罪协商应当被严格限制在一定范围之内，并由法律对特定案件的适用范围作出明确规定。

当然，适当放宽协商内容，实现上述改革目标并非易事。尤其是

---

〔1〕《关于适用认罪认罚从宽制度的指导意见》第 33 条明确规定：“犯罪嫌疑人认罪认罚的，人民检察院应当就主刑、附加刑、是否适用缓刑等提出量刑建议。人民检察院提出量刑建议前，应当充分听取犯罪嫌疑人、辩护人或者值班律师的意见，尽量协商一致。”

〔2〕　参见陈卫东：《认罪认罚从宽制度研究》，载《中国法学》2016 年第 2 期。

受到我国实事求是基本原则的影响与约束，我国刑事诉讼的证明标准相当严格，无论是侦、检、审哪一阶段，所有案件的处理都必须达到“事实清楚、证据确实充分”的标准，并且需要形成严格的证据链，否则诉讼进程就无法继续向前推进。由于这一标准坚持的是客观实质主义，即必须查明与还原案件发生的本来面目，那么司法实践不免形成类似于“竭尽司法资源之所能找出客观事实的真相”〔1〕这样的想法。在这种传统思维下，协商限于量刑也就成为必然，基本排除了控辩双方在证据方面达成合意的可能性。因此，当前控辩双方不得就“罪名”“罪数”进行协商，这不仅是与英美辩诉交易的区别所在，更是坚持“实体真实主义”的关键。〔2〕

实事求是原则反映的是对一种纯粹完整司法的追求。我国《刑事诉讼法》第 6 条明确规定，“人民法院、人民检察院和公安机关进行刑事诉讼……必须以事实为根据，以法律为准绳”。然而，我们应当承认，人类的认知水平具有有限性，这种认知的有限性决定了司法裁判的结果具有不确定性，甚至是存在着偏差与错误，因而有时即使竭尽司法资源或许也无法查明案件的客观真实，这就导致诉讼程序充满了风险。从某种意义上来说，协商是符合控辩双方理性追求的选择，通过协商能够使得诉讼风险得到一定程度的缓冲。因此，适当放宽控辩协商的内容，是对竭力追求客观真实这样一种“司法理想”的妥洽，也是基于司法规律对实事求是原则所作的合理解释。当然，为了确保

---

〔1〕　参见虞平：《从辩诉交易看如何建立我国特色的认罪程序》，载《法学》2008 年第 7 期。

〔2〕　参见胡云腾主编：《认罪认罚从宽制度的理解与适用》，人民法院出版社 2018 年版，第 53 页。

协商可以成为控辩双方真正的理性选择，国家理应构建有效的程序来保障被追诉人作为弱势一方的权利。

（二）以控方主导责任为保障，凸显辩方商谈者的角色地位

在“商谈审查模式”之下，辩方以商谈者的角色与控方展开协商，区别于“确认核准模式”下较为被动的状态。因此，辩方并非只能服从于控方的指挥与主导，而有权与控方进行理性的交涉沟通。为了体现其商谈者的身份，控辩双方均有权提出协商，当达成初步协商意愿时，即可依法启动协商程序。在协商过程中，辩方可以选择进行协商或不进行协商。在协商启动之后，还应当预留一段合理的时间让控辩双方进行证据交换，以确保控辩双方信息的对称，继而保证协商的平等性与明智性。一旦协商达成即具有约束力，控辩双方均不得随意推翻合意的内容，以确保协商这一理性的交往行为能够最终确定为主体间理解与承认的约束力量。〔1〕通过凸显辩方商谈者的角色地位，目的在于淡化控方强势的姿态，为控辩双方能够展开实质理性的交互提供条件。当然，正如学者指出，检察机关是国家追诉的执行者、刑事政策的调控者、程序分流的主导者、诉讼活动的监督者、案件质量的把关者，这多重角色决定了检察机关在认罪认罚从宽中承担主导责任。〔2〕我们强调辩方商谈者的角色地位，也并不消解检察官在协商中的主导责任。应当说，“商谈审查模式”之实现恰有赖于检察机关积

---

〔1〕　参见［德］尤尔根·哈贝马斯：《现代性的哲学话语》，曹卫东译，译林出版社 2011 年版，第 376 页。

〔2〕　参见卞建林：《多重角色决定检察机关在认罪认罚从宽中承担主导责任》，载《检察日报》2019 年 4 月 22 日，第 3 版。

极发挥其在认罪认罚从宽制度中的主导责任，检察官履行主导责任也对自身工作提出了更高的要求，即不再仅仅是具有较强的指控证明犯罪能力，更是具有如何更好地把握法律适用的原则性、掌握自由裁量的灵活性的能力。[1]

但是，检察官的主导责任应当建立在控辩平等的基础上，侧重于对协商自愿性与真实性的维护，以此成为被追诉人权利的一种保障。因此，应当依法落实权利告知义务，认真充分听取辩方提出的意见，基于客观立场提出公正合理的量刑建议，在法律范围内开展平等理性的对话协商，以此提升对辩方权利的关照义务、努力改善辩方相对被动的地位，继而形成对法律商谈自愿性与真实性的保障。此外，为了呈现商谈者角色的自主性与主动性，还应当确保被追诉人的辩护权不受侵犯或限制。被告人有权获得辩护作为我国刑事诉讼的一项基本原则，在任何情况下，都不应成为一种形式和摆设。[2]

考虑到我国刑事诉讼程序向来具有较为强烈的纠问色彩，审讯场所与羁押场所具有强大威慑的氛围，在缺少律师有效介入与帮助的情况下，其中有多少被告人是真正自愿认罪、真正理解认罪法律后果的，值得反思与警惕。从现代各国刑事协商的实践经验来看，协商之达成很大程度上是一种利益权衡，需要被追诉人对放弃或行使公正审判权的相应结果作出评判。其中，最重要的判断标准就是对可能判决

---

〔1〕　参见陈国庆主编：《认罪认罚从宽制度司法适用指南》，中国检察出版社 2020 年版，第 70 页。

〔2〕　参见闵春雷：《认罪认罚案件中的有效辩护》，载《当代法学》2017 年第 4 期。

的预估，其主要由证据比重及预期刑期组成。[1]然而，在被追诉人处于羁押状态又缺乏专业法律知识的情况下，往往无法充分权衡案件的证据及认罪协商的利弊，换言之，仅仅依靠被追诉人自己是几乎不可能对关乎协商的事宜作出正确判断的。因此，应当强化律师在认罪认罚从宽制度下的实质作用，帮助被追诉人与国家司法机关开展理性商谈，维护被追诉人参与协商及达成协商的真实精神状态，防止其在信息掌握不对称或者并不明智的情况下仓促、盲目或违心认罪，否则，即如学者所言，如果被告一方缺乏辩护律师的帮助，被告人将完全处于诉讼客体的地位，处于被追究而无辩护的恶劣境地，这显然与中世纪的纠问式诉讼模式无异，与现代文明社会对司法公平正义的追求也是格格不入的。[2]

### （三）以认罪认罚独立性为起点，完善协商利益的兑现机制

为了真正落实协商的互惠性，"商谈审查模式"首先应明确将认罪与认罚作为独立的法定量刑情节，厘清其内涵并与坦白、自首作出区分。所谓"认罪"，是指犯罪嫌疑人、被告人自愿如实供述自己的罪行，承认指控的犯罪事实。[3]认罪的表现形式可以是坦白、自首，也可以是当庭认罪等其他形式，故其内涵更为丰富；并且，受认罪阶段、程

---

〔1〕 See Kevin Kwok-yin Cheng and Wing Hong ChuiSee, *Beyond the Shadow-of-Trial: Decision-making behind Plea Bargaining in Hong Kong*, 43 International Journal of Law, Crime and Justice 398, 399 (2015).

〔2〕 参见樊崇义：《刑事速裁程序：从"经验"到"理性"的转型》，载《法律适用》2016年第4期。

〔3〕 参见胡云腾主编：《认罪认罚从宽制度的理解与适用》，人民法院出版社2018年版，第77页。

度等因素的影响，认罪的评价也不相同，故认罪所指向的是一种司法价值判断。比如，关于第二审程序中被告人认罪认罚案件的处理，应当由法院根据被告人认罪认罚的价值、作用决定是否从宽，并依法作出裁判。〔1〕值得注意的是，犯罪嫌疑人、被告人对指控的个别细节有异议或者对行为性质的辩解并不影响认罪的认定。所谓“认罚”，是指愿意接受处罚，包括接受刑罚处罚、主动退赃赔款、积极赔偿被害人损失同被害人和解、预交罚金等。〔2〕应当说，认罚是认罪认罚从宽制度推行后所新创设的概念，也成为与域外协商性司法区分的一个重要方面。对比《关于在部分地区开展刑事案件认罪认罚从宽制度试点工作的办法》与修正后的《刑事诉讼法》，其中关于“认罚”的表述有较大的调整。根据2018年《刑事诉讼法》第174条的规定，认罚应当作广义上的理解，即不再仅仅是狭义上“同意人民检察院量刑建议，并在辩护人或者辩护律师在场的情况下签署具结书”。相应地，这一定义突破了诉讼阶段的限制，也有助于消除此前司法实践中的一些误解。〔3〕

一般来说，认罪认罚所对应的从宽幅度应当大于坦白。但是，对犯罪嫌疑人、被告人同时具有自首、坦白与认罪认罚情节的，应当在法定刑幅度内给予相应更大的从宽幅度。作为独立的法定量刑情节，认罪与认罚之间的逻辑关系也应当进一步得以厘清。有学者指出，认

〔1〕　参见陈国庆主编：《认罪认罚从宽制度司法适用指南》，中国检察出版社2020年版，第203页。

〔2〕　参见胡云腾主编：《认罪认罚从宽制度的理解与适用》，人民法院出版社2018年版，第78页。

〔3〕　参见王飞：《认罪认罚从宽制度若干重点问题研究》，中国法制出版社2020年版，第39页。

罪与认罚的捆绑适用可能会限制认罪认罚从宽制度的适用范围。[1]然而，从制度的价值取向来看，认罪与认罚理应是相互统一的概念。两者均包含了被追诉人对行为社会危害性的认识，在一定程度上，认罚即认罪的延伸与结果。如学者所言，通过此种方式形成的刑事判决能够获得被告人及其家属的认同，减少刑事案件的信访申诉发生概率，从而有利于恢复被犯罪所破坏的社会关系。[2]一般来说，大多数国家并未将认罚视为一项独立的量刑情节或考量因素。当然，这与具体的诉讼程序设置有关。比如，美国被害人可以在刑事案件判决后单独提起民事诉讼，且两个诉讼相互独立，民事诉讼之判决不受刑事判决的约束。在我国，认罚与认罪应当是相辅相成、缺一不可的，对只认罪而不认罚的被告人不应适用认罪认罚从宽制度。

在明确认罪认罚独立性的基础上，还应当进一步通过立法完善协商利益的兑现机制。一是建立规范化的量刑从宽体系。考虑到量刑协商仍是我国控辩协商的主要形态，因而应当对控辩双方达成量刑协商后具体从宽处罚的规范作出完善。应以控辩双方达成协商的时间节点为主要依据，通过构建层级式的量刑体系来强化被追诉人的心理预期，提高其参与及达成协商的积极性。二是适当丰富协商利益的兑现方式。除了量刑获益之外，还可以考虑将出罪化渠道作为被追诉人的协商利益，2018 年修正的《刑事诉讼法》实际上也明确了这一形

〔1〕　参见陈瑞华：《"认罪认罚从宽"改革的理论反思——基于刑事速裁程序运行经验的考察》，载《当代法学》2016 年第 4 期。

〔2〕　参见陈卫东：《认罪认罚从宽制度研究》，载《中国法学》2016 年第 2 期。

式的协商利益。[1]当然，这一协商利益的基础在于适当扩大检察官的裁量权。因此，相比“确认核准模式”对协商利益的严格预设，“商谈审查模式”主张适当扩大检察官在协商中的裁量空间，丰富协商利益的兑现方式。考虑到提升控辩协商的实际效果，也可以适当吸收域外协商性司法的实践经验，允许检察官作出不起诉决定时，同时对被追诉人附加相应条件，如支付罚金、弥补损失、履行义务、社区服务等。三是充分落实程序从宽。一般认为，我国认罪认罚从宽制度中的“从宽”包括程序从简与实体从宽，而程序从宽可以进一步理解为对认罪认罚从宽的犯罪嫌疑人、被告人适用速裁程序、简易程序等简化程序进行审理，适用非羁押性强制措施等。从当前的实践情况来看，程序简化与分流的效果较为显著，但对犯罪嫌疑人、被告人在强制措施适用方面的从宽效果还不明显，并且地区差异较大，[2]甚至依旧会产生“刑期倒挂”的问题。因此，为了真正落实程序从宽，还应当避免非羁押性措施适用的案件类型差异，提升羁押审查的科学性，完善羁押审查机制的实效性。

### （四）以反悔与反转机制为抓手，强化控辩协商的法律效力

如前所述，当前“确认核准模式”下协商的约束力并未获得足够的尊重。在协商的约束力处于模糊与弱化的情况下，相对于控审两

〔1〕《刑事诉讼法》第182条规定，犯罪嫌疑人自愿如实供述涉嫌犯罪的事实，有重大立功或者案件涉及国家重大利益的，经最高人民检察院核准，公安机关可以撤销案件，人民检察院可以作出不起诉决定，也可以对涉嫌数罪中的一项或者多项不起诉。

〔2〕参见吴小军：《认罪认罚从宽制度的实践反思与路径完善——基于北京试点的观察》，载《法律适用》2018年第15期；黄伯青、王明森：《认罪认罚从宽的实践演绎与路径探寻》，载《法律适用》2017年第19期。

方，辩方实际处于更为不利的情况。结合当前实践中认罪认罚从宽具结书“破裂”的现象来看，反悔与反转机制的不完善是导致这一问题的根本原因所在。

具体来看：其一，当前《刑事诉讼法》对被追诉人的反悔机制规定得较为笼统与泛化，尚未区分反悔的理由，也并未设定反悔的条件，从而导致实践中被追诉人行使反悔权过于随意，甚至在一定程度上还鼓励被追诉人可以无条件地撤回认罪，或是进行策略性上诉。[1] 上述这些行为不仅严重浪费了司法资源，而且动摇了控辩协商的稳定性与严肃性。其二，程序反转机制设置得过于粗略和简单，对认罪认罚从宽中相应的反转规则与效力未能作出明确的规制。根据《刑事诉讼法》的规定，在速裁程序中，被追诉人提出异议之后，法院依照公诉案件普通程序或简易程序重新审理。在普通程序中，对量刑建议提出异议的，法院应当依法作出判决。然而，如何重新审理或依法作出判决、是否需要更换审判人员、是否能够继续使用先前的证据与口供等重要问题，现有立法并未进一步说明。

因此，为了纠偏“确认核准模式”在协商效力方面的问题，“商谈审查模式”主张以构建明确具体的反悔与反转机制为抓手，强化控辩协商的法律效力，对控辩协议破裂及其程序反转作出明确规定，提升控辩审三方对认罪认罚具结书尊重、遵守的程度。其一，对被追诉人的反悔进行类型化区别。在赋予被追诉人反悔权的同时，设定一定的条件以防止被追诉人随意推翻已经达成的控辩协议，这不仅符合司法

---

〔1〕 参见董坤：《认罪认罚从宽案件中留所上诉问题研究》，载《内蒙古社会科学（汉文版）》2019 年第 3 期。

运行的基本规律，更与域外法治国家的协商性司法实践相符合。因此，应当对被追诉人反悔的理由进行区分，考量到自愿性与真实性在制度中的基础性地位，应当以此构建相应的司法审查判断标准。如果控辩双方协商过程中，被追诉人受到威胁、引诱、欺骗等，值班律师或辩护律师没有尽到法律帮助义务等，则应当视为未达到自愿性的标准，并应当允许被追诉人推翻控辩协议。当然，应当注意的是，被追诉人在进入刑事诉讼进程之后，将不可避免地遭受一定的压力，而这种压力源于刑事诉讼程序本身。[1]相应地，被追诉人选择是否签署认罪认罚具结书时，自然也将受到不同程度的压力。我们所强调的自愿与明智，并非被告人在没有任何压力的情况下作出的选择，而是应当排除来自司法机关的非正当性强迫。其二，对被追诉人反转后的程序作出规定。如果被追诉人确有正当理由提出反悔，法院应当允许并且通过恢复普通程序来保障被追诉人的权利。相应地，为了防止司法预判还应当更换审判组织，并排除不利于被告人的证据。反之，如果被告人无理由要求撤回认罪认罚具结书，法院应当依法审理并作出判决。其三，限制检察机关撤回量刑建议的权力。考虑到控辩双方本就处于力量悬殊的状态，被追诉人处于弱势状态，因而检察机关原则上不能随意撤销认罪认罚具结书，否则将对被追诉人认罪认罚造成不当的压力，更可能造成司法实践的混乱。当前《刑事诉讼法》已经规定检察机关在审判阶段拥有量刑建议调整权，应当以有利于辩方的原则进行理解，即原则上只有为了被告人的利益才得以调整量刑建议。对

---

〔1〕 See Regina Rauxloh, *Plea Bargaining in National and International Law: A Comparative Study*, Routledge Press, 2012, p.55-56.

于确有错误的，则应当依法提起抗诉来予以纠正。其四，厘清上诉、抗诉与审判之间的关系。无论如何，审判都应当是一种可预期的合理结果，而不是对坚持行使审判权的被告人的一种惩罚或负担。[1]因此，应当明确认罪认罚从宽制度中的上诉不加刑原则。具言之，如果一审法院不接受认罪认罚具结书，径行作出判决的，被告人提出上诉或检察官提起抗诉引起二审程序，应当明确二审法院不得加重刑罚。反之，如果一审法院是在认可认罪认罚具结书情况下依法作出的判决，那么被告人上诉或检察官抗诉应当相应纳入上述协议反悔的范畴。如果没有出现的新的事实，二审法院原则上应当依法维持原判。

〔1〕 See Richard L. Lipple, *The Ethics of Plea Bargaining*, Oxford University Press 2011, p.2.

第六章
CHAPTER 06

# 控辩协商的司法控制：以自愿性审查规则为核心视角

## 一、问题的提出

认罪认罚自愿性，即认罪认罚案件中被告人对犯罪事实的供认以及对拟判处刑罚的认可的真实意愿表示。自愿性是认罪认罚从宽制度适用的基础。[1]如学者所言，表面的认罪认罚容易造成错案，不仅损害被追诉人的权利，也损害被害人的利益，削弱司法的信誉和权威。[2]因此，构建认罪认罚自愿性审查规则具有重要意义，其为法官发现、认定非自愿性认罪认罚提供了指引与标准，有助于发挥法官当庭审查的职责，防止无辜者被迫或违心认罪认罚，避免冤假错案的发生。这一问题受到了当前立法的重视，《刑事诉讼法》、《最高人民法院关于适用〈中华人民共和国刑事诉讼法〉的解释》（以下简称《刑事诉讼法解释》）以及最高人民法院、最高人民检察院、公安部、国家安全部、司

---

〔1〕 参见陈卫东：《认罪认罚从宽制度研究》，载《中国法学》2016 年第 2 期。

〔2〕 参见左卫民：《认罪认罚何以从宽：误区与正解——反思效率优先的改革主张》，载《法学研究》2017 年第 3 期。

法部联合发布的《关于适用认罪认罚从宽制度的指导意见》(以下简称《指导意见》)中均有涉及自愿性审查的条文。遗憾的是，这些条文设计得较为笼统、简单，相互之间甚至存在不小的出入，导致法官在适用规则时形成一定程度的混淆。目前，实践中已经出现不少以一审认罪认罚非自愿为由所提起的上诉，[1]甚至还有以一审未审查认罪认罚自愿性所提起的抗诉。[2]这反映当前认罪认罚自愿性审查规则并没有发挥应有的价值功能，审查形式化的问题较为突出，蕴含非自愿认罪认罚的风险，值得我们关注与反思。

立法的粗疏是造成上述问题的重要原因。现有条文操作性有待加强，尤其是缺乏有效的规则，指引法官对被告人的主观状态进行考察与评价，而法官出于效率与便利的考量，往往导致主观状态的审查变得似是而非。除此之外，受法官角色惯习与直觉思维的影响，审查方式浮于表面、庭审过程仓促随意，被告人对当庭表达自己的真实意愿有所顾虑、保留，隐含强迫、威胁、引诱等要素的非自愿性供述很难在庭审过程中被发现。这些都说明，当前认罪认罚自愿性审查规则是以裁判者决策为核心视角所确立的，我们可以称为一种“以裁判者为中心”的审查规则，其注重的是裁判者作为审查主体的高效与便捷，但忽略了被告人作为意思表示主体的本质，被告人认罪认罚的真实意愿几乎没有机会获得实质性的审查，继而危及了认罪认罚从宽制度的

---

〔1〕　参见牟绿叶:《认罪认罚案件的二审程序——从上诉许可制展开的分析》,载《中国刑事法杂志》2019年第3期。

〔2〕　比如，在陈某交通肇事案中，检察院认为一审法院开庭中未审查认罪认罚自愿性和真实性，请法院予以纠正。参见广东省惠州市中级人民法院刑事判决书，陈某交通肇事二审刑事判决书(2019)粤13刑终241号。

正当性基础。

尽管认罪认罚自愿性的问题已经受到理论界和实务界的关注，但从已有的研究成果来看，仍有进一步探讨的必要。一方面，多数研究者倾向于从审前视角来论证或建构认罪认罚自愿性的保障机制，如推动建立讯问律师在场制度、完善值班律师制度、确立证据开示制度等。但应当承认的是，当前认罪认罚自愿性的审前保障机制，无论是在理论构建抑或在实践探索方面似乎都已经走入"瓶颈期"，很难在短期内取得实质性突破。相较之下，自愿性的庭审保障未能得到充分重视，如何构建符合认罪认罚案件特点的规则机制来指引法官审查，帮助法官及时发现、认定非自愿性认罪认罚，有待研究者贡献新的理论智识。另一方面，虽有一些研究者通过比较研究总结了被告人认罪程序的域外经验，提出了构建我国认罪认罚自愿性审查机制的方案，但由于未能充分认识到当前"以裁判者为中心"审查规则的根本不足，研究者所提出的理论构想存在一定的误区与局限，本质上仍是围绕裁判者决策的视角而展开的，很难真正支撑与助力于司法实践，甚至将加剧自愿性审查形式化的问题。

从根本上解决这一问题，应当从当前认罪认罚自愿性审查规则的根本问题入手，由裁判者决策的视角转向被告人认知的视角来重构审查规则，确立"合致性标准"指引法官进行自愿性判断时达到主观状态内部分析与客观行为外部评价的统一，避免陷入还原主义的困境抑或纯粹思辨的陷阱。在兼顾公正与效率的前提下，完善当庭审查机制，充分发挥法官当庭审查的职责，重塑认罪认罚案件的裁判权威，化解实践中自愿性审查形式化的问题。此即"以被告人为中心"审查规则。

## 二、“以裁判者为中心”审查规则的实践困境

当前“以裁判者为中心”审查规则是以裁判者决策为核心视角所确立的，为了追求审查的高效与便捷，实践中审查形式化的问题较为突出，被告人认罪认罚的真实意愿难以获得实质性的审查，蕴含非自愿认罪认罚的风险。具体表现为审查内容过于片面、审查方式浮于表面、审查过程仓促随意。

### （一）审查内容过于片面

根据《刑事诉讼法》第 190 条第 2 款的规定，被告人认罪认罚的，审判长应当告知被告人享有的诉讼权利和认罪认罚的法律规定，审查认罪认罚的自愿性和认罪认罚具结书内容的真实性、合法性。《刑事诉讼法解释》与《指导意见》的相关规定进一步细化了审查内容，然而，条文设计得较为笼统、简单，相互之间甚至存在不小的出入。正因如此，法官对审查认罪认罚自愿性有着不同的理解，并造成了实践中两种截然不同的做法。

其一，依据《刑事诉讼法解释》进行程序审查。根据《刑事诉讼法解释》第 349 条第 1 款的规定，法官应当重点审查权利告知情况、意见听取情况、材料移送情况等。[1]上述几个方面均属于法律规定的

---

〔1〕 参见《刑事诉讼法解释》第 349 条第 1 款：“对人民检察院提起公诉的认罪认罚案件，人民法院应当重点审查以下内容：（一）人民检察院讯问犯罪嫌疑人时，是否告知其诉讼权利和认罪认罚的法律规定；（二）是否随案移送听取犯罪嫌疑人、辩护人或者值班律师、被害人及其诉讼代理人意见的笔录；（三）被告人与被害人达成调解、和解协议或者取得被害人谅解的，是否随案移送调解、和解协议、被害人谅解书等相关材料；（四）需要签署认罪认罚具结书的，是否随案移送具结书。”

程序性要求，法官可以通过判断审前行为是否与法定程序相符合，如是否履行告知义务、是否有律师在场见证等，以此完成对认罪认罚自愿性的审查。程序审查给予法官较为客观明确的指引，便于实践操作，但将自愿性审查简单等同于程序性审查，并以审前程序的合法性来“倒推”认罪认罚的自愿性，显然不能全面反映被告人认罪认罚的主观意愿，程序“合法”背后是否隐藏威胁、引诱或强迫等“非法”行为几乎无法被法官所发现。

其二，依据《指导意见》进行综合审查。《指导意见》第 39 条第 1 款要求法官应当就主观要件、程序要件、基础事实等方面对自愿性进行综合审查，〔1〕实际是围绕知悉性、认知能力、自愿性以及基础事实四个方面具体展开，〔2〕表明了《指导意见》要求审查被告人主观状态的良好意图。福州市中级人民法院“林某、林某发等组织、领导、参加黑社会性质组织案”便遵循了综合审查的思路，〔3〕但遗憾的是，法官如何验证主观要件缺乏明确的规定。实践中，大多数法官往往以口供的真实性来“反证”认罪认罚的自愿性。对主观性与事实性如此不加区

〔1〕　参见《指导意见》第 39 条第 1 款：“……办理认罪认罚案件，人民法院应当告知被告人享有的诉讼权利和认罪认罚的法律规定，听取被告人及其辩护人或者值班律师的意见。庭审中应当对认罪认罚的自愿性、具结书内容的真实性和合法性进行审查核实，重点核实以下内容：（一）被告人是否自愿认罪认罚，有无因受到暴力、威胁、引诱而违背意愿认罪认罚；（二）被告人认罪认罚时的认知能力和精神状态是否正常；（三）被告人是否理解认罪认罚的性质和可能导致的法律后果；（四）人民检察院、公安机关是否履行告知义务并听取意见；（五）值班律师或者辩护人是否与人民检察院进行沟通，提供了有效法律帮助或者辩护，并在场见证认罪认罚具结书的签署。”

〔2〕　参见胡云腾主编：《认罪认罚从宽制度的理解与适用》，人民法院出版社 2018 年版，第 105 页；陈国庆主编：《认罪认罚从宽制度司法适用指南》，中国检察出版社 2020 年版，第 193-194 页。

〔3〕　法庭除了查明被告人对认罪认罚的诉讼权利和法律后果是否明确知悉，以及是否获得有效法律帮助等程序性问题之外，还着重对被告人的智识能力和认罪认罚的真实意愿进行了审查。参见福建省福州市中级人民法院刑事裁定书，（2018）闽 01 刑终 1442 号。

分的对待，混淆了两者在证据法范畴所归属的不同层次，被告人的主观状态实际上仍然没有机会得到审查。

由此可见，《刑事诉讼法解释》与《指导意见》对审查内容的规定均存在片面化的问题，无论法官遵循哪种思路去审查自愿性，被告人认罪认罚的主观状态都难以获得实质性的考察，而两者之间的冲突，更是导致法官适用规则时形成一定程度的混淆。更为重要的是，审查内容的不同决定了审查标准的差异。程序审查中，法官的审查标准主要是具结书、笔录材料等是否违反法定程序的情形，也可理解为一种程序推定标准；综合审查中，由于法律未能明确如何审查被告人的主观状态，因而法官实际上拥有较大的自由裁量权。但对自愿性这一主观状态进行判断并非易事，在缺乏明确规则指引的情况下，主观状态的审查往往也就变得似是而非，或是沦为“可有可无”的点缀，或是成为“无章可循”的难题。

### （二）审查方式浮于表面

《刑事诉讼法解释》与《指导意见》还进一步对自愿性的审查方式作出了细化规定，具体来看，法院应当告知被告人享有的诉讼权利和认罪认罚的法律规定，听取被告人及其辩护人或者值班律师的意见，围绕定罪量刑的关键事实对被告人认罪认罚的自愿性、真实性等进行发问。通过调研发现，实践中审查方式却存在浮于表面的问题，很难有效考察并评价被告人认罪认罚的真实意思表示。

其一，当告知被告人享有的诉讼权利和认罪认罚的法律规定时，法官通常习惯性地使用自己熟悉的专业术语或措辞，而被告人可能无法充分理解其话语含义。这是因为，法官作为现代体系中的法律工作者，其所掌握的专家知识的深奥元素依赖于长期训练与专业化之结合，但最终呈现为一种“晦涩”的特质，并由此与社会公众隔绝开来。[1]而被告人作为普通公众，受教育程度有限，绝大多数被告人并不通晓专业的法律知识，故对法律语言的理解程度也相当有限。因此，实践中不乏被告人在未能充分理解法律后果的情况下就贸然认罪认罚，这种模糊的认罪体现了虚假的自愿，并成为其在一审判决后提出上诉的原因。[2]

其二，法官在庭审中通常不会再就具体犯罪事实对被告人进行发问，而仅是“例行公事”地进行“是否”的发问，包括“是否自愿认罪认罚”“是否了解诉讼权利与法律后果”“签署具结书时是否有辩护人或值班律师在场”等。然而，“是否”的发问方式过于简单、表面，法官仅凭“是否”的发问显然很难真正洞察被告人认罪认罚的自愿性。更为严重的是，由于被告人害怕遭受更为严重的惩罚，当面对法官“是否”的发问时，甚至不敢、不愿作出否定的回答。由美国学者所开展的一项实证调研即证实，面对法官“是否”的发问，大约有 93% 的被告人会倾向于作出肯定的回答，[3]但其中有多少是自愿、有多少是违心，值得我们反思。

由此可见，法官当庭审查自愿性是以自己习惯且精通的方式进

〔1〕　参见［英］安东尼·吉登斯：《现代性与自我认同：晚期现代中的自我与社会》，夏璐译，中国人民大学出版社 2016 年版，第 28 页。

〔2〕　参见李洪杰：《认罪自愿性的实证考察》，载《国家检察官学院学报》2017 年第 6 期。

〔3〕　See Allison D. Redlich & Alicia Summers, *Voluntary, Knowing, and Intelligent Pleas: Understanding the Plea Inquiry*, 18 Psychology, Public Policy and Law 626, 638 (2012).

行的。因为受到自身角色惯习的影响,[1]法官已经形成了一套具有经验性与偏向性的行为方式,并塑造了属于自己社群的语言结构与语言模式。如萨义德指出,知识分子特别的问题在于每个社会中的语言社群(language community)被已经存在的表现习惯所宰制,这些习惯的主要作用之一就是保持现状,并确保事情能够平稳、不变、不受挑战地进行。[2]这套专业的语言体系正是为了帮助法官更为高效地审理案件,从而保证自身执业处于专业与稳定的状态,但这也将加剧对天真的不耐烦、对无知的不容忍、对效率的渴望和对自身技术语言的依赖。[3]因此,这套以法官为中心建构起来的言行方式,虽然能够帮助法官"娴熟地做其经验中已习以为常的事情",[4]有利于实现审查效率,但是也在无形中造就了法官与被告人之间的认知鸿沟,使得被告人处于裁判者权力话语体系的支配下,对当庭表达自己的真实意愿有所顾虑、保留。

### (三)审查过程仓促随意

保障被告人认罪认罚的自愿性,应当将开庭审理作为最基本的程

---

〔1〕　应当注意的是,由布尔迪厄所提出的"惯习"这一概念并非"习惯"。"惯习"是深刻地存在于性情倾向系统中的、作为一种技艺存在的生成性能力,是完完全全从实践操持的意义上来讲的。参见[法]皮埃尔·布迪厄、[美]华康德:《实践与反思:反思社会学导引》,李猛、李康译,中央编译出版社2004年版,第165页。

〔2〕　参见[美]爱德华·W.萨义德:《知识分子论》,单德兴译,生活·读书·新知三联书店2002年版,第29页。

〔3〕　参见[美]马尔科姆·M.菲利:《程序即是惩罚——基层刑事法院的案件处理》,魏晓娜译,中国政法大学出版社2014年版,第263页。

〔4〕　[美]约翰·克里斯蒂安·史密斯:《认知科学的历史基础》,武建峰译,科学出版社2014年版,第19页。

序保障，发挥法官当庭审查被告人自愿性的职责。[1]遗憾的是，实践中认罪认罚案件的庭审过于仓促，时间畸短，法官只是在法庭上对检察官起诉的犯罪事实、罪名、量刑建议进行形式审查，[2]当庭审查的价值意义被削弱，加大了法官发现非自愿认罪认罚的难度。此外，实践中不少法院对认罪认罚案件实行“集中化”审理或是“在线”审理，尽管庭审效率得到大幅提升，但规范性有所欠缺，庭审的庄严感与仪式感遭到一定的减损，也增加了非自愿认罪认罚的风险。

值得注意的是，仓促随意的庭审环境将进一步促使法官以直觉思维快速作出决策。法官的直觉思维是以其职业经验所形成的“法感”为基础的，[3]长期积累的专业经验能够使法官认清情境并利用过去已习得的与情境相关的经验迅速作出决策，其体现了从经验中提取精华的无意识加工过程，[4]故效率高、经验性强是直觉思维的显著特点。认罪认罚具结书在一定程度上对法官产生了“合意”的心理暗示，愈发精准化的量刑建议为法官节约了思考的时间，辩护人或值班律师的在场见证更是形成了一种程序上的“背书”，[5]这些都为法官认定自愿性提供了信心。因此，在办案效率的刺激下，法官也将更加笃定地凭借直觉思维对自愿性问题作出判断。

然而，直觉决策缺乏情感的参与和控制，凸显了行为本身的“无

〔1〕　参见陈瑞华：《认罪认罚从宽制度的若干争议问题》，载《中国法学》2017 年第 1 期。
〔2〕　参见陈瑞华：《刑事诉讼法》，北京大学出版社 2021 年版，第 340 页。
〔3〕　参见李安：《司法过程的直觉及其偏差控制》，载《中国社会科学》2013 年第 5 期。
〔4〕　参见蔡曙山主编：《人类的心智与认知——当代认知科学重大理论与应用研究》，人民出版社 2016 年版，第 589-590 页。
〔5〕　参见姚莉：《认罪认罚程序中值班律师的角色与功能》，载《法商研究》2017 年第 6 期。

意识性”，易陷入直觉思维的弊端。易言之，法官仅凭直觉思维作出判断很容易产生裁判偏差，被告人认罪认罚所存在的瑕疵或问题往往会被忽视。隐含强迫、威胁、引诱等要素的非自愿性供述具有一定的隐蔽性，需要法官投入一定的时间、运用一定的方法才能发现。如果仅凭经验与直觉，法官难免会掉以轻心，以致轻信，能否真正察觉并纠正这些问题，令人担忧。更应警惕的是，现实司法之所以不再呈现为逻辑推演而是运用性商谈，根本原因在于法官已经对一些抽象的可普遍化的利益有了类型化的观念。〔1〕但随着这种类型化的观念不断内化于心，刑事认罪认罚案件将很有可能逐步演化为一种类型化的判决——仅凭法官直觉思维就直接得出的高效产物。如此不仅使被告人的合法权利遭受损害，认罪认罚案件的裁判权威更可能被削弱。

## 三、“以裁判者为中心”审查规则的理论缺陷

“以裁判者为中心”审查规则偏向于对客观行为的外部评价而欠缺对被告人主观状态的内部分析，裁判者几乎丧失了考察被告人主观状态的机会乃至能力。然而，研究者未能充分认识到问题的根源所在，提出的理论构想存在一定的误区与局限，本质上仍是围绕裁判者决策的视角而展开，很难真正支撑与助力于司法实践，甚至将加剧自愿性审查形式化的问题。

---

〔1〕　参见孙万怀：《判例的类比要素：情景、中项与等值——以刑事裁判为视角》，载《中外法学》2020年第6期。

### （一）误区：脱离主观考察的自愿性判断标准

由于立法并没有对认罪认罚自愿性的判断标准作出明确规定，法官遵循何种标准来判定被告人认罪认罚的自愿与否，成为困扰理论与实践的疑难问题。总体来看，研究者主张的自愿性判断标准有三种，包括采取非法言词证据排除标准、采取被告人同意理论、采取综合考量标准。这些理论构想均有一定的贡献，但是在一定程度上仍然脱离了对被告人主观状态的考察，或多或少是简单与机械的，对指引法官探究被告人的主观意愿仍有不足。

#### 1. 采取非法言词证据排除标准

有研究者认为，认罪认罚自愿性应当通过对“刑讯逼供和以威胁、引诱、欺骗以及其他非法方法”客观行为的判定得出，[1]换言之，是将自愿性转化为对客观取证行为的判断，并通过《刑事诉讼法》中的相关条文加以检验。我国台湾地区的学者亦有持相同观点者，其指出影响被告人之意志决定及意志形成自由，与“刑事诉讼法”有关讯问禁止之规定相同，即非出于自由意志仅指国家机关使用强暴、胁迫、利诱、欺诈、疲劳讯问或其他不正之方法。[2]我国台湾地区法院亦在判决中采取了上述立场，[3]并以台湾地区“刑事诉讼法”第 156 条

---

〔1〕　参见孔冠颖：《认罪认罚自愿性判断标准及其保障》，载《国家检察官学院学报》2017年第 1 期。

〔2〕　参见陈运财：《认罪协商制度的光与影》，载《月旦法学杂志》2004 年第 7 期；杨云骅：《刑事诉讼法新增协商程序之探讨（下）》，载《月旦法学教室》2004 年第 21 期。

〔3〕　参见我国台湾地区高等法院花莲分院 2006 年上诉字第 28 号判决。

来验证被告人认罪协商的自由意志。[1]然而，将自愿性判断标准完全等同于非法言词证据排除标准存在天然的缺陷。这是因为，认罪认罚从宽语境下的供述与普通案件中的自白具有本质区别。自白是对讯问作出的应答，具有相对的单向性、被动性；认罪认罚是控辩协商的结果，体现了一定的交互性、主动性，故不可避免地将受到协商过程中诸如"交涉""妥协"等因素的影响，并体现一定程度的利诱或权衡。故如研究者所言，认罪认罚的自愿性并不是社会心理学意义上的"自由、自愿"，几乎所有认罪认罚都带有非自愿的色彩。[2]因此，如果不对协商加以情境识别，"一刀切"地采取非法言词证据排除标准来判断认罪认罚的自愿性，以讯问行为合法性来评判认罪认罚自愿与否，虽然便于法官操作，但将导致法官的判断彻底脱离主观考察而陷入机械与简单的思维。并且，由于在刑讯逼供和自愿认罪之间仍存在大量的中间地带，[3]即使没有外在的物理强制，被告人受到心理强制而作出的有罪供述亦可能无法达到自愿性的标准，因而采取非法言词证据排除标准很可能将造成裁判偏差。

2. 采取被告人同意理论

有研究者提出了"被告人同意理论"，即主张将认罪认罚抽象为被告人同意的对象，将被告人认罪认罚的自愿性对应为被告人同意能

---

〔1〕　参见我国台湾地区"刑事诉讼法"第 156 条："被告之自白，非出于强暴、胁迫、利诱、欺诈、疲劳讯问、违法羁押或其他不正之方法，且与事实相符者，得为证据……被告陈述其自白系出于不正之方法者，应先于其他事证而为调查。该自白如系经检察官提出者，法院应命检察官就自白之出于自由意志，指出证明之方法……"

〔2〕　参见闫召华、李艳飞：《认罪认罚的自愿性研究》，载《河南财经政法大学学报》2018 年第 2 期。

〔3〕　参见魏晓娜：《结构视角下的认罪认罚从宽制度》，载《法学家》2019 年第 2 期。

力的一项重要指标，并针对被告人同意能力确立不同的界定标准与保障措施。[1]这一理论以被告人的人格尊严为价值根基，强调对其自主决定权的尊重，[2]看似以被告人的主观认知为核心而建立，似能弥补前述客观判断标准之弊端；但遗憾的是，研究者仅提出了被告人同意理论，未能具体阐述这一理论的基本要件，即缺少了对同意能力标准应当如何设置、同意能力保障应当如何落实等关键问题的论证。这就使得这一理论宛如“空中阁楼”，究竟法官应当遵循何种标准来考察被告人的自愿性仍未能得到充分解释。更为关键的是，刑事诉讼中被告人是否享有同意的自由，这一问题值得反思。如德国刑法学者许乃曼所言，在具有强制力的国家刑事诉讼程序中，刑事协商没有真正同意的经验前提。[3]尤其是我国检察机关在刑事诉讼中对被追诉人一方享有明显的优势地位和诉讼资源，加之同时承担了法律监督的职权，其对法官裁判又构成了一定的影响甚至是制约。因此，对大部分案件来说，检察机关可能并不需要使用违法手段，仅仅借助自身的优势地位就能获得被追诉人认罪认罚的结果。然而，这一结果是否真正实现了被追诉人的自主决定权令人怀疑。可以说，被告人同意理论未充分考量司法现实下被告人的认知状态与决策能力，一定程度上建立在

〔1〕　参见孔令勇：《被告人认罪认罚自愿性的界定及保障——基于“被告人同意理论”的分析》，载《法商研究》2019 年第 3 期；董林涛：《论认罪认罚程序中的被追诉人同意》，载《法学杂志》2020 年第 9 期。

〔2〕　参见董林涛：《论认罪认罚程序中的被追诉人同意》，载《法学杂志》2020 年第 9 期。

〔3〕　参见［德］贝恩海·许乃曼：《公正程序（公正审判）与刑事诉讼中的协商（辩诉交易）》，刘昶译，载陈光中主编：《公正审判与认罪协商》，法律出版社 2018 年版，第 33 页。

“被告人即理性人”的完美假设之上，[1]但这一假设本身或许就是“刑事司法系统中最站不住脚跟的推测”。[2]因此，被告人同意理论能否帮助法官有效验证被告人认罪认罚的自愿与理性，实际难以评估。

3. 采取综合考量标准

还有研究者主张，应当建立综合考量标准来对认罪认罚自愿性进行判断。具体来说，即参照非法言词证据规则所确立的标准，同时允许法官裁量判断认罪认罚的自愿性。[3]综合考量标准的主张具有进步性，因为持有此论的研究者已经意识到，缺失了对被告人主观状态考察的判断标准是失之偏颇的。如其提出者所言，自愿性的审查判断，不可避免地需要融入主观与客观的二元因素，法官应当在客观规则的基础上，利用经验对自愿性进行综合审查与判断。[4]但遗憾的是，法官如何利用经验对被告人的主观状态进行裁量判断，亦即综合考量标准的实现机制为何，研究者未能作出更为深入的阐释，继而导致这一主张的实践价值大打折扣。尽管不能否认的是，自愿性判断本身就属于主观范畴，在很大程度上需要法官依靠经验来加以判断，如以感知为基础的判断、以人类行为的解释为基础的判断、其他借社会经验而取

---

〔1〕　这与刑法客观主义领域中的“理性抽象人”的形象相类似，即意志绝对自由、具有理性和人类共有的认识能力、会根据趋利避害原则对其所面临的机会和目标进行最优化选择。参见劳东燕：《刑法基础的理论展开》，北京大学出版社2008年版，第332页。

〔2〕　See Stephanos Bibas, *The Myth of the Fully Informed Rational Actor*, 31 Saint Louis University Public Law Review 79, 80 (2011).

〔3〕　参见闫召华、李艳飞：《认罪认罚的自愿性研究》，载《河南财经政法大学学报》2018年第2期；杨帆：《认罪自愿性的边界与保障》，载《法学杂志》2019年第10期；杜磊：《论认罪认罚自愿性判断标准》，载《政治与法律》2020年第6期。

〔4〕　参见杨帆：《认罪自愿性的边界与保障》，载《法学杂志》2019年第10期。

得之判断、价值判断等，都是必要的。[1]但是，为了确保裁判结果的准确性，这些基于经验所作出的判断仍然不能脱离方法的指导，即法官应当在科学工具与知识的指导下进行裁量判断，否则，这些经验判断很有可能仍然只是简单的直觉思维的产物，其准确性与可靠性有限。因此，研究者所提出的综合考量标准仍是有所欠缺的，即如有研究者指出，这一构想的基本思路本质上仍然是以客观行为反推主观意愿，实现真正的自愿性判断尚有难度。[2]法官对被告人主观状态的考察仍将陷入模糊甚至是走向恣意，所谓的自愿性审查恐怕依旧只是一种形式意义上的。

### （二）局限：偏好法官效率的自愿性审查机制

认罪认罚自愿性审查规则，除了自愿性判断标准之外，还应当包括法官审查自愿性的方式与程序等。既有的研究成果大多集中于对自愿性判断标准的讨论，对自愿性审查机制，即法官究竟应当遵循何种方法与步骤来审查认罪认罚的自愿性，关注度尚不足够。一些研究成果即使有所涉及，但探讨过于笼统，存在一定的不足：一方面，未能在程序设计上与现行庭审作出区分，无法体现出认罪认罚案件庭审的特殊性，如何在兼顾公正与效率的前提下，实现法官当庭审查的职责，有待进一步的探讨；另一方面，未能注意到认罪认罚案件可能适用不同的程序，即速裁程序、简易程序甚至是普通程序都可以审理认

---

〔1〕　参见［德］卡尔·拉伦茨：《法学方法论》，陈爱娥译，商务印书馆2003年版，第165-174页。

〔2〕　参见韩晗：《认罪认罚自愿性的法院审查难题及其破解》，载《烟台大学学报（哲学社会科学版）》2019年第6期。

罪认罚案件，是否需要细分不同的程序创设规则、如何细分与衔接等问题，值得进一步的反思。

即使是最为研究者所推崇的方案，即效仿美国辩诉交易制度来构建独立的认罪答辩程序，[1]其必要性与合理性也值得推敲。首先，认罪答辩程序作为一种预先审查被告人认罪答辩自愿性的程序，在美国刑事司法实践中效果欠佳，呈现形式化、程式化、过场化等问题，近年来愈发受到本土学者的批评，甚至被认为"陈词滥调""敷衍了事"。[2]因此，这一程序能否保障被告人的自愿性存在较大疑问，在这种情况下，仍然主张效仿认罪答辩程序似乎并不明智。其次，构建认罪答辩程序可能将导致庭审虚化，使得自愿性审查形式化的问题更为严重。事实上，目前法官主要就是通过庭前阅卷的方式来完成对认罪认罚案件的事实认定。但是，庭前形成的内心确信让不少法官倾向于相信，审前的自愿性保障工作已经足够，继而对当庭审查会产生怠慢的心态。[3]如果增设一种预先审查被告人认罪认罚自愿性的程序，无疑是把整个制度的重心进一步前移，法官的当庭审查也将变得更为无关紧要。

由此可见，诸如构建认罪答辩程序的设想，本质上仍是围绕裁判

---

〔1〕　在美国辩诉交易制度中，当被告人在传讯阶段于法庭上作出有罪答辩或不申诉的答辩时，法官的重要职责是判断被告人的答辩是否自愿作出、被告人是否理解他作出答辩所针对的指控的意义、被告人是否理解答辩如果被接受所可能产生的法律后果；除此之外，对答辩的事实性基础判断也是法官在传讯阶段的一项职责。参见[美]伟恩·R. 拉费弗、杰罗德·H. 伊斯雷尔、南西·J. 金：《刑事诉讼法》，卞建林、沙丽金等译，中国政法大学出版社 2003 年版，第 1082-1089 页。

〔2〕　Turner.J.*Iontcheva, Judicial Participation in Plea Negotiations: A Comparative View*, 54 American Journal of Comparative Law 199, 212 (2006).

〔3〕　See Sanborn J. B. , *Pleading Guilty in Juvenile Court: Much Ado About Something Very Important to Young Defendants*, 9 Justice Quarterly 127, 139 (1992).

者决策的视角展开的，侧重点在于法官审查的效率而非质量，无法解决，甚至将加剧自愿性审查形式化的问题。我们不应忽视的是，认罪答辩程序无法摆脱辩诉交易制度根深蒂固的效率偏好，在司法实践中运行得相当仓促，甚至“比去快餐店买个汉堡包都要快”，[1]但这种过于注重“成本效益”的偏好导致案件丧失了个性，使得法官根据案件在“法律市场”中的价值进行分类与评估，这已经从根本上改变了美国刑事司法程序对无罪辩护的看法，[2]甚至可以说，已经动摇了无罪推定原则的根基，蕴含冤假错案的风险。因此，简单照搬基于效率偏好而构建起来的认罪答辩程序，恐怕不仅是叠床架屋地增设程序，或将导致认罪认罚从宽制度的内在脉络与实践操作变得更为混乱。

## 四、“以被告人为中心”审查规则之判断标准

“合致性标准”是“以被告人为中心”审查规则的核心。这一裁判规范将被告人认罪认罚的主观意愿与其在审前程序中的客观处境联系起来，指引法官通过整体考察两者之间的关联大小来综合评价主观意愿。法官考察主观意愿与客观处境之间的关联时，需要注重主客观之间的对应关系，并将审查成立自愿性与被告人的当庭表现联系起来，最终结合个案及运用经验判断作出裁判。

---

〔1〕 Boruchowitz R. C. , Brink M. N., and Dimino M., *Minor Crimes, Massive Waste: The Terrible Toll of America' s Broken Misdemeanor Courts*, National Association of Criminal Defense Lawyers (2009), p.32.

〔2〕 See Regina Rauxloh, *Plea Bargaining in National and International Law: A Comparative Study*, Routledge Press, 2012, p.59.

## （一）何为“合致性标准”

认罪认罚自愿性的判断标准所要确立的是一种裁判规范，即旨在有效指引法官对被告人的主观状态进行法律评价的规范，这种裁判规范的本质决定了这一判断标准并不是一种简单日常的行为规范。法律意义上的自愿性并不意味着完全绝对的自由自愿，而是在法律允许范围内的一定压力之下的供述与保持沉默之间的权衡选择。[1]认罪认罚从宽制度语境下的主观“自愿”与我们一般认知意义上的“自愿”也应当有所区别。这就如同刑法中“故意”的概念，也不可以完全按照一般人在日常生活中的意思去理解，必须联系具体的案件以及这个罪保护的法益进行实质判断。[2]如果参照刑法中对行为人主观要素的认定，那么最终仍然需要结合外化行为来加以考察判断。例如，强奸罪中被害人是否自愿与被告人发生性关系，亦即被告人是否违背了被害人的意愿，司法实践中一般根据被告人的行为方式，[3]结合被害人事后的反应来综合判断。值得注意的是，在某些情况下，主观状态与客观行为无法直接对应。正如，刑法中目的犯之目的，并不对应于客观行为，难以从客观行为中直接确认其主观要素的存在。[4]在客观行为无法为主观状态的认定提供直接根据的情况下，就需要法官运用推定的方法或者采取逻辑推论和经验推断的方法来对主观事实进行内

〔1〕　参见杨文革：《美国口供规则中的自愿性原则》，载《环球法律评论》2013 年第 4 期。

〔2〕　参见张明楷：《刑法的私塾》，北京大学出版社 2014 年版，第 37 页。

〔3〕　陈兴良教授即认为，强奸罪中是否违背妇女意志应当根据行为人采取的暴力、胁迫或者其他手段进行判断。参见陈兴良：《口授刑法学》，中国人民大学出版社 2007 年版，第 569 页。

〔4〕　还有一些非典型的法定目的犯，如意图犯中的“意图”属于犯罪故意之外的主观要素，其也不要求存在客观上的相应要素与之完全对应。参见张明楷：《刑法分则的解释原理》，中国人民大学出版社 2004 年版，第 170-171 页。

心确证。[1]由此可见，主观状态和客观行为实际形成了相对分离却又内在统一的互动语境，对主观状态的考察离不开对应的客观行为的确认，并且需要法官结合司法经验予以判定。

应当说，《指导意见》下的“综合审查”以及研究者所主张的“综合考量标准”大体上已经体现了主客观统一的思路，是值得肯定的。但如上文所述，这些主张仍是围绕裁判者决策的视角而展开的，对指引法官探究被告人的主观意愿仍有不足。因此，为了达到主观状态内部分析与客观行为外部评价的统一，我们所主张的“合致性标准”是指法官考察认罪认罚自愿性时，需要将被告人认罪认罚的主观意愿与其在审前程序中的客观处境联系起来，根据被告人在审前程序中的客观处境，即人身状态、取证行为、受助情况、认罪认罚的情况等，整体考察客观处境与主观意愿之间的联系大小，并综合判断被告人认罪认罚的主观意愿。

“合致性标准”回应了当前实践与理论的不足，可以从以下两个层面去理解：其一，从被告人认知的层面来说，“合致性标准”要求将被告人认罪认罚的主观意愿与其在审前程序中的客观处境联系起来，通过整体考察两者之间的关联，来综合评价主观意愿的程度。目前，法官审查自愿性主要是通过依次分析审前程序中单个行为的合法性来完成的，过于片面、机械，相当于人为拆分了客观行为与主观状态之间的互动语境，割裂了主客观之间的联系，使得两者处于高度疏离的状态，主观状态只能沦为客观行为的简单附庸。因此，“合致性标

〔1〕　参见陈兴良：《走向教义的刑法学》，北京大学出版社2018年版，第314-315页。

准”是将审前行为视为一个有机的整体，而不是简单拆解为相互独立的片段，并要求法官综合审查这一行为合集与主观意愿之间的关联程度，以此避免陷入还原主义（reductionism）[1]的困境。其二，从法官裁判的层面来说，“合致性标准”承认法律判断方法外在性的前提，要求法官考察主观意愿与客观处境之间的关联时，不能仅仅凭一种心理上的感觉，如同刑法中对主观违法要素的存在必须采取一种既客观又谨慎的态度。[2]因此，法官自由裁量主观意愿与客观处境之间的关联，仍然需要在审查内容与审查方式的客观约束之下，并且需要注重主客观之间的对应关系，将审查成立自愿性与被告人的当庭表现联系起来。如此便为法官的自由裁量权框定了范围，可以避免主观状态的判断陷入纯粹思辨的陷阱，防止产生裁判的恣意与偏差。

### （二）“合致性标准”之整体考察

被告人所作出的认罪认罚的意思表示，并不是简单的物理机械行为，而是在判断、决意、妥协等相互交织之下所作出的决策，体现了一种动态、连续的决策过程，蕴含了复杂的行为逻辑，本质上是人类决策行为的一种特殊情形。这种决策行为的理性程度将受到内部因素与外部因素的共同作用，内部因素主要是指个人认知能力、心理机制

〔1〕　还原主义，或称还原论，是一种科学哲学思想，指某一给定实体是由更为简单或更为基础的实体所构成的集合或组合，或认为这些实体的表述可依据更为基础的实体的表述来定义。还原主义企图将整体分解为局部，但并不重视事物的价值或者可能的理想形态。美国逻辑哲学学家蒯因在《经验论的两个教条》中首次提出了“还原主义”的概念并对其进行了批评，认为其是一种教条主义。随着复杂性科学的诞生与发展，还原主义的核心观点逐渐得到质疑与否定，即并非所有事物整体都可以被拆卸与还原。

〔2〕　参见付立庆：《主观违法要素理论——以目的犯为中心的展开》，中国人民大学出版社2008年版，第165页。

等，外部因素则是由被告人在审前程序中的客观处境所决定的，包括人身状态、取证行为、受助情况、认罪认罚的情况等。这就如同剪刀的两片刀，分别代表了任务环境的结构和行为者的计算能力，而人类的理性行为便是被这把剪刀所修剪的。[1]

因此，判断认罪认罚自愿性与否，法官应当将这一主观意愿与被告人在审前程序中的客观处境联系起来，整体考察两者之间的关联程度。被告人认罪认罚的主观意愿与客观处境之间的关联越强，也就意味着受到外部因素的影响越大。当然，刑事诉讼程序具有与生俱来的强迫性色彩，[2]被告人负有一定的容忍义务，但当外部因素已经足以对被告人的主观意愿起到一种决定性的作用，超过了被告人合理容忍限度的时候，就可能造成被告人非自愿认罪认罚的结果。至于被告人在审前程序中的客观处境，则应当重点从以下几个方面来把握。

其一，人身状态。被告人在审前程序中的人身状态主要是指强制措施的适用情况。强制措施的变更使得被告人从非羁押状态变成羁押状态，或是从羁押状态变成非羁押状态，将对被告人的处境造成直接影响。在被告人已经处于羁押状态的情况下，高度封闭、与外隔离的处境将对其不自觉地产生心理上的恐惧，这有利于司法机关获取有罪供述。加拿大学者的一项实证研究表明，被告人在人身自由受限的情况下将更倾向于认罪，其概率甚至是未受到人身自由限制的被告人

---

〔1〕 See Simon H. A. , *Rational Choice and the Structure of Environments*, 63 Psychological Review 129, 132-133 (1956).

〔2〕 See Richard L. Lipple, *The Ethics of Plea Bargaining*, Oxford University Press, 2011, p.54.

的两倍之多。[1]实践中，不少被告人为了早日摆脱冗长的未决羁押，不得不与检察机关签署认罪协商协议书，从而导致无罪被告人被作出有罪判决的情况发生。[2]因此，法官应当对被告人审前的人身状态予以重点判别，并对羁押时间的长或短予以区别考量。

其二，取证行为。在认罪认罚案件中，侦查机关暴力取证的动因并不十分明显，或者说，并无十分必要去承担暴力取证的风险，但在办案效率、考核指标的驱使之下，诸如诱导、欺骗等取证方式可能会更受青睐。如前所述，即使没有外在的物理强制，被告人受到心理强制而作出的有罪供述仍然可能无法达到自愿性的标准。但一律禁止体现交涉、妥协或诱惑色彩的取证方式，似乎与认罪认罚从宽制度的协商性本质亦有所背离。因此，法官应当根据个案具体考量取证行为的合理性，容许一定限度之内的非直接强制的取证行为。当然，这些取证行为不得超出法律的规定，即不得要求被告人履行自我义务以外或法律禁止之行为等，如以超过法律规定的虚假利益作为许诺、以不实信息或非法事由加以欺骗等。当前，实践中一些检察机关以变更强制措施作为条件来要求犯罪嫌疑人认罪认罚，如告知犯罪嫌疑人接受量刑建议就可以从羁押性强制措施变更为非羁押强制措施，反之，则继续羁押甚至由非羁押强制措施变更为羁押性强制措施。如此做法不仅有滥用强制措施之嫌，并且显然有违法律规定，即应当属于被禁止的行为。

---

〔1〕 See Kellough G. and Wortley.S., *Remand for Plea: Bail Decisions and Plea Bargaining as Commensurate Decisions*, 42 British Journal of Criminology 186, 198-199 (2002).

〔2〕 参见陈瑞华：《"认罪认罚从宽"改革的理论反思——基于刑事速裁程序运行经验的考察》，载《当代法学》2016 年第 4 期。

其三，受助情况。为了帮助被告人作出正确理性的利益权衡，认罪认罚应当建立在充分信息的基础之上。如卡多佐所言，无选择即无自由，无认知即无选择。[1]而被告人的受助情况主要取决于辩护人的质量。目前，协商主体是检察官与被告人，辩护律师或值班律师并非协商的主体。在这种情况下，双方法律知识及信息掌握程度完全不平等，被告人可能是出于对国家司法机关的恐惧才被迫认罪认罚。如果被告人处于公权力的强势之下，那么协商可能沦为控方权威下的产物。[2]因此，被告人在审前是否获得实质有效的帮助，应当受到法官的重点关注。法官应当明确辩护人或者值班律师介入的具体时间，确定被告人获得帮助是在认罪认罚之前还是之后。应当特别注意的是，法官还应当与被告人确认是否存在委托辩护律师而被办案机关拒绝、值班律师未提供实质帮助仅是到场见证等情形。

其四，认罪认罚的情况。决策行为的理性程度还需要考虑人的认知规律。出于趋利避害的本性，被告人在进入刑事诉讼程序后，难免会心存逃避的心理。要求被告人在完全自愿的情况下作出不利于自己的陈述，并不现实。因此，法官有必要对被告人认罪认罚的动机及其行为予以识别，比如，被告人是否具有选择的自由。在认罪认罚案件中，被告人有选择认罪认罪的自由，也有选择不认罪认罚的自由。但如果要求被告人先认罪再协商，等同于要求被告人先俯首认罪再祈

〔1〕［美］本杰明·N. 卡多佐：《法律科学的悖论》，劳东燕译，北京大学出版社 2016 年版，第 121 页。

〔2〕吴思远：《我国控辩协商模式的困境及转型——由“确认核准模式”转向“商谈审查模式”》，载《中国刑事法杂志》2020 年第 1 期。

求恩惠，被告人也就没有任何选择的自由可言，[1]这种情况下的认罪认罚显然不是被告人真实意愿的表达。此外，由于认罪认罚本质是利益权衡后的产物，协商次数越多、协商越深入，这种利益权衡会更深入彻底，体现的自由意志也会更真实，认罪认罚的动机也就更充分完整。再如，是否真诚悔罪一定程度上可以反映出被告人认罪认罚的出发点以及对其犯罪行为的愧疚和悔意，[2]被告人真诚悔罪应当视为一种相对主动的认罪认罚，这可以从被告人是否积极履行了对被害人的赔偿、履行时间的早晚等来判断。

### （三）"合致性标准"之综合判断

从本质上来说，判断标准归属于价值判断的范畴，或者说，更是一个模糊的经验性判断问题。[3]因此，在整体考察客观处境与主观意愿之间的联系大小的基础上，法官最终需要结合个案及运用经验判断，综合认定被告人认罪认罚的主观意愿。这一结果不可避免地要求法官进行自由裁量。而为实现裁量的最佳决定，拥有裁量权的行为者需要"苦思冥想"。[4]为了防止法官的思维迷失方向，主观状态的认定变得暧昧危险，应当构建"情境模型"来指导法官进行综合判断。我们可以把"情境模型"理解为一种裁判方法，其要求裁判者将自身投入被告人的具体情境中去，实现一种"在场化"的效果，在整体考察

---

〔1〕 参见王兆鹏：《新刑事·新思维》，台北，元照出版有限公司 2004 年版，第 185 页。

〔2〕 有美国学者也主张将被告人的"悔意"作为辩诉交易中的重要考量依据。See Tudor S.K., *Why Should Remorse Be a Mitigating Factor in Sentencing*, 2 Criminal Law and Philosophy 241, 252-253 (2008).

〔3〕 参见王景龙：《美国的自白任意性规则及借鉴》，载《环球法律评论》2016 年第 1 期。

〔4〕 [德]卡尔·恩吉施：《法律思维导论》，郑永流译，法律出版社 2004 年版，第 145 页。

被告人决策环境的基础上，结合全案的证据材料形成心证。德国、美国均有适用这一裁判方法的经验，并在行政法、刑事诉讼法领域形成了诸多判例。[1]这为我们综合认定被告人的主观状态提供了借鉴。应当明确的是，构建“情境模型”的目的在于为法官的经验判断提供科学的方法指导，避免自由裁量走向恣意，防止法官的理性被利益、情感这些非理性因素所承载，去这些非理性力量想让它去的任何地方而不顾抽象理性的内在逻辑要求。[2]

“情境模型”为适用“合致性标准”提供了具体依托：其一，“情境模型”通过将被告人涵摄到法官自身，一定程度上破除了“被告人即理性人”的完美假设，继而可以帮助法官作出合乎情理、符合常识的判断，防止裁判结果脱离社会一般人的普遍认知范畴；其二，“情境模型”既有非理性的诸如情感、直觉的参与，又包括了理性的诸如分析、比较、判断、抽象等环节，为法官适用经验法则提供了具体场合，成为连接基础事实与待证事实的桥梁，有助于解决主观状态的认定难题；其三，“情境模型”注重主客观之间的对应关系。例如，对认罪认罚动机等要素的考察，要从被告人到案后的行为是否符合常理的角度进行判断，毕竟“行为”是根据某些欲求而进行的。[3]法官考察主观意愿与客观处境之间的关联时，需要运用自己的理性和经验来认定其之间的关联程度，由此推导被告人自愿与否。但应当明确的是，凡是存在证

---

〔1〕　参见李文姝：《警察执法裁量情境审查的建构与实践》，载《甘肃政法大学学报》2021年第2期。

〔2〕　参见［美］汉斯·摩根索：《科学人对抗权力政治》，杨吉平译，上海译文出版社2017年版，第119页。

〔3〕　参见［日］西原春夫：《刑法的根基与哲学》（增补版），顾肖荣等译，中国法制出版社2017年版，第154页。

据可以直接证明违背被告人意愿认罪认罚的，主客观之间将处于明显的对应状态，法官的自由裁量便无适用的余地。如果取证的客观行为已经存在违法情形，构成了《刑事诉讼法》所规定的刑讯逼供、暴力威胁等行为，则法官应当直接认定为非自愿供述，而无须再进行综合判断。

还需要说明的是，"情境模型"将结合当庭审查机制共同发挥作用。法官需要将审查成立自愿性与被告人的当庭表现联系起来，被告人的当庭表现也应涵盖至综合判断的范畴之中，充分发挥当庭审查的职责。因此，法官不能仅通过书面阅卷就对自愿性问题作出判断，还必须借助庭审程序来进一步验证心证的准确性。法官应当重点关注被告人在庭审中的认罪意愿是否坚定，尤其是要与审前程序中的表现进行对比，判断其认罪认罚是否稳定抑或摇摆。如果被告人在庭审中表现出犹豫、迟疑或是提出异议，法官需要及时回应与反馈，并当面确认认罪认罚的自愿性。当然，法官也不能简单地以被告人是否在庭审中有无抗辩来验证自愿性。因为出于趋利避害的天性，被告人仍然可能希望通过当庭辩解来表达自己想要获得轻缓处罚的意愿，故不能苛求被告人一律不能有所辩解。

## 五、"以被告人为中心"审查规则之实现机制

确立自愿性判断标准的同时，"以被告人为中心"审查规则还将对法官如何发现、认定非自愿性认罪认罚予以规范，审查内容与审查

方式将对法官的自由裁量予以约束。在兼顾公正与效率的前提下，完善当庭审查机制，提升审查内容的全面性、弱化审查方式的支配性、重塑庭审过程的权威性，以此改善被告人受裁判者权力话语体系支配的现状，提高当庭验证被告人认罪认罚真实意愿的水平。

### （一）提升审查内容的全面性

“合致性标准”是体现主客观统一的判断标准，要求法官进行自愿性判断时达到主观状态内部分析与客观行为外部评价的统一。为了实现这一判断标准，应当提升审查内容的全面性，为法官进行综合判断提供充分的支撑。因此，显然不宜采纳《刑事诉讼法解释》程序审查的规定，而应当在《指导意见》综合审查的基础上，进一步明确审查内容的具体方面。

其一，被告人的认知能力。认知能力，是指被告人认罪认罚时具有正常的智力水平并处于正常的精神状态，不存在智力障碍、精神障碍或酒精中毒等情况。换言之，被告人是否按照自己的规范意思而行动的意思，而非为他人或者生理的东西所决定。[1]临床试验已经证实，精神障碍将对行为人的认知、情感、意志和行为等方面造成不良影响，严重时甚至将瓦解行为人整体的心理活动，使得行为人的言行、理智和行为反应受到严重损害。[2]然而，由于立法规定过于粗疏，实践中被告人的认知能力几乎没有机会得到审查，由此可能造成的消极影

---

〔1〕 参见［日］平野龙一：《刑法的基础》，黎宏译，中国政法大学出版社 2016 年版，第 17 页。

〔2〕 参见袁彬：《刑法的心理学分析》，中国人民公安大学出版社 2009 年版，第 104-105 页。

响不应被忽视。为了审查被告人是否具备完整的认知能力，一方面，法官可以在庭前借助一定的科学辅助手段对被告人的精神状况进行事先考察。例如，有研究者提出可以运用精神检查、心理测试及测谎技术等，对被告人的精神或心理缺陷进行调查，并将相关结果作为判断口供真实性的辅助材料。[1]另一方面，法官应当结合案卷材料在庭审过程中亲自审查被告人的认知能力，如询问被告人文化程度、精神状况等，通过观察被告人的言行举止等，来进一步判断被告人是否具有正常的认知能力。此外，还应当注意，《刑事诉讼法》并不排除特殊主体依法适用认罪认罚从宽制度，盲聋哑、尚未完全丧失辨认或者控制自己行为能力的精神病人、未成年人，实际上都可能成为认罪认罚案件中的被告人。这些特殊主体的辨认能力、意志能力、表达能力等应属于被告人认知能力的范畴，法官应当给予重点关注，必要时应当依法在其他诉讼参与人的帮助下对被告人的认知能力进行确认。

其二，法定的程序要件。应当明确的是，"合致性标准"并不消减程序要件的重要性，即在认罪认罚案件中被告人是否理解了认罪认罚的性质和可能导致的法律后果，人民检察院、公安机关是否履行告知义务并听取意见，值班律师或者辩护人是否提供了有效法律帮助或者辩护并在场见证具结书的签署等，上述从外部客观反映程序推进与情况的证据材料，法官仍然应当依法进行审查，确定是否存在违反法定程序的情况。但应当注意的是，实践中绝大部分认罪认罚案件都呈现"外部形式合法"的显性特征，即具结书完备、要式齐全等，但这可

---

〔1〕 参见纵博：《认罪认罚案件中口供判断的若干问题》，载《中国刑事法杂志》2019年第6期。

能会让法官形成先入为主的“偏见”判断，而忽略了“形式合法”背后所可能隐藏的问题。例如，实践中检察机关虽然会向被告人出示《认罪认罚从宽制度告知书》，并要求被告人签署后附卷留存，但该告知书一般仅记载被告人的基本信息、被指控的罪名及适用的条款、检察机关的量刑建议等内容，并不包含被告人认罪认罚可能将导致的法律后果等，如此显然无法充分保证被告人的知悉权。法官如果只是审查告知书签署附卷的情况就对告知义务与知悉情况作出判断，属于纯粹的程序推定，显然是有所欠缺的。因此，法官除了审查随案移送的具结书、笔录证据、情况说明材料等之外，必要时还应当通过调取录音录像等过程性证据材料，来对是否存在违反法定程序的情况予以确认核实。

其三，案件的事实基础。实践中，一些“脱离真实的事实”的认罪认罚偶有发生，即被告人自愿虚假供述，动摇了供述的真实性基础。对于这种情况，法官只有对事实基础进行严格审查，才能发现、认定这种表象上“自愿”认罪认罚的行为。因此，为了帮助法官审查案件的事实基础，侦查机关、检察机关应当全面收集并依法移送被告人有罪、无罪或者罪轻、罪重的证据材料。目前，法官对事实基础的审查主要是审查认罪认罚具结书的真实性、合法性，以此具体验证被告人供认的有罪事实、检察机关指控的事实与法院拟认定的事实是否一致，确认检察机关提出的量刑建议是否超出了法律规定、是否突破了从宽的界限。但值得注意的是，由于认罪认罚具结书呈现一定的“格式化”特征，所承载的信息相对有限，全面性不足，故可能会干扰法官作出准确的判断。因此，法官对事实基础的审查不能局限于认罪认罚具结书本身，也不能仅依赖于庭前阅卷，还要注重发挥当庭审查的实质作用。法官当庭发问时也应当涉及基础事实，围绕案件的细节部分与犯罪要素来具体展开，包括被告人对指控的事实、罪名及量刑建议是否提出异议，是否存在非法取证的情形等。对被告人认罪认罚，但是缺乏其他证据或者事实不清，在案证据无法形成内心确信的案件，法官便应当坚持疑罪从无的原则，依法宣告无罪。

### （二）弱化审查方式的支配性

法律知识是法律行动者对法律的感知、理论化、判断、分析、反思、整体建构而成的法律的形式，在法律行动者与普通民众之间存在缝隙。[1]受制于知识储备上的差异，法官与被告人之间存在客观的认知鸿沟，而在裁判者权力话语体系的支配下，被告人对当庭表达自己的真实意愿往往有所顾虑、保留。美国学者的一项实证调研亦表明，被告人认罪答辩的自由意志或多或少受到法官的影响，可能出现违心认罪的情况。[2]因此，为了改善被告人受裁判者权力话语体系支配的现状，应当弱化审查方式的支配性色彩。

#### 1. 坚持当庭告知与法官释明相结合

只有在充分知悉认罪认罚从宽制度的前提下，被告人认罪认罚的意愿表示才可能构成法律意义上的自愿。为了确保被告人的知悉性，法官除了审查人民检察院、公安机关是否履行告知义务外，还有义务

---

〔1〕 See Annelise Riles, Knowledge About Law, in Davis S.Clark eds., *International Encyclopedia of Law and Society*, Sage Publications, 2007, p.885-886.

〔2〕 See Malloy, L.C.Shulman, Cauffman, *Interrogations, Confessions and Guilty Pleas Among Serious Adolescent Offenders*, 38 Law and Human Behavior 181, 190 (2014).

当庭告知被告人享有的诉讼权利和认罪认罚的法律规定。然而，实践中法官履行当庭告知的义务较为怠慢。一些法院的法官甚至并不在庭审中进行口头告知，而是仅仅通过一张权利义务告知书来完成当庭告知义务，如此显然无法考察被告人知悉的真实情况。还有一些地方法院则在探索多媒体一体化的告知机制，即通过多媒体方式集中向被告人播放认罪认罚从宽制度的宣传视频短片，以问答的形式就制度内容进行阐释和告知，帮助被告人全面了解认罪认罚从宽制度。这种探索较为符合认罪认罚案件在成本、效率方面的追求，具有一定的可取之处。

当然，上述方式并不能免除法官的当庭告知义务，为了确保被告人对自己的认罪认罚有正确的认知，法官应当使用平实的、被告人能够理解的语言进行当庭告知。考虑到大多数的被告人受教育程度不高，除了口头表述能力有限之外，可能还存在一定的认知障碍与缺陷，[1]无法准确理解法官告知的真正含义，因而当庭告知还应当以与法官释明相结合的方式进行。具体来说，法官应当概括阐释认罪认罚从宽制度的基本精神，具体释明被告人认罪认罚的含义和法律后果，包括被告人所涉嫌的罪名及刑法中的相关规定，以及认罪认罚后在实体与程序方面从宽的具体规定，并允许被告人针对告知与释明的内容提出问题，确保被告人正确了解自己的行为是否构成犯罪、构成何种犯罪，正确了解自己涉嫌的罪名、可能适用的法律、享有的权利与法

〔1〕 See Allison D.Redlich, *The Validity of Pleading Guilty*, in Brian H.Bornstein and Monica K.Miller eds., Advances in Psychology and Law（Vol.2）, Springer International Publishing, 2016, p.10.

律后果等内容。值得一提的是，为了增强被告人表达真实意愿的勇气，免除被告人提出异议的后顾之忧，法官还应当明确告知被告人享有当庭“反悔”的权利，可以依法转换到普通程序进行审理。[1]

2. 调整法官的语言结构与语言模式

只有具备了语言的基本规则，说话人和受话人才有了真正的话语交流能力。[2]因此，为了对法官当庭讯问被告人自愿性形成真正意义上的约束，可以参照《联邦地区法院法官操作手册》(*Benchbook for U.S.District Court Judges*)的做法，为法官在认罪答辩程序中的讯问问题作出列举式规定。我国则可由最高人民法院颁布有关认罪认罚案件的庭审讯问手册，明确法官当庭讯问被告人的正面清单，为法官进行当庭讯问提供规范指引，防止讯问的随心所欲。此外，从关照被告人权利的角度来说，还应当调整当前法官的语言结构与语言模式，克服与被告人之间的共时性差异。人的思维是依附于语言进行的，[3]语言作为人的机体的一部分，也像机体那样复杂，甚至掩藏着思想。[4]而法律存在于人的思维之中，最终也需要通过语言得到具体的表述，无论是立法或审判都离不开语言。某种程度上来说，很多庭审问题也是语言问题。

首先，应当在庭审中使用通俗易懂的语言进行讯问，避免被告人由于无法理解过于专业的法言法语而作出盲目、违心的回答。其次，

---

〔1〕 参见《指导意见》第 39 条第 3 款：“被告人违背意愿认罪认罚，或者认罪认罚后又反悔，依法需要转换程序的，应当按照普通程序对案件重新审理。”

〔2〕 [美]约翰·R. 赛尔：《表达与意义》，王加为、赵明珠译，商务印书馆 2017 年版，第 31 页。

〔3〕 参见金岳霖主编：《形式逻辑》，人民出版社 2006 年版，第 51 页。

〔4〕 参见[奥]维特根斯坦：《逻辑哲学论》，贺绍甲译，商务印书馆 2017 年版，第 41 页。

法官应当尽量减少简单的“是否”提问，而更多地使用开放式问话来验证被告人认罪认罚的主观意愿。例如，以“你当时认罪的经过是怎么样的？”代替“你是否认罪？”。从语言学的角度来看，“是否”提问属于封闭式问话，答话者只能从两个相互对立而排斥的选择中择其一，故受到较强的支配力，答话者的自由受到限制。相比之下，开放式问话比较宽泛，给予答话者的自由较多，对答话者的支配力也就相对较弱。〔1〕因此，面对法官的开放式问话，被告人将拥有更多的自由来表达意愿，更多的底气说出真话，由此也给予了法官验证被告人是否真诚认罪认罚的机会。最后，法官还应当注意具体的发问方式，尽量以中立或中性的言语围绕定罪量刑的关键事实进行发问，避免使用诱导性发问、选择性发问、否定式发问等，防止对被告人陈述造成不当干扰，导致被告人作出违背内心真实想法的回答。例如，“你当时没有考虑清楚就认罪了吗？”，这属于否定式发问，实际上回答事先就已经确定，〔2〕带有法官的个人倾向，可能会对被告人表达真实意愿产生消极影响，应当禁止。

### （三）重塑庭审过程的权威性

庭审应当是发现非自愿认罪认罚的最佳场合。如学者指出，较之讯问的环境，法庭审理的环境发生了重大变化，控辩双方平等对抗、法庭居中裁判、公众旁听、媒体报道等多方面的变化，将使得原来可

---

〔1〕　参见廖美珍：《法庭语言技巧》（第2版），法律出版社2005年版，第10-12页。

〔2〕　参见［德］阿克赛尔·文德勒、赫尔穆特·霍夫曼：《审判中询问的技巧与策略》，丁强、高莉译，中国政法大学出版社2012年版，第56页。

能强迫被告人作出违心供述的因素不复存在。[1]然而，当前认罪认罚案件的庭审似乎未能为被告人创造一个敢于表达自己真实意愿的环境，甚至还可能作出与内心截然相反的意思表示。尤其不应忽视的是，认罪认罚案件适用于所有刑事案件、所有诉讼程序，即使适用速裁程序、简易程序时会相应地简化庭审规则，庭审的严肃性与仪式感不应被削弱，裁判权威应当体现于所有认罪认罚案件的庭审过程中，为被告人表达自己的真实意愿提供保障。因此，在追求庭审效率的同时，应当注重对裁判权威的维护，克服庭审过程的过场化，提高当庭验证被告人认罪认罚真实意愿的水平。

1. 弱化法官直觉思维的消极影响

认罪认罚案件庭审时间畸短是当前实践中的突出问题，一些法院审理认罪认罚案件往往只要几分钟，对个别实行“集中化”审理的法院，被告人所实际经历的庭审时间还会更短。如前所述，这是因为法官通常运用直觉思维快速作出裁判，而不再进行实质庭审。尽管我们并不排斥直觉思维在司法裁判中的作用，毕竟法律不单纯存在于知识，也存在于感觉之中。[2]但是，依赖于直觉思维过于“高速”地审理案件，等同于让法官“在脑中走捷径”，往往造成系统上的错误。[3]并且，在庭审时间畸短的情况下，被告人往往受到“稀缺性法则”的影响，容易作出违背意愿的决定，如对法官的讯问作出与内心意思截

〔1〕 参见陈瑞华：《非法证据排除规则的适用对象——以非自愿供述为范例的分析》，载《当代法学》2015年第1期。

〔2〕 参见［德］Julius H.von Kirchmann：《法学作为科学之无价值性》，吴从周等译，台北，元照出版有限公司2019年版，第82页。

〔3〕 参见［美］亚当·班福拉多：《不平等的审判》，尧嘉宁译，城邦—脸谱出版有限公司2016年版，第197页。

然相反的回答。[1]从认知行为科学的角度来看，直觉思维作为一种无意识的思考方式，无法随意停止，所导致的偏差很难避免；但是，可以通过一定的方式来强化有意识思考的调控，降低产生直觉偏差的风险。[2]因此，为了弱化法官直觉思维所可能造成的消极影响，实践中可以通过增加法官裁判的信息来源、[3]提高裁判文书说理要求等方式，增强有意识思考的介入与调控，积极唤起法官启动其理性思维，对先行的直觉思维进行验证，帮助法官察觉并纠正非自愿认罪认罚，避免理性认识完全服从于直觉思维而产生裁判偏差。

2. 增强法官亲身体验与直接感知

当前，法官依赖于书面材料而怠于庭审审查的情况亦比较常见，为了克服庭审过程的过场化，发挥当庭明辨真伪的作用，应当增强法官亲身体验与直接感知，注重当庭对被告人进行“面对面”的观察。我国古代“五听”制度便有一定的借鉴意义。我国古代要求法官审判案件时必须面对面审问被告人，通过察言观色来进行判断，此即“五听”制度。根据《周礼·秋官·小司寇》记载：“以五声听狱讼，求民

---

〔1〕 See J.Vincent Aprile Ⅱ, *Plead Now or Forever Hold Your Peace*, 23 Criminal Justice 52, 53(2008).

〔2〕 根据心理学家丹尼尔·卡尼曼的研究，人类的思考模式可以分为快思考与慢思考两个系统，即系统1与系统2。系统1是依赖于直觉、无意识的思考系统，速度快、效率高；系统2则是有意识进行的思考系统，需要主动控制并保持足够的专注。由于系统1是自主运行的，无法随意停止，故直觉思维所导致的错误常常难以避免，需要通过系统2来进行积极有力的调控，从而减少系统1的错误。参见[美]丹尼尔·卡尼曼：《思考，快与慢》，胡晓娇、李爱民、何梦莹译，中信出版社2012年版，第4-14页。

〔3〕 《指导意见》第35～38条确立了社会调查评估制度，即对可能被判处缓刑或者管制的被追诉人，公安、司法机关可以委托社区矫正机构或自行进行调查评估。社会调查报告是对被追诉人的居所情况、家庭和社会关系、一贯表现、犯罪行为的后果和影响、居住地村（居）民委员会和被害人意见、拟禁止的事项等进行调查后所形成的评估意见，可以为法官全面准确的裁判提供信息来源。遗憾的是，目前这一制度在实践中几乎没有得到适用。

情，一曰辞听；二曰色听；三曰气听；四曰耳听；五曰目听。”据此，“五听”要求法官通过辞听、色听、气听、耳听、目听来观察被告人的感官反应，继而确定其陈述之真假。[1]认罪认罚案件的庭审过程中，法官也应当亲自观察被告人的言行，判断被告人的回答是否符合一般逻辑、情态交流是否符合社会常识，以及审视被告人神情是否自然、喘气是否急促、精神是否恍惚、目光是否闪烁等。一些在说谎时伴随的下意识习惯性动作，比如，说话结巴、连续眨眼、吐舌头、摸鼻子、挠耳朵、搓手掌等，尽管具有较强的变动性，[2]但可以为法官了解被告人的主观状态提供较为直接的参考，并用以验证已经初步形成的心证。

3. 完善在线庭审的礼仪规范

2020 年年初新冠肺炎疫情暴发以来，为了应对疫情防控的现实需要，最高人民法院指导各级法院运用智慧法院建设成果，通过在线方式进行诉讼活动，大量刑事案件以在线方式得到及时有效的办理。如今，随着新冠肺炎疫情逐渐转向平稳，在线庭审呈现“常态化”的趋势，许多法院已经设立了专门用于视频庭审的房间。值得注意的是，实践中绝大多数在线庭审的案件属于认罪认罚的案件，但由于在线庭审的规则尚不完善，加之在线庭审本就切割了法官、当事人、诉讼参与人之间的物理联系，体现的是“去在场性与仪式性”的特点，[3]这就可能进一步加剧庭审形式化的问题，更加不利于法官审查被告人认罪认罚的自愿性。因此，应当关注到在线庭审适用于大量认罪认罚

〔1〕 参见陈光中：《中国古代司法制度》，北京大学出版社 2017 年版，第 232 页。

〔2〕 参见郑智：《刑讯与五听：“情实”背后的身体思维模式》，载《法律科学（西北政法大学学报）》2014 年第 3 期。

〔3〕 参见段厚省：《远程审判的双重张力》，载《东方法学》2019 年第 4 期。

案件的事实，尽快完善在线庭审的礼仪规范，如通过完善法庭陈设、硬件保障等，明确着装要求、行为规范与惩戒措施等，促进虚拟空间与现实空间的协调，最大限度地维护庭审的严肃性和权威感。此外，对被告人违背意愿认罪认罚或者认罪认罚后又反悔的情况，法官也应当终止适用在线庭审，之后则改为传统庭审的方式进行审理。

# 结　　论

协商性司法的兴起，体现了公权力对于私权利的尊重与关怀，其本质是赋予被追诉人与国家进行对话与合作的权利，继而显著改善了刑事诉讼场域中“权力—权利”的关系。随着协商性司法在各国的实践与发展，其对现代刑事诉讼程序产生了重要影响。控辩协商作为协商性司法最典型的制度样态已经成为替代传统刑事审判程序的重要手段。然而，考虑到刑事诉讼毕竟是“由强大的国家发起并由其与弱小的、孤立的个人之间发生的诉讼”，[1]亦难回避控辩协商中双方存在天然差距的事实。因此，为了防止控辩协商陷入非自愿、非理性之境地，应当通过程序性保障尽可能地缩小双方在地位与力量上的差距，营造平等理性的法律商谈情境，确保被追诉人真正拥有与国家司法机关进行协商的底气与能力。唯有如此，才能真正通过司法实践诠释控辩协商之本质内涵。这正是本书研究的初衷所在。

在延续我国控辩协商探索经验的基础上，认罪认罚从宽制度从法律上确定了具有中国特色的控辩协商机制。然而，当前控辩协商仍然很不完善，实践中“有协商之名、无协商之实”的情况较为突出，被告

〔1〕 顾永忠：《刑事辩护的国际标准与我国刑事辩护制度的修改完善》，载陈兴良主编：《刑事法评论》（第16卷），中国政法大学出版社2005年版。

人最终获得从宽处罚更多是检察官与法官依职权兑现“坦白从宽”刑事政策的结果，很难说是控辩双方经过理性协商所获得的。除了认罪认罚从宽制度未能充分彰显协商性色彩之外，更应警惕的是，控辩双方在地位与力量上的较大差距，还可能危及协商的正当性基础，控辩协商可能正在沦为纯粹由国家主导的高效的治罪手段。尤其是随着认罪认罚从宽制度改革的推进，事实认定的场合与权力在客观上前移了，裁判权威某种程度上遭到减损已是不争的事实。当然，由于认罪认罚从宽制度改革使诉讼重心逐渐前移，审理方式也不可避免地需要作出调整。但倘若这些调整必须以审查的形式化为代价，那么其实质便是以牺牲被告人的权利来换取程序的高效，其中所暗藏非自愿认罪认罚的风险，无疑将动摇认罪认罚从宽制度的正当性。审判程序能否为认罪认罚从宽制度筑牢最后一道防线，不得不令人担忧。正如欧文·费斯教授所批评的那样，法官在没有完全加入作为其权威性来源的当事人的论辩中时就行使权力——他把听取论辩和说明判决理由的权力授予其他人——就像生物学家提出他们并没有通过科学方法证实的观点。〔1〕

不过，诚如张明楷教授所言，法律的制定者是人不是神，法律不可能没有缺陷。发现法律的缺陷并不是什么成就，将有缺陷的法条解释得没有缺陷才是智慧；或者说，当发现缺陷时不宜随意批评，而应作出补正解释。〔2〕因此，本书在对当前立法、实践、理论进行回顾的基

---

〔1〕　参见［美］欧文·费斯：《如法所能》，师帅译，中国政法大学出版社2008年版，第101页。

〔2〕　参见张明楷：《刑法格言的展开》，法律出版社1999年版，第7页。

础上，反思了其中的误区与局限，继而提出了相应的理论主张与完善方案。当然，由于时间、资源与研究水平尚且有限，本书对我国控辩协商的研究难免有所不足，一些措辞、论证或设想仍然是不成熟、不完善的；围绕我国认罪认罚从宽制度改革还有许多值得思考的问题，亦遗憾未能进行深入研讨。希望本书能够对具有中国特色的控辩协商及其改革有所裨益，并推动理论界与实务界能够给予控辩协商问题更为持续与深入的研究与关注。

值得一提的，本书第六章部分论证运用了认知科学的相关知识，初衷是想要为如何认定主观要素——这一长期困扰理论与实践的疑难问题提供全新的思路与启示。我们不应忽视认罪认罚被告人作为决策者的本质，故不妨将认罪认罚作为人类决策行为的一种情形予以解释。认知科学是关于人类行为的科学，其将一些不能在神经生理学、行为科学或现象学等学科描述下的认知行为加以表达、解释出来，并总结出行为的系统性特征。〔1〕从“无身”到“有身”的范式转型，推动了认知科学走向实践性。〔2〕第二代认知科学研究已经实现了从实验室到真实场景的转变，现实情境成为其观察与研究人类认知行为及过程的主要场域。这一转变也促使科学哲学从认知心理学和人工智能角度出发研究科学的发展，使得心灵哲学从形而上演变为具体科学或认识论的研究。这为我们运用其中的知识来重塑、完善现行的法律制度及规则提供了可能。正如研究者指出，社会科学理论，无论关注

---

〔1〕　参见［加］泽农·W. 派利夏恩：《计算与认知：认知科学的基础》，任晓明、王左立译，中国人民大学出版社2007年版，第281页。

〔2〕　See Engel A.K., et al., *Where's the Action? The Pragmatic Turn in Cognitive Science*, 17 Trends in Cognitive Sciences 202, 202-209 (2013).

的个体行为或社会建制，均须出发于明确或隐含的有关人类认知与行为规则的基本假设，法学也难例外。[1]在此意义上，认知科学是工具性的，可以帮助我们认识被告人的行为逻辑和决策过程，并为我们识别"自愿性"这一高度抽象化的主观要素提供了新的智识。

当然，这也只是运用交叉学科知识来对控辩协商问题展开研究的一种努力。科学理论都只是暂时的、尚未被证伪的假设，其并非绝对的真理。科学、哲学以及理性思维都必须从常识出发。[2]认知科学也仅仅是为我们分析被告人的认知决策行为提供了"真理的片段"，并帮助我们得以机会跳出传统研究框架的局限。但更为重要的是，无论是功利主义的论断，还是形而上学的思辨，抑或科学主义的主张，都将在很大程度上深刻影响并塑造我们学科的研究范式。从传统上来看，由于法律有一些特征也为非法律的东西所共有，法学家的一个任务就是提供一个程式，以便从那些与法律有共同特征和法律可能与之混同的对象中，把一个社会的法律挑选出来。[3]因此，传统的部门法学研究更偏向于是一种内部的、分析式的描述，并针对这种描述给出回应。但随着人类社会与科学技术的发展，我们越发发现，离开先验性的反思、缺失科学知识的介入、失去与其他部门法学的互动，本部门法似乎只能陷入一种"自说自话"的对策性研究，其唯能体现本部门法的技术特征，却难形成独立成熟的理论品格。在应对日益变化的现

〔1〕　参见葛岩：《法学研究与认知－行为科学》，载《上海交通大学学报（哲学社会科学版）》2013年第4期。

〔2〕　参见［英］卡尔·波普尔：《客观知识——一个进化论的研究》，舒炜光等译，上海译文出版社1987年版，第35页。

〔3〕　参见［美］马丁·P. 戈尔丁：《法律哲学》，齐海滨译，生活·读书·新知三联书店1987年版，第36-37页。

实社会时，甚至常常感到“无计可施”。或许未来的部门法学研究更应当转向为一种开放的、综合式的诠释，即将部门法知识与现实世界结合起来，实现各部门法学的交叉，确立具有哲学眼光的方法论，及时汲取一切先进的经验知识，通过综合性的调试来建立其中的联系，最终形成一种思辨的、包容的理论体系，为构建新规则或新制度提供真正有力的支撑。理性反思的过程永远不会达到绝对的终点。还望抛砖引玉，以期更多研究者能够尝试运用多元化、前沿化的知识方法，从程序之外、于程序之上研究程序，实现控辩协商的跨学科研究。

# 参考文献

## 一、编著类


1. 陈光中主编:《辩诉交易在中国》,中国检察出版社 2003 年版。

2. 陈光中主编:《21 世纪域外刑事诉讼立法最新发展》,中国政法大学出版社 2004 年版。

3. 陈光中主编:《公正审判与认罪协商》,法律出版社 2018 年版。

4. 陈国庆主编:《认罪认罚从宽制度司法适用指南》,中国检察出版社 2020 年版。

5. 陈瑞华:《问题与主义之间——刑事诉讼基本问题研究》,中国人民大学出版社 2008 年版。

6. 陈瑞华:《程序正义理论》,中国法制出版社 2010 年版。

7. 陈瑞华:《刑事诉讼的中国模式》(第 2 版),法律出版社 2010 年版。

8. 陈瑞华:《司法体制改革导论》,法律出版社 2018 年版。

9. 蔡曙山主编:《人类的心智与认知——当代认知科学重大理论与应用研究》,人民出版社 2016 年版。

10. 陈兴良:《口授刑法学》, 中国人民大学出版社 2007 年版。

11. 陈兴良:《刑法的价值构造》(第 3 版), 中国人民大学出版社 2017 年版。

12. 陈兴良:《走向教义的刑法学》, 北京大学出版社 2018 年版。

13. 陈卫东:《程序正义之路》(第 1 卷), 法律出版社 2005 年版。

14. 陈卫东:《程序正义之路》(第 2 卷), 法律出版社 2005 年版。

15. 陈卫东主编:《被告人认罪案件简化审理程序》, 中国检察出版社 2004 年版。

16. 付立庆:《主观违法要素理论》, 中国人民大学出版社 2008 年版。

17. 国家森主编:《中国控辩协商制度研究》, 中国检察出版社 2005 年版。

18. 黄翰义:《程序正义之理念(二)》, 台北, 元照出版有限公司 2010 年版。

19. 胡铭:《认罪认罚从宽制度的实践逻辑》, 浙江大学出版社 2020 年版。

20. 胡云腾主编:《认罪认罚从宽制度的理解与适用》, 人民法院出版社 2018 年版。

21. 姜涛:《刑事程序分流研究》, 人民法院出版社 2007 年版。

22. 詹建红:《刑事诉讼契约研究》, 中国社会科学出版社 2010 年版。

23. 冀祥德:《建立中国控辩协商制度研究》, 北京大学出版社 2006 年版。

24. 冀祥德:《控辩平等论》, 法律出版社 2008 年版。

25. 季卫东:《宪政新论——全球化时代的法与社会变迁》,北京大学出版社 2002 年版。

26. 季卫东:《法律程序的意义》,中国法制出版社 2004 年版。

27. 季卫东:《法律程序的意义》(增订版),中国法制出版社 2012 年版。

28. 劳东燕:《刑法基础的理论展开》,北京大学出版社 2008 年版。

29. 刘少军:《刑事审判中的对抗与合意》,中国人民公安大学出版社 2009 年版。

30. 刘涛:《刑事诉讼主体论》,中国人民公安大学出版社 2005 年版。

31. 林钰雄:《刑事诉讼法》(上册),中国人民大学出版社 2005 年版。

32. 马贵翔:《刑事诉讼结构的效率改造》,中国人民公安大学出版社 2004 年版。

33. 马明亮:《协商性司法:一种新程序主义理念》,法律出版社 2007 年版。

34. 苏力:《制度是如何形成的》(增订版),北京大学出版社 2007 年版。

35. 苏力:《法治及其本土资源》(第 3 版),北京大学出版社 2015 年版。

36. 王皇玉:《刑罚与社会规训——台湾刑事制裁新旧思维的冲突与转变》,台北,元照出版有限公司 2009 年版。

37. 魏晓娜：《背叛程序正义：协商性刑事司法研究》，法律出版社 2014 年版。

38. 万毅：《变革社会的程序正义：语境中的中国刑事司法改革》，中国方正出版社 2004 年版。

39. 万毅：《程序如何正义：中国刑事诉讼制度改革纲要》，中国人民公安大学出版社 2004 年版。

40. 万毅：《底限正义论》，中国人民公安大学出版社 2006 年版。

41. 万毅：《超越当事人 / 职权主义：底线正义视野下的审判程序》，中国检察出版社 2008 年版。

42. 王飞：《认罪认罚从宽制度若干重点问题研究——理论、实践与制度构建》，中国法制出版社 2020 年版。

43. 王兆鹏：《新刑事 · 新思维》，台北，元照出版有限公司 2004 年版。

44. 张明楷：《刑法分则的解释原理》，中国人民大学出版社 2004 年版。

45. 张明楷：《刑法的私塾》，北京大学出版社 2014 年版。

46. 张智辉主编：《辩诉交易制度比较研究》，中国方正出版社 2009 年版。

47. 张智辉主编：《简易程序改革研究：辩诉交易制度研究结题报告》，中国检察出版社 2010 年版。

48. 左卫民：《在权利话语与权力技术之间》，法律出版社 2002 年版。

49. 左卫民：《价值与结构：刑事程序的双重分析》，法律出版社

2003 年版。

50. 左卫民:《简易刑事程序研究》,法律出版社 2005 年版。

## 二、译著类

1. [美]爱德华·W. 萨义德:《知识分子论》,单德兴译,生活·读书·新知三联书店 2002 年版。

2. [英]安东尼·吉登斯:《现代性与自我认同:晚期现代中的自我与社会》,夏璐译,中国人民大学出版社 2016 年版。

3. [美]本杰明·N. 卡多佐:《法律科学的悖论》,劳东燕译,北京大学出版社 2016 年版。

4. [英]伯特兰·罗素:《权力论》,吴友三译,商务印书馆 2012 年版。

5. [美]大卫·D. 弗里德曼:《经济学语境下的法律规则》,杨欣欣译,法律出版社 2004 年版。

6. [美]道格拉斯·C. 诺斯:《制度、制度变迁与经济绩效》,刘守英译,上海三联书店 1994 年版。

7. [美]弗里德曼:《法律制度》,李琼英、林欣译,中国政法大学出版社 1994 年版。

8. [美]汉斯·摩根索:《科学人对抗权力政治》,杨吉平译,上海译文出版社 2017 年版。

9. [韩]河连燮:《制度分析:理论与争议》(第 2 版),李秀峰、柴宝勇译，中国人民大学出版社 2014 年版。

10. [英]霍布斯：《利维坦》，黎思复、黎廷弼译，商务印书馆 1986 年版。

11. [英]卡尔·波普尔：《客观知识—— 一个进化论的研究》，舒炜光等译，上海译文出版社 1987 年版。

12. [德]卡尔·拉伦茨：《法学方法论》，陈爱娥译，商务印书馆 2003 年版。

13. [德]卡尔·恩吉施：《法律思维导论》，郑永流译，法律出版社 2004 年版。

14. [美]卡尔·威尔曼：《真正的权利》，刘振宇等译，商务印书馆 2015 年版。

15. [美]劳伦斯·M. 弗里德曼：《法律制度——从社会科学角度观察》，李琼英、林欣译，中国政法大学出版社 1994 年版。

16. [美]理查德·A. 波斯纳：《道德和法律理论的疑问》，苏力译，中国政法大学出版社 2001 年版。

17. [美]罗斯科·庞德：《通过法律的社会控制》，沈宗灵译，商务印书馆 2019 年版。

18. [美]马丁·P. 戈尔丁：《法律哲学》，齐海滨译，生活·读书·新知三联书店 1987 年版。

19. [德]马克斯·韦伯：《社会科学方法论》，李秋零、田薇译，中国人民大学出版社 1999 年版。

20. [美]马尔科姆·M. 菲利：《程序即是惩罚——基层刑事法院的案件处理》，魏晓娜译，中国政法大学出版社 2014 年版。

21.［美］米尔吉安·R.达马斯卡：《比较法视野中的证据制度》，吴宏耀、魏晓娜等译，中国人民公安大学出版社2006年版。

22.［法］米歇尔·福柯：《规训与惩罚》（修订译本），刘北成、杨远婴译，生活·读书·新知三联书店2018年版。

23.［美］诺内特、塞尔兹尼克：《转变中的法律与社会——迈向回应型法》，张志铭译，中国政法大学出版社1994年版。

24.［法］皮埃尔·布迪厄、［美］华康德：《实践与反思：反思社会学导引》，李猛、李康译，中央编译出版社2004年版。

25.［日］平野龙一：《刑法的基础》，黎宏译，中国政法大学出版社2016年版。

26.［美］乔治·费希尔：《辩诉交易的胜利——美国辩诉交易史》，郭志媛译，中国政法大学出版社2012年版。

27.［美］塞拉·本哈比主编：《民主与差异：挑战政治的边界》，黄相怀、严海兵等译，中央编译出版社2009年版。

28.［美］塞缪尔·鲍尔斯、赫伯特·金迪斯：《合作的物种——人类互惠性及其演化》，张弘译，浙江大学出版社2015年版。

29.［日］田口守一：《刑事诉讼法》，刘迪、张凌、穆津译，法律出版社2000年版。

30.［奥］维特根斯坦：《逻辑哲学论》，贺绍甲译，商务印书馆2017年版。

31.［德］乌尔里希·贝克：《世界风险社会》，吴英姿、孙淑敏译，南京大学出版社2004年版。

32.［日］西原春夫：《刑法的根基与哲学》（增补版），顾肖荣等译，中国法制出版社 2017 年版。

33. [美]亚当·班福拉多:《不平等的审判》，尧嘉宁译，城邦—脸谱出版有限公司 2016 年版。

34. [美]约翰·罗尔斯:《正义论》，何怀宏等译，中国社会科学出版社 1988 年版。

35. [美]约翰·克里斯蒂安:《认知科学的历史基础》，武建峰译，科学出版社 2014 年版。

36. [美]约翰·R. 赛尔:《表达与意义》，王加为、赵明珠译，商务印书馆 2017 年版。

37. [德]尤尔根·哈贝马斯:《在事实与规范之间——关于法律和民主法治国的商谈理论》，童世骏译，生活·读书·新知三联书店 2003 年版。

38. [德]尤尔根·哈贝马斯:《现代性的哲学话语》，曹卫东译，译林出版社 2017 年版。

39. [德]尤尔根·哈贝马斯:《交往行为理论》(第 1 卷)，曹卫东译，上海人民出版社 2018 年版。

40. [美]詹姆斯·菲什金、[英]彼得·拉斯莱特主编:《协商民主论争》，张晓敏译，中央编译出版社 2009 年版。

## 三、论文类

1. 卞建林:《如何看待被告人有罪答辩——辩诉交易的一点启示》，

载《政法论坛》2002 年第 6 期。

2. 卞建林、谢澍:《职权主义诉讼模式中的认罪认罚从宽——以中德刑事司法理论与实践为线索》,载《比较法研究》2018 年第 3 期。

3. 卞建林、谢澍:《认罪认罚从宽与台湾地区刑事协商之比较研究》,载《法学杂志》2018 年第 5 期。

4. 卞建林、吴思远:《刑事速裁程序的实践观察与立法展望》,载《中国政法大学学报》2019 年第 1 期。

5. 陈光中、马康:《认罪认罚从宽制度若干重要问题探讨》,载《法学》2016 年第 8 期。

6. 陈国庆:《试论构建中国式的认罪协商制度》,载《环球法律评论》2006 年第 5 期。

7. 陈国庆:《量刑建议的若干问题》,载《中国刑事法杂志》2019 年第 5 期。

8. 陈瑞华:《司法过程中的对抗与合作——一种新的刑事诉讼模式理论》,载《法学研究》2007 年第 3 期。

9. 陈瑞华:《"认罪认罚从宽"改革的理论反思——基于刑事速裁程序运行经验的考察》,载《当代法学》2016 年第 4 期。

10. 陈瑞华:《认罪认罚从宽制度的若干争议问题》,载《中国法学》2017 年第 1 期。

11. 陈瑞华:《刑事诉讼的公力合作模式——量刑协商制度在中国的兴起》,载《法学论坛》2019 年第 4 期。

12. 陈卫东:《从建立被告人有罪答辩制度到引入辩诉交易——论美国辩诉交易制度的借鉴意义》,载《政法论坛》2002 年第 6 期。

13. 陈卫东:《认罪认罚从宽制度研究》,载《中国法学》2016 年第 2 期。

14. 陈卫东:《认罪认罚从宽制度试点中的几个问题》,载《国家检察官学院学报》2017 年第 1 期。

15. 陈卫东:《认罪认罚从宽制度的理论问题再探讨》,载《环球法律评论》2020 年第 2 期。

16. 董坤:《认罪认罚从宽案件中留所上诉问题研究》,载《内蒙古社会科学(汉文版)》2019 年第 3 期。

17. 樊崇义:《刑事速裁程序:从“经验”到“理性”的转型》,载《法律适用》2016 年第 4 期。

18. 樊崇义:《认罪认罚从宽协商程序的独立地位与保障机制》,载《国家检察官学院学报》2018 年第 1 期。

19. 高通:《德国刑事协商制度的新发展及其启示》,载《环球法律评论》2017 年第 3 期。

20. 胡铭:《刑事协商程序:模式、问题与底线》,载《法学》2017 年第 1 期。

21. 黄河:《德国刑事诉讼中协商制度浅析》,载《环球法律评论》2010 年第 1 期。

22. 黄维智:《“合意”在刑事诉讼中的应用及其限制》,载《四川大学学报(哲学社会科学版)》2007 年第 1 期。

23. 冀祥德:《域外辩诉交易的发展及其启示》,载《当代法学》2007 年第 3 期。

24. 冀祥德:《借鉴域外经验,建立控辩协商制度——兼与陈国庆先生商榷》,载《环球法律评论》2007 年第 4 期。

25. 孔冠颖:《认罪认罚自愿性判断标准及其保障》,载《国家检察官学院学报》2017 年第 1 期。

26. 孔令勇:《被告人认罪认罚自愿性的界定及保障——基于“被告人同意理论”的分析》,载《法商研究》2019 年第 3 期。

27. 李本森:《法律中的二八定理——基于被告人认罪案件审理的定量分析》,载《中国社会科学》2013 年第 3 期。

28. 李奋飞:《论“交涉性辩护”——以认罪认罚从宽作为切入镜像》,载《法学论坛》2019 年第 4 期。

29. 李贵成:《协商性刑事司法原理》,载《中国刑事法杂志》2009 年第 8 期。

30. 李洪杰:《认罪自愿性的实证考察》,载《国家检察官学院学报》2017 年第 6 期。

31. 刘方权:《认罪认罚从宽制度的建设路径——基于刑事速裁程序试点经验的研究》,载《中国刑事法杂志》2017 年第 3 期。

32. 龙宗智:《正义是有代价的——论我国刑事司法中的辩诉交易兼论一种新的诉讼观》,载《政法论坛》2002 年第 6 期。

33. 龙宗智:《完善认罪认罚从宽制度的关键是控辩平衡》,载《环球法律评论》2020 年第 2 期。

34. 马明亮:《认罪认罚从宽制度中的协议破裂与程序反转研究》,载《法学家》2020 年第 2 期。

35. 闵春雷:《认罪认罚案件中的有效辩护》,载《当代法学》2017 年第 4 期。

36. 牟绿叶:《认罪认罚案件的二审程序——从上诉许可制展开的分析》,载《中国刑事法杂志》2019 年第 3 期。

37. 孙长永:《珍视正当程序,拒绝辩诉交易》,载《政法论坛》2002 年第 6 期。

38. 孙长永:《认罪认罚从宽制度的基本内涵》,载《中国法学》2019 年第 3 期。

39. 孙长永:《比较法视野下认罪认罚案件被告人的上诉权》,载《比较法研究》2019 年第 3 期。

40. 孙万怀:《刑事正义的宣谕——宽容》,载《环球法律评论》2012 年第 5 期。

41. 孙万怀:《论民意在刑事司法中的解构》,载《中外法学》2011 年第 1 期。

42. 谭世贵:《构建中国控辩协商研究》,载《浙江工商大学学报》2010 年第 2 期。

43. 谭世贵:《实体法与程序法双重视角下的认罪认罚从宽制度研究》,载《法学杂志》2016 年第 8 期。

44. 唐力:《论协商性司法的理论基础》,载《现代法学》2008 年第 6 期。

45. 汪海燕:《职务犯罪案件认罪认罚从宽制度研究》,载《环球法律评论》2020 年第 2 期。

46. 汪建成:《辩诉交易的理论基础》,载《政法论坛》2002 年第 6 期。

47. 汪建成:《以效率为价值导向的刑事速裁程序论纲》,载《政法论坛》2016年第1期。

48. 王敏远:《"辩诉交易"及其借鉴分析》,载《政法论坛》2002年第6期。

49. 王敏远:《认罪认罚从宽制度疑难问题研究》,载《中国法学》2017年第1期。

50. 魏昌东:《新刑法工具主义批判与矫正》,载《法学》2016年第2期。

51. 魏晓娜:《辩诉交易:对抗制的"特洛伊木马"?》,载《比较法研究》2011年第2期。

52. 魏晓娜:《完善认罪认罚从宽制度:中国语境下的关键词展开》,载《法学研究》2016年第4期。

53. 魏晓娜:《结构视角下的认罪认罚从宽制度》,载《法学家》2019年第2期。

54. 魏晓娜:《冲突与融合:认罪认罚从宽制度的本土化》,载《中外法学》2020年第5期。

55. 吴思远:《论协商性司法的价值立场》,载《当代法学》2018年第2期。

56. 吴思远:《我国重罪协商的障碍、困境及重构——以"权力—权利交互说"为理论线索》,载《法学》2019年第11期。

57. 吴思远:《我国控辩协商模式的困境及转型——由"确认核准模式"转向"商谈审查模式"》,载《中国刑事法杂志》2020年第1期。

58. 吴思远:《反思认罪认罚从宽的路径依赖》,载《华东政法大学学报》2021年第4期。

59. 吴思远:《从单向赋权到二元交互:再论刑事协商的内涵》,载《青少年犯罪问题》2021 年第 1 期。

60. 吴学艇:《论刑事司法的协商性》,载《法制与社会发展》2010 年第 4 期。

61. 向燕:《我国认罪认罚从宽制度的两难困境及其破解》,载《法制与社会发展》2018 年第 4 期。

62. 熊秋红:《认罪认罚从宽的理论审视与制度完善》,载《法学》2016 年第 10 期。

63. 熊秋红:《比较法视野下的认罪认罚从宽制度——兼论刑事诉讼"第四范式"》,载《比较法研究》2019 年第 5 期。

64. 徐美君:《刑事诉讼普通程序简化审实证研究》,载《现代法学》2007 年第 2 期。

65. 闫召华:《听取意见式司法的理性建构——以认罪认罚从宽制度为中心》,载《法制与社会发展》2019 年第 4 期。

66. 闫召华:《论认罪认罚案件量刑建议的裁判制约力》,载《中国刑事法杂志》2020 年第 1 期。

67. 姚莉:《刑事审前协商程序的司法控制》,载《中国法学》2010 年第 4 期。

68. 姚莉:《认罪认罚程序中值班律师的角色与功能》,载《法商研究》2017 年第 6 期。

69. 杨文革:《美国口供规则中的自愿性原则》,载《环球法律评论》2013 年第 4 期。

70. 叶青、吴思远:《认罪认罚从宽制度的逻辑展开》,载《国家检察官学院学报》2017 年第 1 期。

71. 詹建红:《论契约精神在刑事诉讼中的引入》,载《中外法学》2010 年第 6 期。

72. 赵恒:《刑事速裁程序试点实证研究》,载《中国刑事法杂志》2016 年第 2 期。

73. 赵恒:《论从宽处理的三种模式》,载《现代法学》2017 年第 5 期。

74. 赵恒:《论从宽的正当性基础》,载《政治与法律》2017 年第 11 期。

75. 张军:《认罪认罚从宽: 刑事司法与犯罪治理"中国方案"》,载《人民论坛》2020 年第 30 期。

76. 张建伟:《认罪认罚从宽处理: 内涵解读与技术分析》,载《法律适用》2016 年第 11 期。

77. 周光权:《论刑法与认罪认罚从宽制度的衔接》,载《清华法学》2019 年第 3 期。

78. 纵博:《认罪认罚案件中口供判断的若干问题》,载《中国刑事法杂志》2019 年第 6 期。

79. 左卫民:《当代中国刑事诉讼法律移植: 经验与思考》,载《中外法学》2012 年第 6 期。

80. 左卫民:《认罪认罚何以从宽: 误区与正解——反思效率优先的改革主张》,载《法学研究》2017 年第 3 期。

## 四、外文类

1. Buckle, Suzann R. Thomas and L. G. Buckle, *Bargaining for Justice: Case Disposition and Reform in the Criminal Courts*, Praeger Press, 1977.

2. Douglas W. Maynard, *Inside Plea Bargaining*, Springer Science Business Media, LLC, 1984.

3. R. A. Duff, *Trials and Punishments*, Cambridge University Press, 1986.

4. David J. A. Cairns, *Advocacy and the Making of the Adversarial Criminal Trial 1800–1865*, Clarendon Press Oxford, 1998.

5. S. Doran and J.D. Jackon, *The Judidical Role in Criminal Proceedings*, Hart Publishing, 2000.

6. Mirelle Delmas-Marty and J. R. Spencer, *European Criminal Procedures*, Cambridge University Press, 2002.

7. G. Fisher, *Plea Bargaining' s Triumph: A History of Plea Bargaining in America*, Stanford University Press, 2003.

8. M. McConville and C. L. Mirsky, *Jury Trials and Plea Bargaining: A True History*, Hart Publishing, 2005.

9. Markus Dirk Dubber, *The Police Power: Patriarchy and the Foundations of American Government*, Columbia University Press, 2005.

10. Mark Findlay and Ralph Henham Findly, *Transforming*

*International Criminal Justice: Retributive and Restorative Justice in the Trial Process*, Willan Publishing, 2005.

11. M. Vogel, *Coercion to Compromise: Plea Bargaining, the Courts, and the Making of Political Authority*, Oxford University Press, 2007.

12. Davis A. J., *Arbitrary Justice, the Power of the American Prosecutor*, Berkeley Electronic Press, 2007.

13. Douglas Husak, *Over-Criminalization: The Limits of the Criminal Law*, Oxford University Press, 2009.

14. Stephen C. Thaman, *World Plea Bargaining: Consensual Procedures and the Avoidance of the Full Criminal Trial*, Carolina Academic Press, 2010.

15. Lippke, Byrichardl, *The Ethics of Plea Bargaining*, Oxford University Press, 2011.

16. Rauxloh, Regina, *Plea Bargaining in National and International Law: A Comparative Study*, Routledge Press, 2012.

17. Stephanos Bibas, *The Machinery of Criminal Justice*, Oxford University Press, 2012.

18. Luna, Erik and M. Wade, *The Prosecutor in Transnational Perspective*, Oxford University Press, 2012.

19. Dinah Shelton, *The Oxford Handbook of International Human Rights Law*, Oxford University Press, 2013.

20. Gwladys Gilliéron, *Public Prosecutors in the United States and*

*Europe*, Springer International Publishing, 2014.

21. Dean Wilson and Stuart Ross, *Crime, Victims and Policy: International Contexts, Local Experiences*, Palgrave Macmillan Publishing, 2015.

22. Koen Vriend, *Avoiding a Full Criminal Trial: Fair Trial Rights, Diversions and Shortcuts in Dutch and International Criminal Proceedings*, Springer Press, 2016.

23. Darryl K. Brown, *Free Market Criminal Justice, How Democracy and Laissez Faire Undermine the Rule of Law*, Oxford University Press, 2016.

24. Goldstein A. S. & Marcus M. , *The Myth of Judicial Supervision in Three Inquisitorial Systems: France, Italy, and Germany*, 87 Yale Law Review 240 (1977).

25. Joseph Goldstein, *For Harold Lasswell: Some Reflections on Human Dignity, Entrapment, Informed Consent, and the Plea Bargain*, 84 Yale Law Journal 685 (1975).

26. Langbein J.H., *Land without Plea Bargaining: How the Germans Do It*, 78 Michigan Law Review 2 (1979).

27. Albert W. Alschuler, *Plea Bargaining and its History*, 79 Columbia Law Review 1 (1979).

28. John H. L., *Torture and Plea Bargaining*, 46 University of Chicago Law Review 1 (1979).

29. Albert W. Alschuler, *The Changing Plea-bargaining Debate*,

69 California Law Review 652 (1981).

30. Albert W. Alschuler, *Implementing the Criminal Defendant' s Right to Trial: Alternatives to the Plea-Bargaining System*, 50 University of Chicago Law Review 931 (1983).

31. Stephen J. S., *Plea Bargaining as Disaster*, 101 Yale Law Journal 8 (1992).

32. Joachim Hermann, *Bargaining Justice: A Bargain for German Criminal Justice?*, 53 University of Pittsburgh Law Review 755 (1992).

33. Thomas Swenson, *The German Plea Bargaining Debate*, 7 Pace International Law Review 373 (1995).

34. Marshall, T. F., *The Evolution of Restorative Justice in Britain*, 4 European Journal on Criminal Policy and Research 21 (1996).

35. Gerard E. Lynch, *Our Administrative System of Criminal Justice*, 66 Fordham Law Review 2117 (1998).

36. George Fishert, *Plea Bargaining' s Triumph*, 109 The Yale Law Journal 857 (2000).

37. Mirjan Damaška, *Negotiated Justice in International Criminal Courts*, 2 Journal of International Criminal Justice 4 (2004).

38. Scott W. Howe, *The Value of Plea Bargaining*, 58 Okla Law Review 599 (2005).

39. Nancy J. king, *When Process Affects Punishment: Differences in Sentences After Guilty Plea, Bench Trial, and Jury Trial in Five Guidelines States*, 105 Columbia Law Review 959 (2005).

40. Paul G. Cassell, *Treating Crime Victims Fairly: Integrating Victims into the Federal Rules of Criminal Procedure*, 2007 Utah Law Review 861 (2007).

41. S. K. Tudor, *Why Should Remorse Be a Mitigating Factor in Sentencing?*, Criminal Law and Philosophy, Vol. 2, Issue 3 (Oct 2008).

42. Angela J. Davis, *The American Prosecutor: Power, Discretion, and Misconduct*, 23 Criminal Justice 24 (2008).

43. Regina Rauxloh, *Formalization of Plea Bargaining in Germany: Will the New Legislation Be Able to Square the Circle?*, 34 Fordham International Law Journal 296 (2010).

44. Taylor Jennifer Rae, *Restoring the Bargain: Examining Post-Plea Sentence Enhancement as an Unconscionable Violation of Contract Law*, California Western Law Review, Vol. 48, Issue 1 (Fall 2011).

45. Jenny Roberts, *Why Misdemeanors Matter: Defining Effective Advocacy in the Lower Criminal Courts*, 45 U.C. Davis Law Review 277 (2011).

46. Stephanos Bibas, *Regulating the Plea-Bargaining Market: From Caveat Emptor to Consumer Protection*, 99 California Law Review 1117 (2011).

47. Russell D. Covey, *Plea-Bargaining Law after Lafler and Frye*, 51 Duquesne Law Review 595 (2013).

48. Albert Alschuler, *Lafler and Frye: Two Small Band-Aids for a Festering Wound*, 51 Duquesne Law Review 673 (2013).

49. Thomas Weigend and Jenia Iontcheva Turner, *The Constitutionality of Negotiated Criminal Judgments in Germany*, German Law Journal, Vol. 15, No. 1 (2014).

50. Cynthia Alkon, *The U.S. Supreme Court' s Failure to Fix Plea Bargaining: The Impact of Lafler and Frye*, 41 Hastings Constitutional Law Quarterly 561 (2014).

51. Gerard E. Lynch, *Our Administractive System of Criminal Justice*, 83 Fordham Law Review 1673 (2015).

52. Daniel S. McConkie, *Judges as Framers of Plea Bargaining*, 26 Stanford Law & Policy Review 61 (2015).

53. Darryl K. Brown, *Judicial Power to Regulate Plea Bargaining*, 57 William & Mary Law Review 1225 (2016).

54. Nancy J. King and Ronald F. Wright, *The Invisible Revolution in Plea Bargaining: Managerial Judging and Judicial Participation in Negotiations*, 95 Texas Law Review 352 (2016).

55. Turner J.I., *Plea Bargaining and Disclosure in Germany and the United States: Comparative Lessons*, 57 William & Mary Law Review 4 (2016).

56. Cynthia Alkon, *Plea Bargain Negotiation: Defining Competence Beyond Lafler and Frye*, 53 American Criminal Law Review 377 (2016).

57. Jenia Iontcheva Turner, *Plea Bargaining and International Criminal Justice*, 48 McGeorge Law Review 219 (2017).

58. Allison D. Redlich & Alicia Summers, *Voluntary, Knowing,*

*and Intelligent Pleas: Understanding the Plea Inquiry*, 18 Psychology, Public Policy and Law 626, 638 (2012).

59. Stephanos Bibas, *The Myth of the Fully Informed Rational Actor*, 31 Saint Louis University Public Law Review 79 (2011).

60. Turner J. Iontcheva, *Judicial Participation in Plea Negotiations: A Comparative View*, 54 American Journal of Comparative Law 199 (2006).

61. Sanborn J. B., *Pleading Guilty in Juvenile Court: Much Ado About Something Very Important to Young Defendants*, 9 Justice Quarterly 127 (1992).

62. Boruchowitz R. C., Brink M. N. , & Dimino M., *Minor Crimes, Massive Waste: The Terrible Toll of America' s Broken Misdemeanor Courts*, National Association of Criminal Defense Lawyers (2009).

63. Kellough G. and Wortley. S., *Remand for Plea: Bail Decisions and Plea Bargaining as Commensurate Decisions*, 42 British Journal of Criminology 186 (2002).

64. Malloy, L. C. Shulman, Cauffman, *Interrogations, Confessions and Guilty Pleas Among Serious Adolescent Offenders*, 38 Law and Human Behavior 181 (2014).

65. J. Vincent Aprile II, *Plead Now or Forever Hold Your Peace*, 23 Criminal Justice 52 (2008).

66. Turner J. Iontcheva, *Effective Remedies for Ineffective Assistance of Counsel*, 48 Wake Forest Law Review 949 (2013).